原田敬一編

近代日本の軍隊と社会

吉川弘文館

はじめに

戦後歴史学は、戦前の皇国史観による歴史学研究の歪みに対する反省から出発した。英雄史観、天照大神神話と神武創業の絶対化、古代の理想化、神秘的国家観など、さまざまな要素で語られる皇国史観だが、それらが国民教育である小学校だけでなく、高等教育でも語られていたことは戦後の出発点として重要である。教育の場だけでなく、研究の場においても非科学的言説が横行していた。そこからそうした非科学的言説をうんだ社会の探究に先ず向かった。社会の成り立ちを究明した彼らが、経済史研究を重要な分野として選んだのは当然でもあった。また近代日本をうんだ変革である明治維新史研究も、彼らには魅力的な分野であった。近い将来の変革を期待していたから多くの研究者がその分野に入っていった。明治維新の政治過程、経済過程などが追究され、変革主体は誰なのかが考察された。

この変革主体論争を、政治主義的な意味だけで捉えるのは誤っている。その前提は第二次世界大戦である。二度も世界戦争をしてしまった人類。それはなぜなのか、を考える重要なポイントが主体論だった。誰が戦争を起こし、ホロコーストを繰り広げ、それらには誰が抵抗したのか。主体を考えるのが世界に広がった戦後の思想的流れだった。ヨーロッパからかなり後に日本に流入する実存主義も、主体論の一つである。

経済史や主体論を重点にして、戦後歴史学の大きな波ができてしまったために、軍隊や戦争の研究はまったく手薄になった。敗戦や開戦の戦争責任は社会問題ではあったが、その実証的な研究は、陸海軍が史料を焼き捨てるという無謀さを発揮し、それでも残った公文書はアメリカによって押収され、長い間日本に戻らなかったという史料的な問題もあった。

また歴史学の主流は政治史や経済史の研究であり、それ以外は周辺視されるというのが欧米の歴史学界であり、そのミニチュアである日本の学界の状況だった。もちろん、藤原彰氏や大江志乃夫氏など戦後歴史学の主流派でありながら軍事史研究に大きな足跡を残した学者もいる。しかし、この二人にしても、若手研究者の時期の成果は、政治史や経済史でものしたもので、戦争や軍隊を正面から取り上げるのは、研究生活の後半だった。私や吉田裕氏なども、政治史研究で出発し、同じような道を辿ったことを述べておきたい。学界というものは真面目なもので、社会の要求する課題に応える研究が求められ、それ以外はなかなか認められない。そうした悩みを現代の若手研究者も抱えていると推察するが、先を眺めて研究テーマを決め進んでいくようにならないのだろうか。若手研究者問題が就職難の意味で語られるようになって久しいが、学界のあり方自身も再検討する時期にきていると思う。

本巻は、『近代日本の軍隊と社会』として若手研究者の成果を世に問うものである。内容を「第一部　軍隊と戦争」、「第二部　地域と軍隊」としてまとめた。巻頭に畏友大谷正氏の手になる「原田敬一氏の軍事史研究」が置かれているが、これは原田敬一と共に学んだ佛教大学大学院文学研究科と佛教大学近現代史研究会（略称：凡鳥会）の若手研究者による論集であるために、大谷氏に一本書いていただくことになったようである。私の軍事史研究が学界的に、また社会的にどの程度意味があるのか、はなはだ心もとないが、大谷氏による戦後歴史学と軍事史研究の関わりがとかれているので、そこを読んでいただければ幸いである。

「第一部　軍隊と戦争」は四本の論文からなる。戊辰戦争、田中久重、常陸丸事件、従軍僧をキーワードとしている。

淺井良亮「戊辰戦争と「裏切り」言説—鳥羽伏見の戦いと藤堂家を事例に—」では、戊辰戦争の始まり、鳥羽伏見の戦いで、津藩藤堂家が幕府側を裏切り、新政府軍側についたという言説の誕生経緯と構造を究明している。この「裏切り」言説は、戊辰戦争研究の大著、大山柏『戊辰戦役史』にあり、類書が繰り返しているのだが、実は明治初期の通俗軍記物から始まり、しだいにネガティブ性が強まっていった過程を辿る。その言説を確立したのは徳富蘇峰『近世日本国民史』だった。国民的な歴史記憶が専門研究書より、一般書によって形成される問題は、メディアの発達した現代においてはいっそう広がっており、さらなる考察が必要だろう。

河本信雄「田中久重が製造した蒸気銃(砲)雛形」は、江戸末期から明治初期に職人・技術者・起業家として知られる田中久重（近世では、「からくり儀右衛門」として知られる）が、嘉永六年（一八五三）に書き記した文献を史料批判し、著者や内容の確定を行う。そこから久重は時計職人時代の経験に基づき、蒸気砲の製造に成功したと推測している。雛形は作ったものの、実用的でもなく、費用も高価であったから久重の申し出で中止となったと判断し、そこに佐賀藩や藩主鍋島閑叟の配慮を見出している。幕末の技術開発をめぐる一つのエピソードでありながら、未知のものに挑む環境の重要性が指摘できる。

奥田裕樹「日露戦争と戦死者慰霊―常陸丸事件の部隊葬を事例に―」では、日露戦争初期に玄海灘で起きた常陸丸撃沈事件を取り上げ、近衛師団による葬儀の過程や祭文・弔辞などを詳細に検討して、陸軍の公葬が遺骨の回収できない状況で行われ、後のアジア・太平洋戦争時の処理につながると展望している。なお、常陸丸事件は、乗員に外国人を含むため靖国神社合祀をめぐり問題化し、陸海軍大臣は合祀の上奏を行ったものの、伊藤博文・山県有朋・大山巌・松方正義への諮詢の結果、合祀しないことになるという「外国人合祀問題」があるが、それは今後の課題とされている。

山崎拓馬「近代日本の戦争と従軍僧―従軍僧の自己認識と発信を中心に―」では、日清戦争期・日露戦争期・日中戦争期の三つの時代における従軍僧の実相を追究している。廃仏毀釈で打撃を受けた仏教界が名誉回復する機会として捉えたのが日清戦争であり、浄土真宗や浄土宗、日蓮宗など各教団は続々と従軍僧を派遣していった。この最初の体験は戦死者対応が不十分など反省の点があり、日露戦争でその教訓は生かされる。敵味方を問わずの慰問や葬儀など、広範な活動に従事し、対応する軍隊も明確な制度の確立に至る。日中戦争になると慰問活動の域を超え、軍隊の宣撫工作にも従軍僧が従事するように変化していった。それは軍と教団の合意のもとで進められ、ナショナリズムの高揚を支える一部になった。社会から超然としていない、社会のなかで生きていく僧侶の姿を戦争という非常のなかで捉え直そうという試みである。

「第二部　地域と軍隊」は三本の論文からなる。徴兵制、捕虜取扱い、在郷軍人がキーワードである。地域も熊本・長崎・名古屋・大阪・大分・愛知・長野と相当広い地域の事例研究である。

秋山博志「徴兵制と社会」では、徴兵制を実際に動かしていたシステムや人物たちの史料やモノを用いて、具体的な像を描いている。著者の史料・モノの収集は広範で、それらからみえてくるのは徴兵使や徴兵医官、県兵事課長、聯隊区司令官、兵事担当書記などの実相だった。医官の退官後は民間で開業し、それが今でも続いているという、加賀乙彦の長編シリーズ『永遠の都』を思わせる事例も発見している。徴兵制という今はない制度であるために、わからなくなってしまった事柄は多く、さらなる追究が期待される。

松下佐知子「日清戦争における「捕虜取扱い」の受容―愛知県の場合―」では、国際法遵守の至上命題から日清戦争の捕虜へ人道的な配慮もあったが、非文明国の清の捕虜として侮蔑の対象でもあったという先行研究に対し、地域はどのように受容・不受容であったかを、愛知県を事例に検討している。従軍した国際法学者有賀長雄や各雑誌などでは侮蔑感は認められず、博愛主義が表面では積極的に唱えられた。しかし、捕虜への侮蔑感や蔑視は階層によると判断され、下層社会の方がそれらをあからさまに示し、有賀長雄はそれらをみえないようにすることが文明国だと説いたが、捕虜の帰国まで「文明の戦争」は根付かなかったのが実態だった。

安裕太郎「大正期陸軍における在郷軍人の把握と教育—長野県上伊那郡南向村分会における簡閲点呼を事例に—」では、在郷軍人会南向村分会について、大正期の組織構造と運営実態を分析して、しだいに村での比重を高めていく過程、事業もそれにともない増加していくことなどを明らかにし、徴兵令に基づく簡閲点呼の制度の変遷や南向村分会の取り組みを検討していく。そこでは在郷軍人個々の信用度や活動など広い分野にわたっての調査が軍から村分会に求められ、積極的に応えていく姿がみえてくる。これらが地域にとってどのような意味を持つかは今後の課題であろう。

総じて〈軍隊〉や〈戦争〉をどのように捉えるのか、執筆者個々の問題意識は異なるだろうが、それぞれは実証的な確かな論考であり、さまざまな吸収、読み取りをしていただければ幸いである。

二〇一九年三月

原田敬一

目次

原田敬一氏の軍事史研究

大谷　正

一　戦後軍事史研究の歩み

原田敬一氏（以下敬称を略す）の多彩な近代史研究の中心課題が、政治史・都市史研究と軍事史研究であることは広く知られている。本稿は最初に吉田裕「戦争と軍隊―日本近代軍事史研究の現在―」(1)を手がかりとして、近年進展が著しい軍事史研究の現状について確認した後、原田の軍事史研究について段階を追ってテーマごとに検討することを試みたい。

吉田裕は軍事史研究の現状に関して、かつての歴史研究者が研究してきた「政軍関係史」と主に旧軍関係者と防衛庁防衛研修所戦史室が担ってきた「狭義の軍事史」が並立した研究状況が、一九九〇年代以降変化し、「軍事史研究の活性化と流動化」がみられることを指摘している。吉田論文には「軍事史研究の活性化と流動化」の要因について、軍事史研究の分野に多くの歴史学研究者が参入することによって、従来から歴史研究者が得意としてきた政軍関係史の分野で実証に裏づけられた本格的研究が相次いで現れるとともに、多方面の軍事史研究が進展したことが述べられている。

もちろん歴史研究者のなかにも、少数ながら早くから「狭義の軍事史」に取り組んだ人がいた。戦前から松下芳男や大山柏などの軍人経験者の先駆的研究が存在していたし、戦後は藤原彰、大江志乃夫、秦郁彦らが「狭義の軍事史」研究で成果をあげていた。藤原、大江らを戦後第一世代の軍事史研究者とすると、戦後第二世代の軍事史研究者が一九九〇年代以降にすぐれた問題提起的な著作を次々と刊行した。羅列的で申し訳ないが、この頃私が読んだ本で特に強く印象に残ったものをあげれば、加藤陽子『徴兵制と近代日本』[2]、山田朗『軍備拡張の近代史—日本軍の膨張と崩壊—』[3]、戸部良一『日本の近代九 逆説の軍隊』[4]、喜多村理子『徴兵・戦争と民衆』[5]、荒川章二『地域と軍隊』[6]、本康宏史『軍都の慰霊空間』[7]、吉田裕『日本の軍隊—兵士たちの近代史—』[8]などがあり、共著では檜山幸夫編『近代日本の形成と日清戦争』[9]や上山和男編『帝都と軍隊』[10]があった。その潮流のなかの一冊として、原田の軍事史研究の代表作である『国民軍の神話—兵士になるということ—』[11]が颯爽と登場した。

当時の記憶をたどると、まさに怒濤のように進展する新たな軍事史研究の成果を、驚きを以て受けとめ、何とかしてこの動きについていこうと読書に励んでいた自分が思い出される。

原田の軍事史研究の業績は膨大なものであるので、本稿では単行本と原田が企画編集の中心となった「地域のなかの軍隊」[12]シリーズを中心に紹介し、論文は必要なものだけに言及するに止めることをお許し願いたい。

二　軍夫研究から日清・日露戦争研究へ

すでに原田は都市史・政治史研究者として知られていたが、日清戦争開戦一〇〇年を契機とする日清戦争研究の進展の機運なかで軍事史研究の分野に進出した。学生時代を振り返ってみれば、原田が（そして筆者もそうであるが）大阪大学の学部学生・大学院生時代に教えを受けた梅溪昇先生は、軍人勅諭成立史や参謀本部成立過程など明治前期の軍事史研究を自身の研究テーマの一つとしておられたし、(13)原田自身の卒業論文も日露戦争後の陸軍と社会の関係を検討するものであった。このように原田は研究の出発段階から軍事史研究に関して人並み以上の知識と関心を持っていたから、日清戦争研究分野への進出は決して唐突なものではなかった。

原田の日清戦争分野での最初の成果は原田敬一・大谷正編『日清戦争の社会史』(14)として現れた。原田が執筆した同書の「はじめに」では当時の問題意識が次のように説明されている。原田は以前から興味を持っていた日清戦争に際して陸軍の輜重の中心部分を支えた軍夫についての研究を深めるため、一九九三年度文部省科学研究助成費に「日清戦争と軍夫」をテーマとして申請して採用され、大谷を研究分担者として研究を進めた。この過程で日清戦争の研究史を検討した結果、従来の研究は基本的に開戦外交や戦時外交研究に集中していたが、現時点で日清戦争自体の持つ意味と戦争の果たした役割を考えるためには、「狭義」の戦史の分析や、地域と戦争の視点も必要であり、そうした研究が可能な段階に戦後歴史学は到達していると考えるに至り、『日清戦争の社会史』を企画した。

そして、同書第一章の原田論文「日本国民の参戦熱」では、日清戦争の開戦段階では各地で義勇軍運動が高揚し、これが義勇兵停止の詔勅で挫折すると軍夫志願運動に転換したこと、さらに出征軍隊への献金や物品献納運動が続いたことを確認したうえで、日清戦争では都市の下層社会や老人・子どもや女性をも含む各階層でナショナリズムが高まり、参戦熱（ナショナリズムの極端な形であるジンゴイズム）にまで至ったと主張されている。この論文からは、すでに自己薬籠中のものとなっていた都市史研究と都市下層社会研究から、日清戦争の軍事史研究へ展開しようとする原田の試みと問題意識をうかがうことができる。

原田のなかではその後も軍事史研究への展開の契機となった日清戦争研究への関心は続いており、それが一〇数年を経過して結実したのが、『日清・日露戦争』[15]と『日清戦争』[16]である。

『日清・日露戦争』は、岩波新書の「シリーズ日本近現代史」全一〇巻の一冊として刊行された著作で、明治二三年（一八九〇）の帝国議会開設から明治四三年の韓国併合までの二〇年間を叙述の対象とした。この著作では、近代日本国家が「大日本帝国」として形成され、これとともに日本に住む人々が帝国の国民として統合されていく過程が描かれ、これに加えて帝国に強制的に編入された台湾・朝鮮の民衆が二級の国民として差別的に編成されていくことについても目配りがなされている。

全七章構成のうち、第一章「初期議会」と第二章「条約改正」については原田『帝国議会誕生』[17]の成果が、第三章「日清戦争」と第四章「台湾征服戦争」については従来の原田自身による日清戦争研究の成果が反映されていることが明かであるが、私が最も興味を持って読んだのが第五章「日清戦後と国民統合」と第六章「民友社と平民社」であった。第五章では、経済史分野の日清戦後経営論や法制史分野の近代法体系成立論、さらに分厚い政治史分野の研究成果が巧みに取り入れられたうえで、日清戦後に進展した国民統合とその限界について具体的かつ密度の濃い叙述が行われ、続く第六章では、同時期に急激に進展したジャーナリズムと近代小説に焦点を当て、それらを研究資料としても使用しながら、ナショナリズムの形成とその行方について論じられている。最後の第七章では日露戦争開戦過程から韓国併合までを一章で描くという力業を発揮している。以上のような叙述の結果、『日清戦争の社会史』所収論文では未だ不明確であった、近代日本のナショナリズムと国民および国民国家形成に関する原田の見通しが、『日清・日露戦争』で提示されたと、私は理解した。

もう一つ私が印象的だったのは、『日清・日露戦争』の叙述に表れた原田の歴史の語り方の上手さである。勤務校の教養と専門のゼミナールで、岩波新書の「シリーズ日本近現代史」の各巻をテキストとして講読したことが何度かあった。各巻の叙述スタイルはそれぞれ個性的であり、どれがよくてどれが悪いという訳ではないが、『日清・日露戦争』が面白い、わかりやすいと評する学生が少なくなかった。その理由の一つは、原田が明治後半の二〇年間の通史的叙述を行う際に、平板な叙述になることを避けるため、叙述のなかで時代を象徴するような興味深い新資料を提示し、これらを分析して新たな視角から歴史叙述を行うという試みを意識的に行ったためではないだろうか。同書によって、原田は歴史研究者から広く一般読者に語りかけ、ともに考えようとする歴史家になった。

『日清・日露戦争』刊行の翌年、原田は吉川弘文館の「戦争の日本史」シリーズの一冊として、『日清戦争』を刊行した。二〇〇八年になると、日本近現代史研究の分野ではすでに軍隊と戦争の社会史的研究が進展していた。その研究潮流を積極的に評価しつつも、敢えて手薄な「日清戦争の軍事史研究」に挑戦することで日清戦争研究の一層のレベルアップを目指したのが『日清戦争』であり、その結果、原田は研究史上で代表的な日清戦争研究者として位置づけられることになった。同書の「あとがき」には「日清戦争の社会史的究明」に挑戦したいと記されている。私としてはしばらくお留守になっている軍夫問題を中核としながら、原田に「日清戦争の社会史的究明」に取り組んでもらうことを期待している。

三　「軍隊と社会」研究をリードする

『国民軍の神話―兵士になるということ―』刊行の意義

日清戦争とナショナリズム研究から出発した原田の研究が、「軍隊と社会」研究に展開して生まれた成果が、『国民軍の神話―兵士になるということ―』である。この本は日本近代史研究のパラダイムの転換を目指すことを謳った吉川弘文館発行の「ニューヒストリー近代日本」シリーズの一冊であり、「普通に暮らしている人々の生活暦に沿った軍隊史研究」を目指したものであるとされる。本書は三部構成で、これにプロローグとエピローグ、そして索引・文献案内・主要参考文献一覧がついている。第一部が「入営、生活と訓練、退営、平時の生活への復帰」を、第二部が兵営の「生活、衛生」を米食問題から、第三部が「死亡、追悼」をそれぞれ扱う構造になっており、第一部と第二部で日常の軍隊と兵士を、第三部で非日常の世界を検討している。

アジア太平洋戦争敗北後の日本軍研究の大きなテーマとして、近代日本民衆のなかに根強くみられた軍隊への違和感を、研究者自身の反戦平和意識を投影しながら解明しようとする研究が行われた。その結果、民衆の軍隊への違和感の表現形態の一つである徴兵忌避研究が行われ、菊池邦作『徴兵忌避の研究』(18)や大江志乃夫『徴兵制』(19)のような古典的な研究が現れ、文学作品では民衆を暴力的に兵士の鋳型に押し込む内務班に代表されるような非合理な軍隊教育を告発した野間宏『真空地帯』(20)が生まれ、ある時期までは人々の共感を得た。

『国民軍の神話』においても、民衆の軍隊への違和感や徴兵拒否現象を無視するわけではないが、それよりも『現代日本文学全集』(筑摩書房、全九九冊巻)に登場する文学者の事例調査や戦前期に各地で発行された軍隊用出版物(原田は軍事ジャーナリズムと定義する)、さらには除隊記念の兵隊盃などのユニークなモノ資料を使用して、徴兵されることに対する民衆の本音やしたたかな対応を明らかにした点に特徴がある。大学や高等専門学校に進学して徴兵猶予の特権を得たごく一部のエリート青年を除いた、多くの非エリート青年は、「理想の『青年』認定」の証である「『甲種合格』認定を持っているが、入営はしない徴集猶予」を本音では望んだ。クジ運悪く徴兵・入営を余儀なくされた場合は、要領よく兵役を務めて伍長勤務上等兵となって「善行章と下士官適任証」を獲得して、それをスプリングボードとして植民地・内国植民地の下級公務員職を獲得すること、地域に残った場合は地方秩序の担い手となることを希望したこと、そしてそれが日中全面戦争の開始以前はある程度実現したことを紹介する。それによって、民衆を文明化・国民化する学校として、また民衆の欲望と上昇志向を実現する回路として軍隊が機能し、それがために国民軍としての幻想を国民に植えつけたという、本書のプロローグで示された原田のテーゼを証明している。

本書第三部の「死ぬということ—追悼の詩—」は非日常の世界の軍隊を論じるが、それはさらに三部構成になっており、日清戦争の軍夫問題とその後に関する研究、次に日露戦争からアジア太平洋戦争にまで至る各戦場での兵士の死とその取り扱いが議論され、そして「三『万骨枯る』空間—軍用墓地—」である。最後の軍用墓地研究が第三部の中心で、軍夫と戦場の死に関する部分は導入部分と位置づけられるだろう。

原田は一九九〇年代中頃から陸海軍墓地や戦争記念碑などの戦争遺跡をめぐる調査を始めていたという。その地道な調査の画期的な成果が本書所収の「表18　全国軍用墓地一覧」である（後に山辺昌彦がより詳細な調査研究活動報告である「全国陸海軍墓地一覧」(21)を発表した）。また、原田は軍用墓地と戦争遺跡の実地調査と並行して関係する文献調査を意欲的に行い、軍用墓地の制度史と軍用墓地における段階的に変化した慰霊・追悼行事の検討を行い、さらに軍用墓地の現状と将来についても言及している。

原田は、陸海軍の軍用墓地は近代軍の成立とともに生じた勤務中の死者を埋葬する必要に応じて設定された実用的なものであったが、日清戦争以降、戦争による大量死が発生するとその合葬碑が、日中戦争以降には忠霊塔が建立され、慰霊祭や招魂祭を行う追悼空間の機能をも持つ複合的な空間となった、と指摘する。実用的な埋葬施設から発生した軍用墓地に対して、慰霊の施設として発生したのが各地の招魂社（後に護国神社）と東京九段の靖国神社であり、また戦争の勝利と犠牲者を記念し追悼する凱旋記念碑、忠魂碑、戦捷記念碑などが建碑され、地域の墓地には戦没兵士の墓が無数につくられた。軍隊を持ち、戦争を重ね、その結果として戦死者と戦病死者を大量に生み出さざるを得なかった近代日本がつくりあげてきたこれらの施設と、それを統合する戦没者追悼の構造について原田は考察を重ねた。そして、その考察は次第に欧米各国の戦死者追悼のあり方と日本のそれとの比較研究という国際的な視野を持ち始めることになる。

以上が私の目からみた『国民軍の神話』の概要である。読み終わったうえで考えると、本書プロローグで宣言されていた「普通に暮らしている人々の生活暦に沿った軍隊史研究」とは、兵士を中心にした軍隊史研究であったと言い換えることができるだろう。

本稿の第一節で紹介したように、原田の研究に先立って刊行された加藤陽子による『徴兵制と近代日本』が、近代日本の徴兵制を制度とその運用の側面から検討し、徴兵制に込められた近代国家の意図ならびに近代日本陸軍の実態を描いて、研究者に衝撃を与えた。研究史的にみると、加藤が明らかにした政府の政策意図と政策に対して、兵士とされる国民の側がどのように対応したのか（「上に政策有れば、下に対策有り」という中国のことわざのように）、そして、それが地域社会にどのような結果をもたらしたのかを検討したのが原田の著書の第一部と第二部であると評価できるのではないか。また、第一節であげた、喜多村理子『徴兵・戦争と民衆』、吉田裕『日本の軍隊—兵士たちの近代史—』などの同時期に発表された著作も、「兵士を中心とした軍隊史研究」という原田の問題意識と共通性を有しており、『国民軍の神話』が軍事史研究の高揚という史学史的な流れに棹さし、研究者同士の激しい切磋琢磨のなかで誕生した研究成果だったことがわかる。

さらに原田の『国民軍の神話』は、「兵士を中心とした軍隊史研究」に加えて、第三部では軍用墓地研究と慰霊・追悼研究の分野に先駆的に踏み込んだという点にも特徴があったことを強調する必要があろう。そして、この分野は次第に原田の中心的な研究分野となっていった。

軍用墓地研究と慰霊・追悼研究

原田が一九九〇年代中頃から戦争遺跡をめぐり始めたことはすでに指摘したが、一九九八年度から国立歴史民俗博物館が企画した研究グループ「近現代の兵士の実像」（基幹研究「歴史における戦争の研究」の一分野で、一九九六〜二〇〇〇年度の五年間にわたって二六人の研究者が参加し、近現代における戦争の問題を「戦争と民衆」という視点から解き明かそうとした）[22]に参加し、問題意識を一層明確化させ、この頃から多数の関連論文を発表し、研究会で発表や講演を行うようになった。

原田の軍用墓地と慰霊・追悼の研究を集大成したのが、『兵士はどこへ行った―軍用墓地と国民国家―』[23]である。同書の「あとがき」によると、同書は一三本の既発表論文を改稿して再構成し、それに書き下ろしのプロローグとエピローグのほかに二章の新稿を加えたものである。「あとがき」に掲載された一三本の既発表論文の出典と発表年月をみると、日本の軍用墓地そのものの調査と研究は一九九八〜二〇〇〇年に集中的に発表され、その後は、アメリカ、ヨーロッパ、韓国と台湾の実態調査および軍用墓地論・追悼論に関する理論的な考察が二〇〇〇年以降に発表されていることがわかる。そして、これらの論文は加筆のうえ、軍用墓地論・追悼論に関する理論的な考察からなる第一部「軍用墓地とは何か」と、日本の軍用墓地の発生から現状に至るまでの全体像を描いた第二部「日本の軍用墓地」および欧米とアジアの軍用墓地を調査して相互比較を試みた第三部「欧米とアジアの軍事墓地」として再構成された。原田の軍用墓地研究のすべてがこの本に収録されているわけではないが（例えば軍用墓地制度研究の決定版ともいうべき、「陸海軍墓地制度史」[24]は未収録）、この本には原田の軍用墓地研究の軌跡と現状認識のエッセンスが込められている。

近代国家とナショナリズムを結ぶ結節点としての戦死者とその追悼・記憶に関する問題群については、ベネディクト・アンダーソン『想像の共同体—ナショナリズムの起源と流行—』[25]やモッセ『英霊—創られた世界大戦の記憶—』[26]などで論じられ、日本の歴史学界も強く影響を受けた。もちろん原田もこれらの研究動向に無関心ではなかったが、他人の理論を模倣するのではなく、自らの足で稼ぐ地道な軍用墓地調査から始め、並行して着実に資料調査を行って研究成果を発表した。そして研究会で発表して志を同じくする研究仲間と議論を行ってさらに思索を深め、その調査の足跡は欧米やアジアに拡大していったのである。

この研究では、原田のよい意味での好奇心にあふれた好事家的な側面や、知人には周知の徹底した資料収集癖がプラスに働いたと思う。日本の軍用墓地・戦争記念碑を調査し始めた頃だったと思うが、原田から肩書きを「掃苔家」と印刷した名刺を貰ったことを思い出す。また、私が一九九九年度にイギリス・香港で海外研修を過ごしていた際に、留学先を訪ねてきた原田にスコットランドへ調査に行こうという誘いを受けて同行したことがあった。この時に、切符やホテルを予約に行った旅行代理店の若い女性が冬に寒気厳しいスコットランドに行く日本人はクレイジーだと驚いたことや、エディンバラ城内のスコットランド国立戦争記念館や市内の記念碑などを精力的に調査する原田に感心したことなどを懐かしく思い出す。丁度、原田の眼が国内から海外に広がり始めた時期だったのだろう。

軍用墓地と戦争記念碑の歴史と現状に関する研究、特に慰霊・追悼の側面からの研究は、民俗学、歴史学、地域史などの各分野で盛んに行われてきた。歴史学分野では、本康宏史『軍都の慰霊空間』や檜山幸夫の一連の研究（「近代日本における戦争記念碑と軍人墓」[27]上・下や『近代日本の戦没者慰霊に関する総合的研究』[28]）などがあり、地域史研究では小田康徳・横山篤夫・堀田暁生・西川寿勝編著『陸軍墓地がかたる日本の戦争』[29]をはじめとする多数の研究成果が存在する。このような研究潮流のなかで誕生した原田の『兵士はどこへ行った—軍用墓地と国民国家—』は、日本と世界の軍用墓地の実態調査の上に立って、近代国民国家の戦死者追悼に関する歴史研究の現段階を整理するとともに、現在も国家とそこに生きる人々を拘束し続ける戦死者追悼の諸問題を考える視座を提示したという意味で、研究史上に大きな意味を持つ著作であると評することができる。

地域と軍隊の研究

「軍隊と社会」研究に関連して原田が果たしたもう一つの大きな仕事は、「地域のなかの軍隊」全九巻の企画・編集において中心的な役割を果たしたことである。

戦前の日本では男子に対する徴兵制のある社会が形成され、また地域は軍隊を受け入れて発展していったという現実があった。ところが、アジア・太平洋戦争の敗戦とポツダム宣言の受諾による日本陸海軍の消滅の結果、戦後の地域史研究においては地域の軍隊の存在を正面から扱わず、地域史の叙述から地域の軍隊の存在を事実上無視する傾向が生じた。

東北地方の中核都市仙台の場合を事例とすると、地域史研究と軍隊史研究の関係は次のようになる。仙台は明治維新以降、東北地域の軍事拠点であり、明治四年（一八七一）設置の東北鎮台が仙台鎮台を経て明治二一年に第二師団に改編されると、ここに師団司令部、歩兵二個聯隊と砲兵聯隊などの諸部隊が置かれた。日清戦争後に弘前に第八師団が設置されて管区が縮小されたが、日中戦争が始まると第一三師団と第二二師団が再設ないし新設された。当然、仙台市の修史事業のなかで軍隊は大きく取り上げる必要があるが、時代によって取り上げ方は変化した。最初の『仙台市史』は明治四一年に一七〇〇頁に及ぶ大冊一巻として刊行された。次に大正期に全六巻の『仙台市史』が計画されたが、昭和四年（一九二九）に第一巻が刊行されたのみで中止となった。その後、戦後昭和期に『仙台市史』全一〇巻と『仙台市史』続編二巻が刊行され、さらに政令指定都市への移行と市制施行一〇〇周年を記念して平成期に『仙台市史』全三二巻が刊行された。最初の『仙台市史』は軍事協力団体である仙台兵事義会の日露戦争時の活動報告書編纂から出発したため、軍都仙台での日清・日露両戦役事業史の性格が強く、大正期の『仙台市史』の通史編もこれに倣った。ところが、戦後昭和期の『仙台市史』は一般的な戦争の記述はあるものの、地域にある軍隊の存在を事実上無視した叙述を行っている。これに対して、平成期の『仙台市史』では地域と軍隊の関係に注目した記述が積極的に行われている。(30) 拙文の最初に引用した吉田論文が指摘した、一九九〇年代以降の軍事史研究の活性化の波が地域史研究でもみてとれることを、仙台地域の歴史編纂事業が示しているのではないか。

地域と徴兵制、地域と軍隊を考える場合に最も基礎的な資料は、市町村役場と道府県庁で作成され蓄積された兵事資料と徴兵業務を担当していた連隊区司令部の資料であろう。これらの資料群の内、連隊区司令部に関係する陸軍兵籍簿はかなりの程度残され戦後も都道府県庁の実業務に使用されたが、それ以外の資料群はアジア太平洋戦争の敗戦時に焼却処分されたと信じられていた。

しかし、地方の公文書館が整備されると道府県庁の兵事資料がある程度は残されていることがわかり、さらに焼却されたと思われていた市町村の兵事資料も何ヵ所かでまとまった形で発見された。その嚆矢となったものが、富山県旧庄下村（現砺波市）役場の兵事係であった出分重信氏が保存していた兵事資料を、同地出身の中世史家黒田俊雄氏（原田と筆者の恩師である）が編纂して出版した、黒田俊雄編・出分重信述『村と戦争―兵事係の証言―』(31)であった（庄下村の資料の存在は、一九九六年八月一一日に放送された、NHKスペシャル「赤紙が来た村―誰がなぜ戦場へ送られたのか―」を通じて広く知られることになった）。その後、各地で同様の兵事資料が発見され紹介されたが、なかでも新潟県上越市内の旧和田村および旧高士村の村役場文書中に残された兵事資料が、上越市史編纂委員会編『上越市史 別編七 兵事資料』(32)として詳しい解題付で紹介されたことが画期的であった。このように地域と軍隊・戦争の関係を、具体的に地域の資料に基づいて研究する機運が高まるなかで、静岡県と愛知県の豊橋・名古屋などの地域を研究対象とした荒川章二『地域と軍隊』が登場したことは研究史上の象徴的な出来事であった。

以上のような研究状況を背景に登場した「地域のなかの軍隊」シリーズ全九巻は、まさに時宜にあった企画ということができる。同シリーズの「刊行にあたって」は次のように述べている。戦後の歴史研究者、教育現場、自治体史の多くは、「かつて青年や家族のかたわらに厳然として存在していた軍隊という組織を否定的にとらえるにとどまり、軍隊や軍事史研究を関心の外に置いてきた」。このことが、「戦後国民の戦争認識・軍隊認識の弱さ」を形作った原因ではないか。近年、「軍隊と地域社会との関係を当研究」が盛んになりつつあるが、具体的な成果が蓄積されつつあるのはまだ一部の地域に限られる。そこで、「地域のなかの軍隊」シリーズにおいては、旧植民地を含むなるべく多くの都市（軍都、連隊町、軍港都市）の事例をもとに「多角的な視角から地域史のなかにおける軍隊のありようを浮き彫り」にすることを試みた。

各巻の内容をみると、第一～六巻までが北海道から沖縄までの「内地」を、第七巻が「外地」すなわち植民地を扱う、地域別編成となっている。そして第八巻が『日本の軍隊を知る―基礎知識編―』、第九巻が『軍隊と地域を問う―地域社会編―』である。論考とコラムは一〇一本、執筆者八二名におよんだという。原田は全体の企画を担当するとともに、第四巻『古都・商都の軍隊』、第八巻と第九巻の各巻の編集を担当してプロローグを書き、第九巻には長大な総括的論文「良兵・皇軍・聖戦―日本の軍隊を問う―」を寄せた。同シリーズを通読すると、「地域のなかの軍隊」全九巻は、現時点における地域史のなかの軍隊研究を総括するとともに、今後の軍隊史・戦争史研究の課題を提示するものとなっている。しかも研究者のみならず一般読者を重視して、「国民の戦争認識・軍隊認識」の深化に資することを意識したシリーズになっている点に大きな意味がある。

すでに紹介した『兵士はどこへ行った』のプロローグで、原田はある研究会の名簿に、吉田裕、荒川章二、原田の三人が、自らの専門分野を「軍隊と社会」と期せずして書いたというエピソードを紹介している。これは一九九〇年代のことと想像されるが、それからおよそ二〇年が経過するなかで、彼ら三人の先駆的な問題意識が一般化し、多数の研究者が「軍隊と（地域）社会」というテーマを自らの研究課題にするようになった。その研究動向の変化を如実に示したのが「地域のなかの軍隊」全九巻であった、ということができるだろう。

四　市民とともに考え行動する歴史学

以上、原田の軍事史研究について、日清戦争研究と「軍隊と社会」研究に便宜的に分けて時代順に紹介してきた。原田から新刊が出るたびに寄贈を受け、そのたびに目を通してはいたが、今回初めて通読したのは得難い経験であった。読み終わってみると、原田の軍事研究の中心は原田自身が自認するように「軍隊と社会」研究であり、特に兵士に着目した軍隊史研究に一貫して重点を置いて取り組んだという特徴があったと思う。その一方で、原田はその時々の研究対象に集中し、沈潜して研究を深めるとともに、その研究対象を広く日本近現代史のなかに位置づけようとする志向を持ち続けた。この傾向が顕著になった契機は、やはり岩波新書『日清・日露戦争』の執筆であったようだ。

二〇〇〇年を過ぎた頃から五〇歳を超えた原田は、大学行政、学会運営、それに加えて様々な社会貢献活動で多忙を極めるようになった。にもかかわらず、この時期に多くの研究成果を発表しているし、多忙ななかで市民と定期的な勉強会を続け、市民対象の講演会も引き受けている。筆者のような怠け者は、原田のバイタリティと責任感に驚嘆せざるを得ないが、一方そこに自分の生きる時代と社会に誠実に向き合おうとする原田の歴史家としての矜恃を感じるものである。そのような活動のなかから生まれたのが、『「坂の上の雲」と日本近現代史』(33)と『「戦争」の終わらせ方』[34]の二冊の著書である。両方とも日本近現代史の通史的な叙述であって、軍事史研究の枠に収まらない作品であるとともに、私が最も原田らしい本だとの印象を持った作品であるので、最後に『「坂の上の雲」と日本近現代史』と『「戦争」の終わらせ方』の論点を紹介することで拙稿の筆を置きたい。

二〇〇九年から二〇一一年にかけて、NHKは三部構成、全一三話の司馬遼太郎の小説『坂の上の雲』を映像化したテレビドラマの特別番組を放映した。平均視聴率が一〇%を上まわったというから、司馬が『坂の上の雲』で描いた近代日本の形成過程と日清・日露戦争に関する解釈が視聴者にある程度受け入れられたと思われる。これに関係する歴史研究者の著書が何冊も出版され、この頃に筆者も司馬の小説の歴史叙述を、歴史的事実と歴史認識の両面で鋭く批判した中村政則や中塚明の著書を読んだ記憶がある。[35]原田の『「坂の上の雲」と日本近現代史』も同時期に著されたものであるが、類書と異なり「司馬史観批判」に重点があるのではなく、「司馬さんの認識が現代日本人の認識を表現しているものという考え方で検討し、いったいその「歴史認識」は、現代歴史学の研究からいってどう考えられるのか、を示していきたい」というアプローチを採用した。対象とした司馬作品は、『坂の上の雲』と大久保利通・西郷隆盛・川路利良らを中心に明治国家の建設を描いた『翔ぶが如く』の二つの小説、それと晩年に司馬が書いた『この国のかたち』に代表される様々なエッセイである。検討の結果、原田は「司馬遼太郎という一人の作家が、文学作品やエッセイ、講演などの形で発表した「歴史」についての考え方を参照」とし、司馬の考察に寄り添いながら、ユニークな日本近現代史再考とでも評することのできる著書を書き下ろした。この著書のなかで原田は、司馬の小説が「日本」という枠組みを意識した作品構造になっていること、さらに司馬自身が晩年までナショナルな問題について思索をつづけ、最晩年にはトランスナショナルな境地に至ったことを積極的に評価している。

『「坂の上の雲」と日本近現代史』につづく『「戦争」の終わらせ方』は、日清戦争、義和団戦争、日露戦争、第一次世界大戦、一五年戦争とアジア太平洋戦争、朝鮮戦争、ヴェトナム戦争の七つの戦争を取り上げ、最後に「八一九四五年以後の日本を捉え直す―戦後平和の意義―」が置かれている。原田の言によれば、この本を書いたきっかけは、第一次世界大戦の講和条約であるヴェルサイユ平和条約の読み直しと再評価であったという。同条約は全一五編であるが、第一四編は保障占領規定、第一五編は雑則なので、平和条約は実質的には第一編の国際連盟関連規程にはじまり、第一三編の国際労働委員会規程で終わる。人類が初めて体験した世界戦争の惨禍に直面し、この惨禍を二度と発生させないことを誓った講和会議参加国は、従来の欧州外交の原則であった正戦論を排して国際機関による紛争解決を目指した国際連盟を発足させるとともに、戦争の原因となる不正と貧困状態を改善するために労働問題の改善を目指して国際労働機関（ＩＬＯ）を発足させた。国際連盟とＩＬＯには、締約国の平和への強い意志と知恵が込められていた。しかし、日本政府はこのような平和条約の精神を十分に受けとめることができず、旧外交に固執して新外交の動きに対応できなかった。そしてこのことが満州事変以後の不幸な歴史の原因となった。原田のこの議論はユニークかつ説得的である。そして戦争の終わらせ方という観点から近現代日本の戦争の歴史を見直してみると、今までと違った歴史像や現代に通じる問題点が発見できる、というのが『「戦争」の終わらせ方』の主張である。

筆者は自分の講義でこの本を紹介し、学生に読むことを勧めている。その理由は、自分の生きる時代と社会に誠実に向き合い、そして市民とともに考え行動する歴史学と歴史家のあり様がこの本に示されていると考えるからであり、そしてそれが原田の軍事史研究の根底に流れていると確信しているからである。

注

（1）吉田裕『現代歴史学と軍事史研究―その新たな可能性―』（校倉書房、二〇一二年）第一章。

（2）吉川弘文館、一九九六年。

(3)吉川弘文館、一九九七年。
(4)中央公論社、一九九八年。
(5)吉川弘文館、一九九九年。
(6)青木書店、二〇〇一年。
(7)吉川弘文館、二〇〇二年。
(8)岩波書店、二〇〇二年。
(9)雄山閣出版、二〇〇一年。
(10)日本経済評論社、二〇〇二年。
(11)吉川弘文館、二〇〇一年。
(12)全九巻、吉川弘文館、二〇一四～一七年。
(13)梅溪昇『明治前期政治史の研究—明治軍隊の成立と明治国家の完成—』(未来社、一九六三年)、同「参謀本部独立の経緯について」(『軍事史学』九—二、一九七三年)など。
(14)フォーラム・A、一九九四年。
(15)岩波書店、二〇〇七年。
(16)吉川弘文館、二〇〇八年。
(17)文英堂、二〇〇六年。
(18)立風書房、一九七八年。
(19)岩波書店、一九八一年。
(20)河出書房、一九五二年。
(21)新井勝紘・一ノ瀬俊也編『国立歴史民俗博物館研究報告第一〇二編 慰霊と墓』二〇〇三年三月。
(22)一ノ瀬俊也「経過概要」(前掲注(21)書)を参照。
(23)有志舎、二〇一三年。
(24)前掲注(21)書。

(25) リブロポート、一九八七年。以後複数の翻訳がある。
(26) 柏書房、二〇〇二年。
(27) 『九州史学』一三六・一三九、二〇〇三年・二〇〇四年。
(28) 科研報告書、二〇〇九年。
(29) ミネルヴァ書房、二〇〇六年。
(30) 拙稿「書評 原田敬一著『国民軍の神話―兵士になるということ―』」(『日本史研究』四八四、二〇〇二年)。
(31) 桂書房、一九八八年。
(32) 上越市、二〇〇〇年。
(33) 新日本出版社、二〇一一年。
(34) 新日本出版社、二〇一五年。
(35) 中村政則『「坂の上の雲」と司馬史観』(岩波書店、二〇〇九年)、中塚明・安川寿之輔・醍醐聰『「坂の上の雲」の歴史認識を問う―日清戦争の虚構と真実―』(高文研、二〇一〇年)。

第一部　軍隊と戦争

戊辰戦争と「裏切り」言説
――鳥羽伏見の戦いと藤堂家を事例に――

淺井良亮

はじめに

戊辰戦争における地域社会の動向は、その終結から一世紀半を経た今日においても、各地域の郷土意識の形成に大きな影響を与えている。たとえば、明治改元から一五〇年に当たる二〇一八年、政府が「明治一五〇年」として記念事業を展開したのに対し、会津若松市や長岡市などは「戊辰一五〇周年」や「北越戊辰戦争一五〇年」として位置づけたことは記憶に新しい。戊辰戦争において「官軍派」であったか「佐幕派」であったか、という地域の歴史性の相違は、時として地域間の対立感情を惹起することも少なくない。そして、この問題に深く根を張っているのが、「○○藩の裏切り」や「××藩の寝返り」という文脈で戊辰戦争を叙述しようとする、「裏切り」言説である。

ここでいう「裏切り」言説とはなにか。次に掲げるのは、その典型といえる一例である。

正確な時間は判らないが恐らくは午前十一時頃、一大事変が突発した。即ち淀川右岸の山崎関門を幕命によってかねてから守備していた津藩の兵千余名が、突然銃砲を揃えて真側面から川を隔てた坂軍目掛けて射撃を開始した。坂軍は全く予期していない出来事であり、友軍と確信して全く開放してあった側面だから、それを不意に攻撃されて大混乱に陥った。現実的な損害以上に精神的な打撃の方がより大きい。すでに譜代淀藩の裏切りだけでも大きな衝撃だったのに、今度はかつての徳川四天王の一家によって、甚大な痛手を被った。とにかく、この津藩の裏切りは独り当面の諸隊のみならず、坂軍内部に疑心暗鬼を生ぜしめ、ために著しく戦意を低下せしめた。(1)

右は、「戊辰戦争史の基本書」(2)と評される大山柏『戊辰役戦史』が描く、鳥羽伏見の戦いの一幕である。大山は、兵数において優勢であった徳川軍(「坂軍」)が薩長軍に敗北した要因を、「譜代」稲葉家と「かつての徳川四天王の一家」藤堂家の「裏切り」に求めた。

そもそも「裏切り」とは、本来こうあるべきという期待や信義に背くという意味の言葉であり、特定の立場からの価値判断を孕む言語である。戊辰戦争を真に理解するためには、こうした言語の使用について自覚的になるとともに、戊辰戦争をめぐる歴史叙述のあり方を検討する必要があるだろう。

本稿では、戊辰戦争の端緒となった鳥羽伏見の戦いと藤堂家を素材に、藤堂軍の行動を実証的に検証しつつ、彼らの行動を「裏切り」と評価づける言説の形成を検討する。

一　鳥羽伏見の戦いと藤堂家

1　山崎・高浜における行動

戊辰戦争において、「裏切り」の態度をとったとされる藤堂家は、実際にいかなる行動をとったのだろうか。ここ

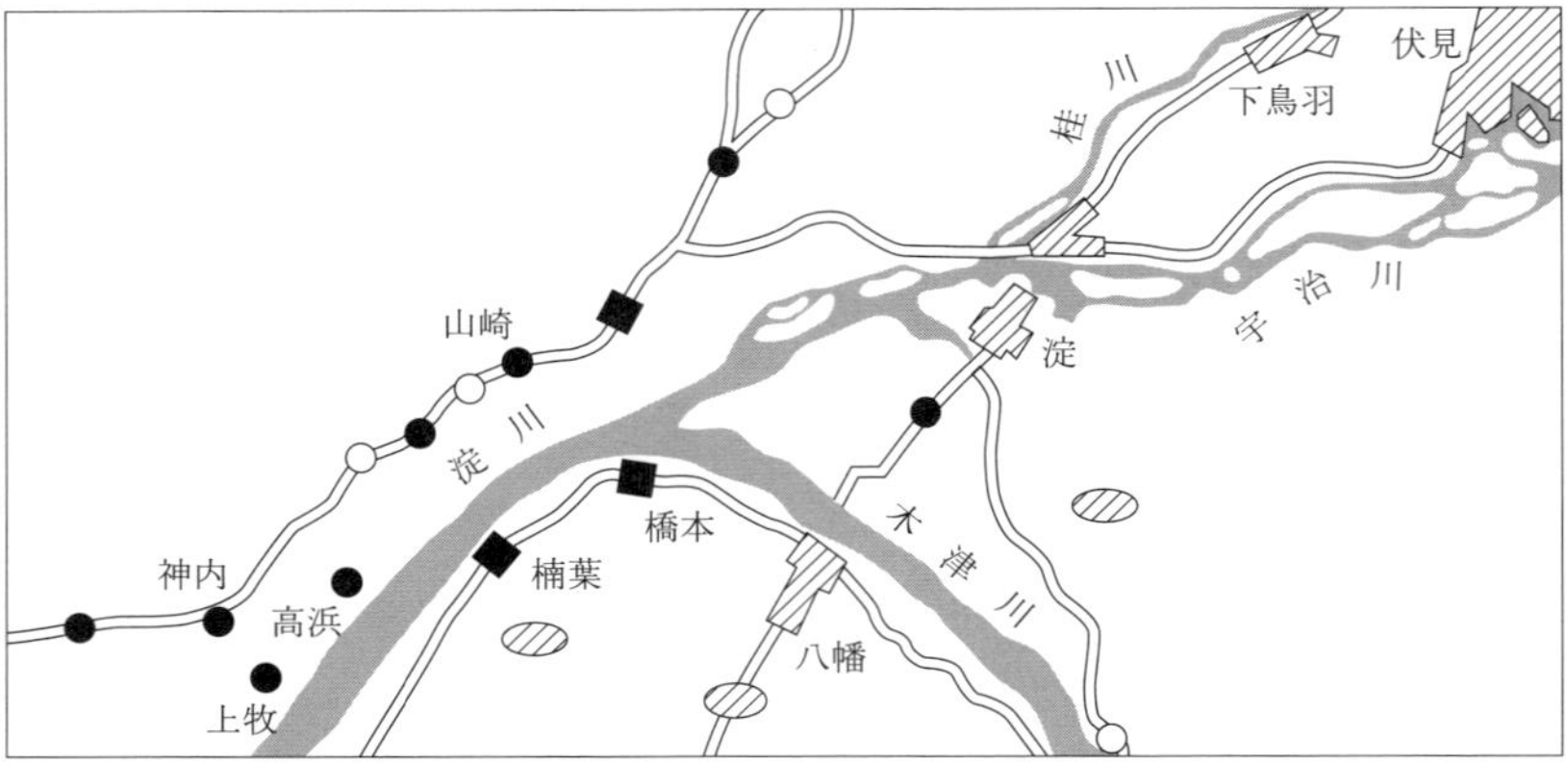

図1　山崎・高浜周辺図（『伊賀市史』二・通史編近世，2016年をもとに作図）

では、一次史料を基に、鳥羽伏見の戦いにおいて山崎・高浜を守衛した藤堂軍の行動を確認しておく(3)（図1）。

正月二日　夜、藤堂軍が守衛する高浜付近を「幕幷会・桑之兵」が通行した。この軍勢は、元旦に内大臣徳川慶喜が「君側之悪を掃」することを目的として「薩藩奸党之者罪状之事」を掲げて京都に派兵した、いわゆる「討薩」軍であった(4)。山崎に在陣していた番頭藤堂九兵衛は、「形勢不容易旨」を注進するため、藤堂家の京都屋敷へ使者を派遣した。

正月三日　辰之前刻、在京中の伊賀城代藤堂采女は、在京家老藤堂帰雲と「内談」するため、京都屋敷に参上した。采女の目的は、九兵衛からの注進を受け、「私儀茂何卒罷越戮力仕度」と、自ら山崎に出陣することを相談することにあった。だが、帰雲は「御内用」のために同日暁に京都を発して下坂していたため、内談は実現しなかった。帰雲のもとには、「越前宰相」こと議定松平春嶽より、「速ニ大坂ニ下リ其出兵ヲ止メンコトヲ命ス」との要請が届いていた。この要請は、「此節ヶ様之御妄動無之様御抑止可被成」と、慶喜へ出兵差止を建言するため、春嶽が在京諸侯に下坂を呼びかけたものであった(5)。帰雲の下坂は、春嶽の要請に応えたものであった。

暮時、徳川軍の軍監木城安太郎が神内台場を訪れ、「兵隊操込申度」と、台場への徳川軍繰込を藤堂軍に要請した。応接の最中に伏見方面より「砲声」が轟いたため、木城は返答を聞かずに引き上げた。この砲声は、鳥羽街道における徳川軍と薩摩軍との衝突、すなわち鳥羽伏見の戦いの開戦を告げるものであった。

京都屋敷では、「伏見形勢不穏」との情勢判断に基づき、山崎へ「御固」の援兵を派遣することが決定した。まず藤堂新七郎隊が先発（夜五ッ時過着陣）、さらに采女が半大隊を率いて出京（四日夜九ッ時着陣）、藤堂隼人隊が殿を務めた（四日丑刻着陣）。

正月四日　采女ほか各隊の着陣が完了すると、山崎聞法寺において「会議」が開催された。この会議では、淀に派遣されていた鉄炮役町井治によって「伏見表戦之様子」が報告され、前日に木城から要請のあった「東兵一大隊為応援山崎江操込」の件が評議され、各隊への「手配打合」が行われた。

早朝、采女は「今一隊出兵之儀」を国許に要請するため、伊賀に向けて書翰を発した。この援兵要請については、同夜になって「出兵先見合セ」ることに決し、要請撤回のための使者が伊賀へ派遣された（五日伊賀着）。

夕刻、淀方面より「幕兵壱隊七拾人程」が山崎に敗走してきた。同隊を率いる摺見𠮷蔵は藤堂軍に対し、山崎台場への「一大隊繰込」を要請した。これに加えて、摺見隊の敗走をみた長州兵が山崎を訪れ、徳川軍へ「追撃可致」旨を要請した。町井らが長州兵の応接にあたっている間に、摺見隊は橋本方面へ撤退していった。

夜になると、徳川・長州両軍からの使者が相次いだ。山崎を訪れた徳川軍は、薩長軍の伏兵を防ぐために「淀川沿辺藪沢」の焼払いを要請した。徳川軍の要請に対し、采女は台場周辺に「決シテ一人ノ他藩士ヲ容レス」と主張して、要請を拒否した。他方、長州軍からは遊撃隊参謀久保無二三らが山崎に来訪し、「我藩（藤堂家）ノ方嚮」がいかなる態度であるかを詰問した。応接にあたった町井は、「何レニ対シテモ干与スルコトナシ」と、徳川・薩長両軍に不関与の態度であることを回答した。この応接を報じるため、京都屋敷に使者が派遣された（五日暁京都着）。

正月五日　昼時、長州兵が立て続けに山崎に来訪し、渡船の提供や探索人の差出を次々に要請した。渡船提供については、実際には「用意船」があったものの「下流ヘカクス」こととし、長州兵に対しては「渡船無之」と回答した。探索人差出については、「持場内探索」を目的として、伊賀者沢村甚三郎ら二名を長州兵に同道させた。

夕暮時、今度は徳川軍からの使者が山崎に来訪し、「是非共兵隊操込度」と、台場への徳川軍繰込を再度要請した。応接にあたった鉄炮頭柳田猪之介は「本陣へ罷越し右之趣采女へ申聞ル」と回答した。

亥之刻、勅使四条隆平が長州兵に護衛されて山崎に来訪し、聞法寺にて応接が行われた。四条は「官軍救応守関之大任勤労」すべし、との命を伝えた(6)。これに対し、采女は「守関之儀精誠尽力可仕」とする請書を奉呈した。応接後、四条が神内・高浜台場の視察を希望したため、九兵衛隊が警護として同道し、両台場の視察が行われた。請書奉呈を報じるため、伊賀および京都・大坂両屋敷に使者が派遣された。

山崎において勅使応接が行われていた頃、徳川軍より副総督並塚原昌義らが高浜を訪れた。塚原は、夕暮時に要請した台場への「兵隊操込」に対する返答を求めて、柳田との談判を要請した。しかし、「猪之介勅使一件ニ取懸り候」と、柳田が不在であることが伝えられると、同行していた木城は憤慨し、「未明迄ニ是非共返答いたし呉候様」との言伝を残して橋本へ引き上げた。采女の請書奉呈後、柳田らが高浜に駆けつけたが、すでに塚原らは引き上げた後だったため、徳川軍との応接は実現しなかった。

正月六日　未明、宝積寺において采女・新七郎・隼人らを中心に「集会」が開催された。集会では、「奉勅ニ付東人江為離絶書翰差送候」と、徳川軍に対する離絶通知の送付が「決議」され、その取扱は柳田と町井に委ねられた。また、各隊の持場が差図され、采女隊が神内台場を、新七郎隊が天王山を、九兵衛隊が高浜台場を持場とすることとなった。各隊の頭奉行に対する「申達」に際し、采女は「幕へ砲口差向之義」を申し諭した。暁、長州兵が来訪し、山崎台場への兵隊繰込を要請した。応接にあたった町井は、「幕へ手切れ応接ニ可及右相済迄ハ持場内へ猥りニ兵隊操込之儀断り置」と、徳川軍への「手切れ応接」が完了するまでは要請を容れることはできない、と回答した。

徳川軍への通知を命じられた柳田らは、木城に宛てて「其表ノ兵隊御引揚相成度」と、橋本方面からの軍勢撤退を求める書翰を認め、采女組与頭三田村上介に托した。三田村は采女請書写と柳田書翰を武芸目附高市清八らに托し、徳川軍が屯集する橋本・楠葉へ届けさせた。

直後、離絶通知を知った伊予松山松平家より使者が高浜に駆けつけ、高市らを詰問した。応接に当たった高市らは「其事情已ム可ラサルコトヲ説」いた。

四ッ時、九兵衛隊・隼人隊が配備された高浜台場より砲撃が行われ、徳川軍との戦闘が開始した。開戦直後より長州軍が高浜台場に繰り込み、夕刻には神内台場にも繰り込んだ。激しい応戦の末、徳川軍は大坂方面へ敗走し、「申之過刻」には高浜における戦闘が収束した。

正月七日　朝、長州軍からの使者が山崎に来訪し、「宿陣替いたし度義」を申し入れた。その後、「芸州侯」こと議定浅野茂勲からの使者が来訪し、「神内御台場警衛勅命ニ而交代可致旨」を伝えた。これは、同日に慶喜征討の沙汰書が発せられたことを受け、参与役所より各大名家の警衛担当が新たに差図されたことによる交代であった。申刻、采女隊は神内台場を芸州軍に引き渡し、宝積寺へ引き上げた。

正月八日　未前刻、征討参謀より采女に対して、「御用之儀有之」と出頭を命じる達が伝えられた。采女は町井を伴い、本陣が置かれている淀城を訪れた。参謀東久世通禧は、「累日之交戦屢得勝利候趣被聞食叡感不斜候」と戦勝

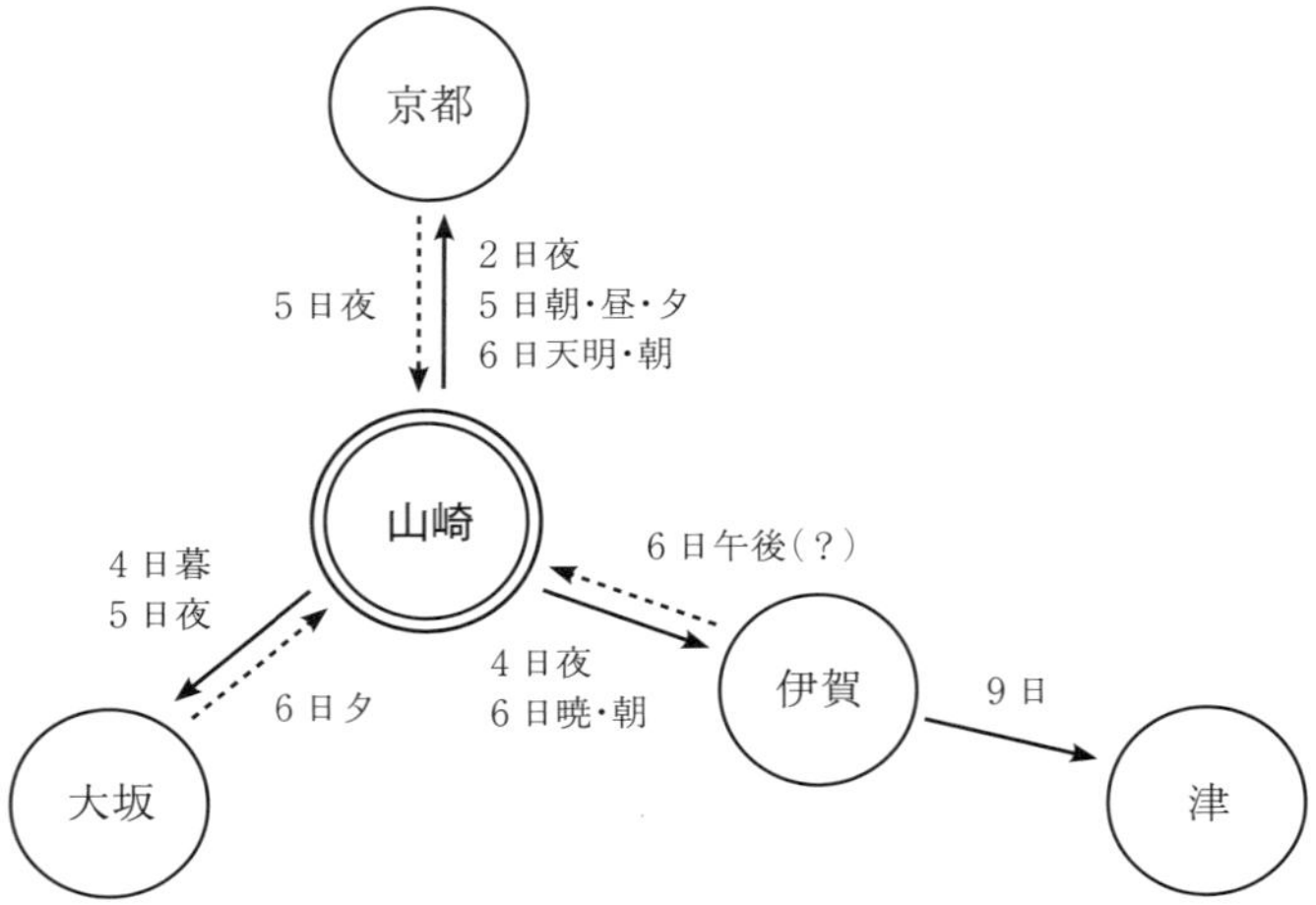

図2　鳥羽伏見の戦いにおける藤堂軍の情報伝達

を祝う叡旨を伝えた。さらに藤堂兵を慰労する品として、酒・鯣が下賜された。

2　探索と決断

鳥羽伏見の戦いが開戦した正月三日以降、山崎・高浜の藤堂軍は孤立無援ともいえる状況に置かれた。山崎に陣を置いた采女は、たびたび伊賀・京都・大坂に使者を派遣し、時々の戦況を報告するとともに、「方向相定メ手筈打合」を求めた。山崎から京都・大坂までの道程は半日、伊賀までは丸一日、津まではさらに一日を要した（図2）。そのため、山崎から派遣された使者が帰陣したのは、最も早い者で五日夜の勅使応接の最中であった。

国許や京坂両屋敷からの指示を得られない状況下にあって、五日夜の勅使来訪があり、請書奉呈があった。したがって、請書奉呈という決断は、「事情切迫ニテ主人和泉守ノ指揮ヲ仰クヲ得ス」というように、国許からの判断を得ることができないままに、采女自身が下した決断であった。請書奉呈が伊賀に報じられたのは正月七日、津に報じられたのは同九日であった。「勅命ニ而不得止幕兵ト一戦之由」が伝えられた国許では、「議論紛々」の末に

「主人始勅諭之御請申上」ることに決定した。(7) このことは、采女の請書奉呈が藤堂家の総意ではなかったこと、采女の決断を追認するかたちで当主藤堂高猷名義の請書が作成されたことを意味している。

ところで、采女は請書奉呈という決断を場当たり的に下したわけではなかった。采女が記した「京詰中日記」(8)には、「所々江探索出し追々注進有之」といったように、探索と注進に関わる記事が散見される。采女の決断を支えたのは、多くの探索情報であった。

開戦前夜より、山崎・高浜からは多数の探索人が各所に派遣された。正月二日から六日にかけて派出された探索人は、史料から確認できる限りで、総勢一五一人を数える（表参照）。彼らが持ち帰った探索情報に基づいて、采女は時々の情勢判断を行い、時々の行動を決断したのであった。

探索情報が藤堂軍の具体的な行動につながった事例を紹介しよう。開戦前日の正月二日、大炮方分隊令士松林陽七郎より、「正月二日夜宵ゟ上牧村川筋ニ多人数之もの音致し、何角騒々敷、殊ニ同村外れニ篝之如き火之手相見え候趣」と、上牧村周辺に多人数が集結している様子が報じられた。そのため、探索人二名が高浜から上牧村周辺にかけて探索にあたったところ、「幕兵淀川筋登り候趣」が注進された。この情報が山崎を警衛する九兵衛によって京都に報じられ、采女が帰雲と内談するために動いたのは、先にみた通りである。翌三日には、探索人により「伏見辺ニ而不一通火之手相見へ候」との情報が注進された。この情報に基づき、京都屋敷では「兵端相開」との情勢判断がなされ、采女らの山崎派兵となったのである。

采女は多くの探索人を通じて戦況を具に把握していた。そのなかには、「東兵追々不利八幡・橋本江向引退候趣」や「山崎江勅使臨向有之哉」など、徳川軍の劣勢や山崎への勅使来訪といった情報が迅速に注進されていた。こうした探索情報が、五日夜の請書奉呈という決断を支えたのである。

表　鳥羽伏見の戦いにおける藤堂軍の探索情況

正月二日【12名】
夜五ッ半時〜同夜八ッ半時
👤×2　⇨　上牧村より淀川筋高浜番所まで
夜四ッ時〜
👤×1　⇨　粟生光明寺より向町辺
2日夜〜4日夕
👤×2　⇨　高浜番所〜大坂表
不明
👤×2　⇨　大坂へ
👤×2　⇨　芥川辺
👤×2　⇨　大塚辺
👤×1　⇨　橋本辺

正月三日【48名】
早朝〜
👤×1　⇨　伏見・淀・橋本
朝六ッ時〜
👤×2　⇨　伏見まで／鳥羽海道方面
〜八ッ半時
👤×1　⇨　鳥羽伏見順道
夕暮
👤×3　⇨　淀手前まで
暮六ッ時〜5日九ッ時
👤×1　⇨　不明
夜
👤×3　⇨　京師より山崎表固場まで
〜6日夕
👤×30　⇨　天王山山手／山崎表・神内辺
不明
👤×1　⇨　高浜へ
👤×2　⇨　淀・橋本ほか
👤×4　⇨　不明

正月四日【11名】
朝〜
👤×2　⇨　東寺辺まで
昼四ッ時〜八ッ時過
👤×2　⇨　不明
不明
👤×3　⇨　栗尾近辺
👤×1　⇨　天王山柳谷辺
👤×3　⇨　不明

正月五日【41名】
昼八ッ時
👤×1　⇨　橋本辺まで
夕〜
👤×2　⇨　山崎へ
夜〜
👤×32　⇨　（固場周辺）
不明
👤×1　⇨　山崎近辺
👤×2　⇨　宇治辺まで
👤×1　⇨　道斎近辺
👤×2　⇨　不明

正月六日【40名】
夜七ッ半〜
👤×5　⇨　神内台場川下
朝〜
👤×2　⇨　下鳥羽・淀・八幡辺
夕〜
👤×2　⇨　道斎村より前嶋辺
夜
👤×1　⇨　神内台場より探索遠見
不明
👤×4　⇨　山崎
👤×1　⇨　（高浜・神内番所周辺）
👤×2　⇨　鳥羽・淀辺へ
👤×3　⇨　芥川辺より郡山駅まで
👤×2　⇨　梶原村辺
👤×4　⇨　道斎辺
👤×10　⇨　川筋
👤×4　⇨　不明

3　請書奉呈の実相

正月三日夜から五日にかけて、山崎・高浜には徳川・長州両軍からの要請が相次ぎ、藤堂軍はそのほとんどを固辞した。開戦直後、藤堂軍は中立的な態度を貫いていたのである。

この態度の背景には、鳥羽伏見の戦いに対する認識があった。四日夜の長州軍応接を担当した町井は、「這般ノ戦争ハ畢竟薩長会桑トノ私闘ト認ムルヲ以テ、何レニ対シテモ干与スルコトナシ」と、この戦闘が薩摩・長州軍と会津・桑名軍との「私闘」であるとの認識を示した。鳥羽伏見の戦いに従軍した無足人も、この戦闘は「薩長藩幕兵と戦」うものであると、町田と同様の認識を記録に残している。つまり、藤堂軍の間では、鳥羽伏見の戦いが徳川軍と薩長軍の私戦である、という認識が一定程度共有されていた。そのため、町田が明言したように、藤堂軍は「私闘」そのものへの関与を拒んだのである。

そうしたなか、五日夜に勅使来訪があった。四条が采女に伝えた朝命は、次のような内容であった。

今般徳川内府上京、先手之家来と称し戎服・大砲等ニ而伏見迄押出し候儀、意外之進退不可言次第ニ候、右者兼而懇之御内喩且言上之次第茂有之候之処、従朝廷警衛　被仰付置候御場所不相憚、突入之妄挙、実ニ不得止之時機被及掃攘候、最早叛逆之色顕然ニ候ニ付、進軍追討官兵被差向候間、山崎関門之儀枢要之地ニ候条官軍救応守関之大任勤労候様　被仰付候事(9)

ここでは、「徳川内府」こと慶喜の「叛逆之色」が述べ立てられ、「追討官兵」を差し向けたことが述べられている。このことは、薩長軍の軍事行動に慶喜追討という大義名分が付与され、鳥羽伏見の戦いが「私闘」ではないことを意味するものである。続けて、藤堂軍に「官軍救応」と山崎「守関」とを勤めよ、と命じている。この命を容れれば

「官軍」として徳川軍と戦うことになり、拒めば慶喜に与するとして「追討」されることになる。つまり、四条が朝命を伝えた時点において、藤堂軍は戦闘への不関与という態度を貫くことは不可能となり、自らの意思とは無関係に戦闘への関与を強いられることとなったのである。

これに対し、采女が奉呈した請書は、次のような内容であった。

> 勅命之趣奉敬承候、就テハ官軍御差向ニ相成候間、山崎枢要之地ニ付、守関之儀精誠尽力可仕、此段御請申上候、
> 尤早速国元江茂申遣、主人ヨリ茂御請書可奉差上候事[10]

ここで注目されるのは、采女が「御請」とした内容である。請書では、四条が求めた「官軍救応」と「守関」に対し、「守関之儀精誠尽力可仕」と、山崎守衛について「御請」するとされており、「官軍救応」については一切の言及がなされていない。そこに加えて、「主人ヨリ茂御請書可奉差上候」と、高猷から改めて請書を奉呈すると述べられている。先にみたように、采女請書は藤堂家の正式な意思決定を経たものではなく、采女が自身の判断で提出したものであった。したがって、采女は「官軍」への帰順を意味する「官軍救応」には一切言及せず、山崎「守関」についてのみ御請する、という形式をとったのである。

二　「裏切り」言説の形成

1　『維新史』における叙述

では、冒頭に紹介した「裏切り」言説は、どのように形成されたのだろうか。この問題を考えるにあたり、まず、明治維新の「典型的な政治史の位置づけを提示」したと評される[11]、維新史料編纂事務局編『維新史』の叙述を確認し

ておこう。

此の時に当つて山崎には津藩兵が陣営を構へ、重臣藤堂元施采女が総帥として之を率ゐてゐた。初め同藩は情誼上旧幕軍に加担せんとしてゐたが、旧幕軍の連戦連敗を見るに及び、窃かに諸藩の動向に鑑みながら、形勢観望の態度をとつてゐた。是に於いて朝廷は侍従四条隆平を山崎なる津藩の陣営に遣し、大義を諭して官軍に味方せしめようとせられたのである。（中略）斯くて津藩は愈々官軍に応じて旧幕軍を撃つの議を決したが、情誼上先づ旧幕軍の陣営に之を通告して其の撤退を求めた。（中略）然る後対岸橋本の陣営に砲撃を開始した。(12)

ここでは、「津藩兵」が「形勢観望の態度」をとっていたこと、四条隆平の説諭によって「官軍に応じて旧幕軍を撃つ」決断がなされたこと、藤堂軍が「旧幕軍の陣営」に対して「通告」と「撤退」要請を行ったことが描かれている。前節の検討と照らして、藤堂軍が「情誼上」の理由から徳川軍に「加担せん」としていたことなど、事実と異なる点をいささか含むものの、この描写はおおむね正確であるといえる。

『維新史』の歴史叙述をめぐっては、「王政復古史観的色彩が強い」という性格が古くから指摘されてきたが、その一方で「幕末期の政争過程の叙述に詳し」いとの評価がなされている。(13)同書をまとめた維新史料編纂事務局は、広範かつ膨大な史料を収集し、極めて実証性の高い史料編纂事業を実施していた。(14)同書における藤堂軍の描写も、高い実証性に裏づけされて叙述されているのである。

2　叙述の定型化と誇張化

それでは改めて、「裏切り」言説はどのように形成されたのだろうか。戊辰戦争が終結した直後の明治初年には、民間において早くも同時代史的な歴史著作が刊行され始めた。明治五年（一八七二）刊行の山口謙『近世史略』は、管見の限り、戊辰戦争についてまとまった叙述をなした最初の書物である。同書において、鳥羽伏見の戦いにおける藤堂軍の行動は、次のように描写されている。

時ニ津藩東軍ノ為メ山崎ノ関ヲ守ル、天使之ニ就キ順逆ヲ陳ヘ諭ス、津藩命ヲ奉シ官軍ヲ納レテ、橋本ノ賊兵未タ之ヲ知ラス（中略）賊軍堅守防戦シテ、山崎ノ塞堡ヨリ横ニ榴弾ヲ橋本ノ牙営ニ放ツ、賊兵殪ル、者無数、一軍崩潰、本道ノ官軍乗テ大ニ之ヲ破リ、賊兵皆大坂ニ走ル(15)

ここでは、まず藤堂軍が山崎を守衛する理由を、「東軍ノ為メ」と位置づけている。次いで、勅使（「天使」）によって説諭がなされたことを受けて、藤堂軍が「官軍」に帰順したことが述べられている。徳川軍は藤堂軍の帰順を「知ラス」という状況で戦闘を迎えている。そして、藤堂軍が山崎から橋本に榴弾を砲撃したことで、徳川軍が大坂に潰走したと結んでいる。ここでの叙述は、「官軍」や「賊軍」の呼称を使用し、勅使の説諭を「順逆」と表現するなど、朝廷への帰順が当然の帰結として最初から想定されている。だが、事実関係そのものはおおむね正しいものといえよう。

明治初期には『近世史略』のような「歴史的読みもの」と並行して、「戯作的読みもの」である実録文学が流行した(16)。なかでも、当時最も評判となった作品が、明治八年（一八七五）に出版された、村井静馬『事情　明治太平記』である(17)。同書における藤堂軍の描写は、次の通りである。

時に津藩東軍の為に山崎の関を守れり、折から天使山崎に至りて順逆の理を陳諭す、仍て津藩命を奉じて順ひしを、賊軍いまだこれを知らず、既に六日の早天にいたり、官軍橋本に押寄しかバ、賊軍もまた兵を出して稍戦争に及べるとき、津藩忽ち山崎より賊軍の陣営に大砲数発うち蒐しかバ、思ひ設けぬ事なるゆへ、賊徒等大いに狼狽して討るゝ者数を知らず、一軍崩れ立ところへ、本道の官兵勝に乗じて頻りに追撃したりしかば、心は矢猛に

はやれども盛返すべき力なく、遂に賊兵総敗軍となり、ミな大坂へと走去りける[18]

まず確認されるのは、この描写が『近世史略』の構成とほぼ同じことである。一方で、文体に注目すると、『近世史略』に比べて平易な和文体となっていることが確認できる。『事情　明治太平記』は講談の演目として上演されたこともあり、随所に講談調の表現がみられる。たとえば、藤堂軍の砲撃を受けた徳川軍について、「思ひ設けぬ事なるゆへ、賊徒等大いに狼狽」「心は矢猛にはやれども盛返すべき力なく」といった修飾がなされている。

『事情　明治太平記』は当時ベストセラーとなったため、その後、複数の同名類書が発行された[19]。そのなかには、明治一九年（一八八六）から翌年にかけて大阪・東京など複数の版元から官許を得て刊行された、福井淳『絵本　明治太平記』がある。

初め津藩ハ大阪軍のために山崎の関門を守りしかども、天使之に就き順逆を以て諭されけるにぞ、これより勅命を奉じ悉く官軍に帰し勢を合せけるも、賊軍ハ未だ之をしらず（中略）戦ひの最中忽ち津藩山崎の方より横さまに打射る弾丸橋本の軍営に霹靂し殪るゝもの数なし、賊軍大に驚き崩れ潰えて大阪に走る、此時初めて藤堂兵が官軍にしたがひしを覚る[20]

ここでは、『事情　明治太平記』の描写がそのまま継承されていることがわかる。加えて注目されるのは、その表現の変化である。たとえば、『事情　明治太平記』では「津藩命を奉じて順ひし」と述べられている箇所が、『絵本　明治太平記』では「勅命を奉じ悉く官軍に帰し勢を合せける」となっており、より「官軍」への帰順を強調する表現となっている。また、藤堂軍の砲撃については、「横さまに打射る」という表現がとられており、これに加えて、徳川軍敗走の描写後に「此時初めて藤堂兵が官軍にしたがひしを覚る」との一文が挿入されている。表現を誇張することによって、藤堂軍が徳川軍を唐突に襲撃したような印象を与えている。

『近世史略』で描かれた藤堂軍の描写は、『事情　明治太平記』などの実録文学に継承されるにしたがって、その叙述が定型化し、表現が誇張化していった。こうした叙述の定型化と誇張化は、新たな作品が刊行されるたびに進展した。たとえば明治二七年（一八九四）に刊行された川崎三郎『戊辰戦史』においては、

是時ニ当リ、津藩ノ兵、幕軍ノ命ヲ受テ山崎ノ関門ヲ守レリ。因テ勅使之ニ就キ、諄諄トシテ順逆ノ道ヲ諭ス。津藩遂ニ朝命ヲ奉シ、幕軍ニ叛キテ悉ク官軍ニ帰セリ。而シテ、津藩カ官軍ニ服従セシコトハ、幕軍未タ之ヲ覚ラザリシナリ。（中略）是ニ於テ乎津藩、断然山崎ノ陣営ヨリ、巨熕ヲ発シテ横ニ幕軍ノ牙営タル酒井ノ陣ヲ撃テリ。是レ実ニ幕軍ヲシテ其不意ニ驚カシメタリ。(21)

との描写がなされている。

3　「裏切り」言説の誕生

明治初年より実録文学を通じて定型化された叙述を「裏切り」言説へと昇華させる契機は、どこに求められるのだろうか。「官軍への帰順」という描写を「裏切り」と評価づけるのであれば、それは戊辰戦争における敗者の側から立ち現われてくるものであろうことは容易に想像される。

戊辰戦争の敗者という視点から明治維新を叙述した著作として、明治三七年（一九〇四）に刊行された北原雅長輯述『七年史』があげられる。(22)北原は、会津松平家の家臣という出自を持ち、会津軍の一員として戊辰戦争を転戦した経験を持つ人物である。同書において、鳥羽伏見の戦いにおける藤堂軍の行動は、次のように描写されている。

是時に当り、前岸山崎の砲台、俄然砲を発して、先づ橋本を襲ふ、桑名兵叱咤して之に応じ、壁に據て之を禦ぐ、八幡の兵大に驚く、西軍進んで橋本の背に出づ、東軍支ふると能はず、大に潰て、枚方に退きけり、砲台の衛兵

は、藤堂和泉守の家臣にして、東軍の為に砲台を守れる者なり（中略）此時に当りて、敗報頻りに大阪城に達しければ、前将軍は大に驚きておもへらく、藤堂稲葉の如き、徳川氏に重恩あり、殊に此挙を賛成しながら、反覆すること此の如し、是或は錦旗を見しによるならんも知るべからず[23]

ここでは、藤堂軍が「東軍の為」に山崎を守衛していること、山崎から「俄然」砲撃があったことなど、定型化された叙述の構成を継承していることが確認できる。一方で、注目されるのは、勅使来訪の場面がまったく脱落していることである。藤堂軍の「反覆」を「是或は錦旗を見しによるならん」と推測する描写が挿入されてはいるものの、勅使の来訪と説諭という場面が割愛されたことにより、藤堂軍の行動論理がまったく説明されていない。

加えて、これまでに語られたことのない新しい描写として、徳川慶喜（「前将軍」）の驚嘆という場面が追加されている。そこでは、「徳川氏に重恩あり」という藤堂家と稲葉家の由緒に言及しつつ、「殊に此挙を賛成しながら、反覆すること」に慶喜の驚嘆を求めている。藤堂軍が「此挙」すなわち徳川軍の派兵について「賛成」しているという事実はなく、出兵を差し止めるべく藤堂帰雲が急遽下坂したことは、前節で確認した通りである。つまり、ここでは徳川家と藤堂家との歴史的関係性を想起させつつ、徳川軍の派兵を「賛成」したという逸話を絡めることで、藤堂軍の「反覆」と評価づける叙述がなされているのである。

こうした『七年史』の叙述を継承・発展させた著作として、昭和八年（一九三三）に会津戊辰戦史編纂会によって刊行された『会津戊辰戦史』があげられる。同書は、会津出身で東京帝大総長や貴族院議員などを歴任した山川健次郎が監修したことで知られるが、実際の執筆は花見朔巳（東京大学史料編纂官）と荘田三平（会津郷土史家）が担当し、『七年史』など会津関係史料を駆使した叙述がなされた歴史書である。[24]

同書における鳥羽伏見の戦いの描写は、それまでの著作に比して、圧倒的に分量が多いのが特徴である。藤堂軍にまつわる描写は、①五日夜における徳川軍と藤堂軍の応接、②六日における山崎台場の動静と砲撃開始、③藤堂家からの弁解という後日談から構成されている。ここでは、①について紹介しておこう。

幕人及び我が隊将議して曰く、幕兵及び我が兵は橋本の関門を守り、藤堂藩は山崎関門を守る、宜しく幕兵を分遣して之を援くべしと、黄昏幕兵山崎に至り津藩の守兵を援け共に京軍を防がんと欲す、守兵拒んで納れず曰く、勅使四条隆平朝臣来り幕軍及び会津桑名兵等を討つべきの命あり故に之を辞すと、久松定昭朝臣も亦人を関門に遣し出兵を促す、津藩人答へて曰く、勅使来りて命ぜらる、公然之を拒む能はず、心は幕府にあれども表面は勅命に従はざるを得ず、且隊頭藤堂帰雲大阪に至り未だ帰らず専対し難しと、蓋し帰雲正月元日頃大阪にて内府に進言し、本国より二大隊を呼び寄せ、指揮に従ひ尽力せんと云ひて大阪を発せし由なれば、此の時帰雲関内に在りしを偽れるが如し(25)

同書では、『七年史』における叙述と同様に、勅使来訪の描写が割愛されている。ここでは、それに代わる描写として、戦闘前夜における徳川軍と藤堂軍の応接の模様が描かれている。徳川軍からの共闘の要請に対し、藤堂軍からは「勅使来りて命ぜらる、公然之を拒む能はず」と回答があったと述べられており、その行動論理が説明されている。後半部では、元旦に帰雲が慶喜（「内府」）に対して「本国より二大隊を呼び寄せ、指揮に従ひ尽力せん」と進言して大坂を出立した、という描写がなされている。その虚実については先に指摘した通りであるが、この描写は『七年史』における叙述を基に膨らませたものとみられる。

こうした描写を重ねるなかで、『会津戊辰戦史』は「浅ましくもきたな」い藤堂家像を描き出していく(26)。そして、鳥羽伏見の戦いに関する描写の最後には、徳川軍（「阪軍」）の敗因が分析されており、その第二点として「藤堂をして反復の余地なからしめ」たことがあげられている(27)。

このように、会津関係者の手による著作では、定型化された叙述から取捨選択がなされた一方で、それ以前には描かれることのなかった新しい描写が挿入された。その虚実はともかくとして、新しい描写を折り交ぜることで「浅ましくもきたな」い藤堂家像を印象づけるとともに、「藤堂の反復」という言説を生成したのである。つまり、「藤堂の裏切り」という言説は、戊辰戦争における敗者の歴史叙述として誕生したのである。

4 「裏切り」言説の確立

さて、戊辰戦争における敗者の歴史叙述として誕生した「裏切り」言説は、どのようにして確立することになったのだろうか。結論を先取りすれば、そこには徳富蘇峰『近世日本国民史』が大きな役割を果たしている。同書は、大正七年（一九一八）から昭和二七年（一九五二）にかけて、『国民新聞』や『東京日日新聞』などで連載され、民友社から刊行された歴史作品である。(28)

同書の特徴は、「叙述は関係史料を豊富に掲げ、史料をして時代・事件・人物を語らせる著者独特の史体」にあるとされている。(29)藤堂軍の描写についても、昭和一二年（一九三七）に脱稿された第六七巻「官軍東軍交戦篇」において、豊富な関係史料を引用・駆使しながら、「東軍」「薩藩」「長藩」それぞれの立場からの叙述で構成されている。藤堂軍についての描写を大別すると、①五日夜における徳川軍と藤堂軍の応接、②六日における山崎台場の砲撃、③藤堂家からの弁解という後日談から構成されており、『会津戊辰戦史』と同じ構成であることがわかる。

①の描写については、先に紹介した『会津戊辰戦史』および『防長回天史』における描写が引用されている。前者では勅使来訪の描写が割愛されているが、(30)後者では「五日夜四条隆平卿山崎に至り、勅命を以て藤堂氏の陣に伝へ、傍観の罪を責め、官軍救応の任に当らしめた」ことが言及されており、藤堂軍の行動論理を「朝命を服し、官軍に応

じた」と説明している。[31]こうした引用に加え、大久保利通書翰中の「山崎の固め、藤堂にて候処、是も官軍に属候」との一文を引きながら、「藤堂の寝返りを打つたのは、東軍に取りては一大打撃であつたことは、既記の通りだ」と解説している。[32]

②の描写については、引用ではなく徳富の解説として、次のような言及がなされている。

此時山崎駐屯の藤堂藩兵は官軍に内応し、側面から橋本附近の幕軍を砲撃した為め、幕軍の士気沮喪し、遂ひに潰乱敗走の動機を作つた、抑も藤堂と井伊とは、万一の際には各々東西三十余州の旗頭となる資格を持ち、幕府の尤も恃みとしたるものであつた、然るに井伊は業に既に官軍に与みし、藤堂も亦た急に寝返りを打つて、東軍を砲撃するに至つたから、此れが東軍の士気を沮喪せしめたのは、決して異しむに足らない、元来藤堂の兵は、幕命を奉じて、山崎を拒守したるもの、其要人藤堂帰雲は、肥後の要人溝口孤雲と共に、京都に於ける軟派の牛耳を把りたるもの、その藤堂が東軍に与せず、中立の態度を持するさへも、異常なるに、それが一変して東軍を砲撃するに至つたのは、真に東軍に取りては、異常中の異常と云はねばならぬ[33]

ここでは、まず藤堂家と井伊家が「万一の際には各々東西三十余州の旗頭となる」存在であったことを述べ、「幕府の尤も恃みとしたる」両家が「官軍に与みし」て「急に寝返りを打」ったことを徳川軍潰走の要因として位置づけている。この大名家の由緒を語る叙述は、『七年史』のそれと近しい。また、京都における帰雲の周旋活動などに触れ、それをもって「その藤堂が東軍に与せず、中立の態度を持するさへも、異常」と評価づけている。この点については、『会津戊辰戦争』の影響が垣間見られる。このように、当該箇所における描写は、会津関係史料の叙述に依拠していることがわかる。そして、「官軍に内応」「急に寝返りを打つ」「異常中の異常」と畳み掛けることによって、藤堂軍の行動への否定的な評価を強調するのである。

③の描写については、『会津戊辰戦史』の該当箇所が引用されており、その後に「当日の戦機に関し、如何に山崎関門に於ける藤堂兵の寝返りが、東軍を悩ましたるかゞ判知る」という徳富の解説で結ばれている。(34)

このように、徳富は『会津戊辰戦史』を中心とした関係史料からの引用を駆使し、自身の独断ではなく実証性が担保された歴史的事実として「藤堂の寝返り」を印象づける叙述を行った。そして、藤堂軍の行動を「寝返り」「内応」「異常」と繰り返し評価づけることで、「裏切り」言説を確立させていったのである。

おわりに

本稿は、鳥羽伏見の戦いにおける藤堂家を素材に、戦闘下の行動を実証的に確認するとともに、彼らの行動を「藤堂藩の裏切り」とする言説の形成過程を明らかにした。本稿の検討は、戊辰戦争をめぐる歴史叙述の一端を示したものに過ぎないが、以下若干の展望を示しておきたい。

戊辰戦争をめぐる「裏切り」言説の誕生には、会津関係者の手による歴史叙述があり、徳富蘇峰という言論人の存在があった。戊辰戦争をめぐる歴史叙述については、土佐派の戊辰戦争観に着目して、明治期における政治情勢と戊辰戦争叙述の関連が指摘されているが、(35)戦争の敗者という立場からの叙述についても同様の検討を進める必要があるだろう。そして、敗者による歴史叙述に大きな影響を受けていた徳富の歴史叙述は、『近世日本国民史』を通じて広く受容された。同書については、菊池寛や吉川英治などの時代物を得意とする作家、田中彰や芳賀徹などの戦後歴史学者にも愛読されたという。(36)このことは、敗者の歴史叙述が徳富の著作を通じて戦後においても再生産されたであろうことを示唆している。

ところで、徳富の歴史叙述をめぐっては、膨大な史料を基に叙述していることから「公平な叙述」であるとの評価がなされている。[37]しかし、『近世日本国民史』における鳥羽伏見の戦いの叙述については、敗者の歴史叙述に大きく規定されていたことが明らかとなった。このことは、「つとめて公平を期する立場で全編が貫かれている」と評された、[38]大山柏の叙述についても同様である。徳富にしろ大山にしろ、「関係史料を豊富に掲げ」ることをもって、その公平性が評価されてきたわけであるが、[39]史料を駆使して叙述を行うことと叙述内容の客観性や公平性は直結しない、という問題が浮かび上がったといえる。この実証と歴史叙述の問題については、別に検討することとしたい。

注

（1）大山柏『戊辰役戦史』下（時事通信社、一九六八年）一〇三頁。
（2）安岡昭男「大山柏著『補訂　戊辰役戦史』上下」（『軍事史学』二五―一、一九八九年）。
（3）本節では、特に断らない限り、以下の史料を典拠とした。「華族家記・藤堂高潔」二・五（国立公文書館所蔵）、「旧津藩近世事蹟」五（東京大学史料編纂所所蔵）、「京詰及山崎出張日記」「山崎戦争之節出張万記」（伊賀市所蔵）、『庁事類編』下（上野市、一九七七年）、『藤堂藩山崎戦争始末』（清文堂出版、二〇〇八年）、『伊賀市史』五・資料編近世（二〇一二年）。また、当該期における藤堂家の動向については、拙稿「幕末の争乱と伊賀」（『伊賀市史』二・通史編近世、二〇一六年）を参照。
（4）慶応四年正月付徳川慶喜上書（『徳川慶喜公伝』史料篇三、東京大学出版会、一九七五年、二七〇～二七二頁）、慶応四年正月付徳川慶喜檄文（同、二七二～二七四頁）。
（5）「戊辰日記」（『史籍雑纂』四、東京大学出版会、一九七七年覆刻、一九一二年初出、二九四頁）。
（6）この命をめぐっては、「叡旨」「綸旨」「勅命」など、史料によって表記の揺れが確認できる。
（7）『中川蔵人政挙日記集』四（私家版、出版年不明）。
（8）『藤堂藩山崎戦争始末』所収。
（9）『藤堂藩山崎戦争始末』一九三頁。
（10）「旧津藩近世事蹟」五。

(11) 奈倉哲三ほか「座談会 日本史の論点・争点 戊辰戦争研究の現状と課題」(『日本歴史』八二〇、二〇一六年)。
(12) 維新史料編纂事務局『維新史』五(明治書院、一九四一年)一四六～一四八頁。
(13) 小西四郎「維新史」(『国史大辞典』一、吉川弘文館、一九七九年)。
(14) 拙稿「明治を編む」(『北の丸』五〇、二〇一八年)。
(15) 椒山野史『近世史略』二(出版人不明、一八七二年)四六丁。
(16) 大久保利謙「明治初期の歴史教科書と明治維新」(『日本近代史学の成立』吉川弘文館、一九八八年)。
(17) 長沼秀明「『明治太平記』の世界」(『法史学研究会会報』八、二〇〇三年)。
(18) 村井静馬『事情 明治太平記』初編上(延寿堂、一八七五年)一九～二〇丁。
(19) 磯部敦「歴史を「編輯」する」(『文学』一六―四、二〇一五年)。
(20) 福井淳『絵本 明治太平記』(岡本仙助、一八八六年)三四頁。
(21) 川崎三郎『戊辰戦史』三(博文館、一八九四年)七一頁。
(22) 丸山国雄「解題」(『七年史』四、東京大学出版会、一九七八年)。
(23) 『七年史』四、一五～一七頁。
(24) 丸山国雄「解題」(『会津戊辰戦史』二、東京大学出版会、一九七八年)。
(25) 『会津戊辰戦史』一(東京大学出版会、一九七八年覆刻、一九三三年初出)一一三～一一四頁。
(26) 同右、一二〇頁。
(27) 同右、一二三頁。
(28) 杉原志啓『蘇峰と「近世日本国民史」』(都市出版、一九九五年)。
(29) 大久保利謙「近世日本国民史」(『国史大辞典』四、吉川弘文館、一九八四年)。
(30) 「一八 東軍より観たる正月五日の戦争(三)」(『近世日本国民史』六七、明治書院、一九四一年、六三～六四頁)。
(31) 「二四 長藩側より観たる正月六日の戦争」(『近世日本国民史』六七、八六頁)。
(32) 「二一 当時の形勢と大久保の書簡(二)」(『近世日本国民史』六七、七三頁)。
(33) 「二三 薩藩側から観たる正月六日の戦争」(『近世日本国民史』六七、八一～八二頁)。

(34)「二五　東軍側より観たる正月六日の戦争（一）」（『近世日本国民史』六七、九〇頁）。
(35)松沢裕作「戊辰戦争の歴史叙述」（奈倉哲三ほか編『戊辰戦争の新視点』上、吉川弘文館、二〇一八年）。
(36)杉原前掲注(28)書。
(37)ビン・シン『評伝　徳富蘇峰』（岩波書店、一九九四年）、杉原前掲注(28)書。
(38)安岡前掲注(2)論文。
(39)大久保前掲注(29)「近世日本国民史」。

田中久重が製造した蒸気銃（砲）雛形

河本信雄

はじめに

幕末期に蒸気銃（砲）雛形が製造された。このことはほとんど知られていない。製造した人物は、江戸時代後期から明治時代初期にかけて職人、技術者、起業家として活躍した田中久重（以下、久重と記す）である。久重は幕末期に佐賀藩に出仕し、技術者として西洋の科学技術の研究開発や製品の製造に携わるのだが、この佐賀藩にて蒸気銃（砲）雛形を製造した。本稿ではこの久重が製造した蒸気銃（砲）雛形を紹介し、そして論考する。

雛形は辞書を引くと、「実物を小さくかたどって作ったもの。模型」などと記されているが、技術関連の歴史用語としてはその意味はより広範囲で、実際に動作する小型の試作機も雛形と呼ばれていた。久重が製造した蒸気銃（砲）雛形もまた小形の試作機であり、実際に弾丸を発射できるものであった。

なお、蒸気銃（砲）と記しているが、これは銃と呼ぶべきか砲と呼ぶべきか特定できないためである。現代でも銃と砲の境目はあいまいだが[1]、幕末期においては「銃」と「砲」はほぼ同義で使われていたと考えられる[2]。このため本稿では煩雑ではあるが、二節一項と三節二項を除いては、蒸気銃（砲）と記すこととする。

ここで以降の理解を助けるために、久重の略歴を記しておく。

久重は寛政一一年（一七九九）に筑後国久留米（現福岡県久留米市）の地に生まれる。若い頃の名は儀右衛門であった。三〇代前半までは、からくり人形を製作し、そして諸国をからくり興行で行脚した。三〇代半ばで上方に居を移し（大坂、伏見、京都に住む）、時計や諸器械の製作、販売を行う（からくり興行も続けていた）。ここまでは江戸時代の職人である。五〇歳を過ぎて蘭学を学び西洋の科学、技術知識を習得すると、五〇代半ばで幕末期の佐賀藩に技術者として招かれ、電信機や蒸気機関、蒸気船、銃砲などの研究開発、製造に携わり製造面の中心人物として活躍した。故郷久留米藩にも出仕し、技術の近代化に尽力する。明治に入ると七〇代半ばで東京に出て工場をつくり（会社を起こし）、電信機を製造した。明治一四年（一八八一）に歿する。

本稿では、以下について述べる。一節では、蒸気銃（砲）雛形がどのようなものであったかを考察する。二節では、蒸気銃（砲）雛形につながる二つの事柄を記す。一項では幕末期に記された蒸気砲に関する史料について、(3) 二項では久重が二〇代前半の頃につくった銃器について述べる。三節では、様々な史料・文献に記された蒸気銃（砲）雛形について述べる。

一　蒸気銃（砲）雛形の概要

1　「蒸気砲会心録」

久重は蒸気銃（砲）のことを「翁手記の年譜」に書き記している。「翁手記の年譜」は、久重が最晩年に自身の一生を振り返って最重要事項をごくごく簡単に記したものである。[4] 一次史料とは呼べないが、久重自身による回顧なので史料価値は高いとしてよいであろう。原史料は残されていないが、一冊の本としては久重の最初の評伝・伝記本である『田中久重翁』[5]（一八九七年刊）をはじめとして、いくつかの文献に翻刻のうえ掲載されている。

その「翁手記の年譜」の安政四年（一八五七）の記事に「蒸汽砲〇〇製造〇〇」とある（〇〇は判読不明の文字である＝出典ママ）。

〇〇に関しては、久重の評伝・伝記本として戦前を代表する『田中近江大掾』[6]と戦後を代表する『からくり儀右衛門―東芝創立者田中久重とその時代―』[7]（以下、『からくり儀右衛門』）は、共に一つ目の〇〇を「雛形」、二つ目の〇〇を「カヽル」と推定している。[8] なお、前者の題名中にある「近江大掾」は久重が職人時代に受領した称号である。[9] 受領後の久重は近江と名乗ることが多かった。このため当時の史料や戦前の多くの文献においては、久重は田中近江と記されている（以降、引用文中などにある「近江」、「近江翁」はすべて久重を指す）。

一つ目の〇〇に関しては筆者も同様の考えである。「翁手記の年譜」には似たような記述の仕方の記事が散見できる。たとえば嘉永五年（一八五二）の記事に「蒸汽雛形ヲ作ル」[10]とある。この記事と同様の書き方で製品名だけ変えたとすれば、一つ目の〇〇は「雛形」となろう。二つ目の〇〇に関しては、同様に「翁手記の年譜」には「製造」の次に「カヽル」と記されている箇所がある。[11] ゆえに、先行文献が推定しているように、「カヽル」であった可能性もあろうが、筆者はそうではないと考える。このことについては三節二項にて述べる。

いずれにしても、久重は蒸気銃（砲）の製造（おそらくは雛形）に関する事柄を「翁手記の年譜」に書き残したのである。安政四年の頃は、久重は佐賀藩に出仕していたので、[12] 久重は佐賀藩においてこれを製造したのであった。

久重が製造した蒸気銃（砲）雛形は、『田中近江大掾』に詳しく記されている。以下に引用する。

近江翁の大砲製造に就ては、尚記述すべきことがある。それは蒸気機関砲の雛形である。近江翁は、佐賀に於て一種の機関砲を工夫し、其雛形を作られた。然るに、其雛形は如何にせしか、現今伝はつてゐないので、其構造等は不明とされてゐたが、昨年、偶然編者の入手したるは、久留米半田久隆が嘉永六年十月、手写したる「蒸気砲会心録」である。表紙共五枚綴の小冊子であるが、是れは近江翁の口述に係る、蒸気砲の図及「蒸気銃略記」である。其末段に「親シク其人ニ口授シテ」云々とある如く、翁が自ら口授して筆録せしめ、之を校閲されたもののやうである。さればこそ、「嘉永六癸丑八月日田中儀右衛門鑑識」と自署されてゐるのである。其図には各主要部に寸法を記入してあるが、小型の雛形であつて、実用としては、其五倍又は十倍に精製するを要する旨注意書がある。今其図説に依りて構造の概要を見るに、砲車上の蒸気缶には、火炉あり、焔窓あり、泄気口もあれば、験水管もある。又水槽及喞筒ありて、水を蒸気缶中に送る。別に、蒸気箭ありて、蒸気管に依りて、蒸気缶より蒸気を受け、弾丸装置の機械たる開闔柄を運転し、送丸口にあつて、弾丸を送り、蒸気調節機の回転によりて、装填されたる弾丸は、一転一発、連続して発射さるるの装置である。尚、車後の一輪は轆轤を以て、左転右転自在ならしめ、又如意旋と称する螺旋ありて、其操縦に依りて砲口の上下自在である。

今、左に其全文を揚げて、識者の参考に供したい(13)。

引用文の前文において、久重が携わった佐賀藩模造のアームストロング砲(14)について述べられているので、冒頭のようなはじまりとなっている。引用文からすると、『田中近江大掾』編者は、「近江翁」つまり久重が口述し（久重ではない可能性もある、後述する）、「半田久隆」（どのような人物かは不明）が手写した「蒸気砲会心録」を、この文章記述の前年に入手したのである（同書の刊行は昭和六年〈一九三一〉）。なお編者とあるが、『田中近江大掾』の奥付には、著作兼発行者田中近江翁顕彰会（代表者石野斐夫）とはあるが、編者は記されていない。だが、実質的な編述者は武

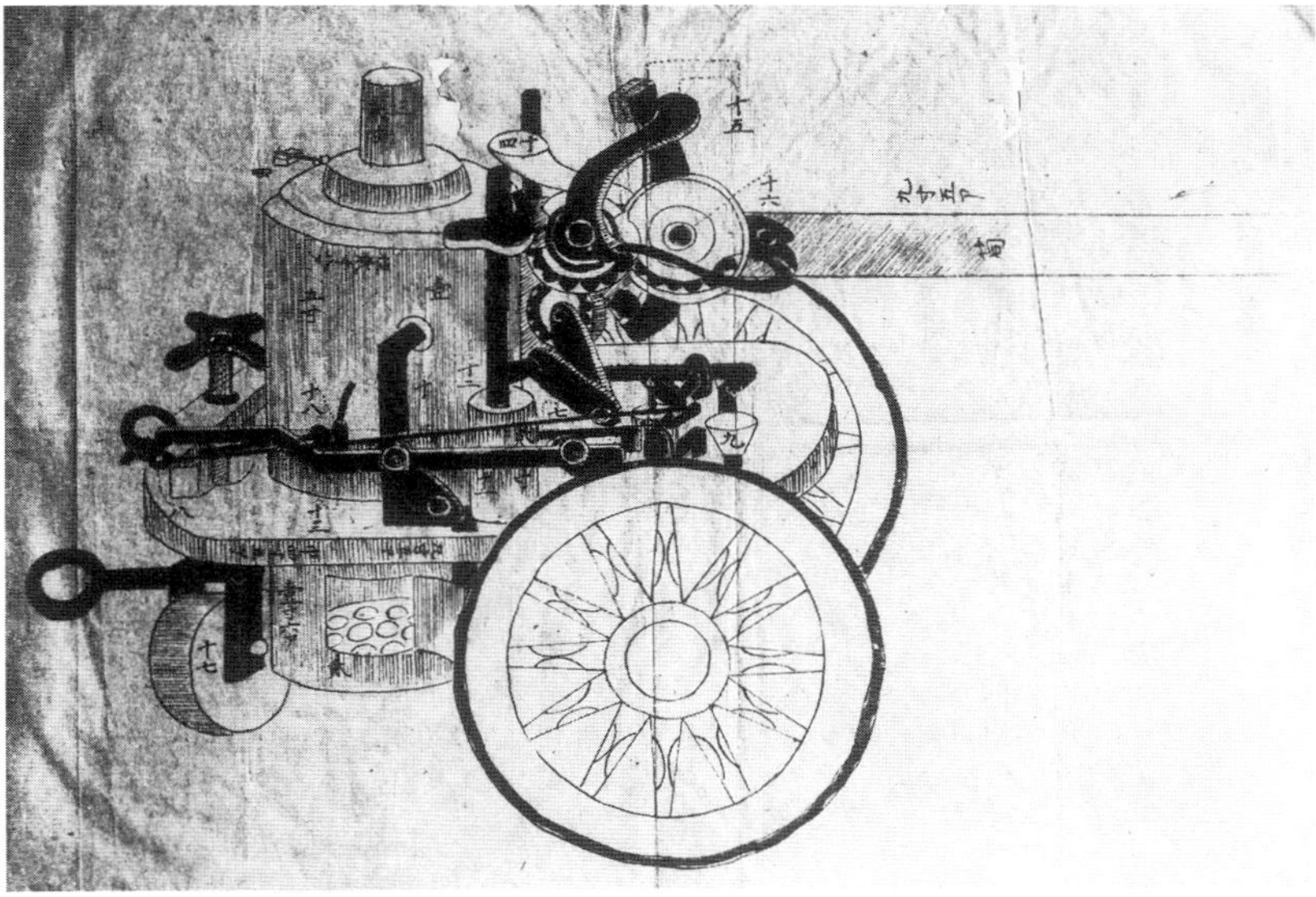

図　蒸気銃（砲）雛形の図（今津健治編『田中近江大掾』復刻版，思文閣出版，1993 年〈原本：田中近江翁顕彰会著・発行，1931 年〉，口絵）

藤直治[15]なので、ここでの編者は武藤直治となろう。事実、『田中近江大掾』と同年に発行された『田中近江拾遺』においては、「武藤直治氏蔵「蒸汽（ママ）砲会心記（ママ）」[16]と記されている。

さて、引用文からすると、「蒸気砲会心録」は図と文章からなり、文章部分の名称は「蒸気銃略記」となる。[17]「蒸気銃略記」は引用文にある通り、『田中近江大掾』にその全文が掲載されている。図の写真複写は『田中近江大掾』の口絵に掲載されている。つまり、「蒸気砲会心録」の内容のすべてが『田中近江大掾』にて復元されているのである。本稿では、次項にて「蒸気銃略記」全文を転載する。口絵にある図の写真複写は上に掲載した。すなわち、本稿においても「蒸気砲会心録」の内容すべてを復元したことになる。

2　「蒸気銃略記」

「蒸気銃略記」は、前節で引用した文章に続いて次のように掲載されている。

蒸気銃略記

此図器ハ小形ノ雛形ナリ。武具ニ具ル全器ハコレニ五倍或ハ十倍シテ、其製造精密也

〔一〕儲気缶　水ヲ盛リ蒸気ヲ儲ルノ缶ナリ。全器ノ用ヲナスハ此ニアリ。其内部ヲ目試セント欲セハ、焔窓ヲ厭スキハ下ノ火炉分離メ、内部ノ装置ヲ窺フベシ。然𪜈此レ其験管ナル為ナリ。実用ノ器ニ至テハ缶ト炉ト密着ナラザレバ用ニ当ラス。
〔二〕火　炉　炭火ヲ儲ヘ、缶水ヲシテ、常ニ沸湯セシム。炉ニ戸アリ、開合以テ炭加増加ニ便ス。
〔三〕焔　窓　焔窓、此窓ハ儲気缶ヲ貫テ、火炉ニ通シ、焔烟ヲ上ニ泄発シ、火気ヲシテ蓄ヘシム。
〔四〕泄気口　缶中蒸気鬱結強キハ、缶ヲ破裂スルニ至ル。故ニ此口ヲ設ケ、口上ニ銓アリ、蒸気ノ強弱ニ従ウテ、自ラ開閉シ、其鬱気ヲ泄シ缶ニ破裂ノ憂ナカラシム。
〔五〕水　槽　缶内ノ水、蒸発メ（シテ）其量減損スルキハ、此槽中ヨリ缶内ニ送ル(18)
〔六〕喞　筒　水槽中ノ水ヲ缶中ニ送ルノ器ニメ、喞柄アリ。出納メ（シテ）缶内ノ装置ヲ転シテ水ヲ水管ニ伝ヘ、缶中ニ送ル。
〔七〕水　管
〔八〕喞　筒
〔九〕漏　斗　水槽水減スルキハ、他水ヲ注クニ便ス。
〔十〕蒸気管　缶中ノ蒸気ヲ蒸気筒ニ通スルノ具ナリ。
〔十一〕蒸気筒　蒸気缶(19)ノ送ル所ノ蒸気ヲ受ケ、缶中ノ装置ニヨリ筒柄ヲ昇降シ、弾丸装置ノ器械ヲ運転ス。
〔十二〕筒　柄
〔十三〕開闔柄　左右ニ柄アリ。一ハ挿シ、一ハ抽ンテ、互ニ挿抽ヤマズメ（シテ）、弾丸装置ノ運転ヲナス。其用挿ムキ

ハ、蒸気口閉塞シテ、水槽内ニ通シタル管口開テ、不用ノ蒸気ヲ水槽ニ泄シ、筒柄降ル。抽ン《（ンヅ）》ハ蒸気口開キ、水槽口閉チ、蒸気筒ノ下口ヨリ、蒸気筒中ニ入リ、筒柄舛ル[20]。如此左右一挿一抽、蒸気出入スルノ具ナリ。

（十四）送丸口　此口中ヨリ丸ヲ送ル。

（十五）節気機　此機ハ転スル器内気ヲ儲ルノ装置ヲ転シ、気ヲ発メ《（シテ）》、多カラス少カラス、丸ヲ弾クニ、恰モ好カラシム。此機一転シテ一丸ヲ射出ス。

（十六）銃　腹　内器ニ穴アリ。四ツ以テ丸ヲ儲ヘ、一発スルトキハ器転シ、他丸又タ弾シ、其空穴送丸口ニ転シテ、丸ヲ受ク此一発一受終日不已[21]。

（十七）如意輪　車後ノ一輪ニシテ、轆轤ヲ以テ左右意ノ如クニ転ス。故ニ名ク。此輪ノ設ケ、両大輪ヲ助ケ、転輪ヲ便ニス。故ニ左セント欲《（スレ）》ハ左リシ、右セント欲セ《（スレ）》ハ右ス回折転輪シテ撓逗ナキ[22]ハ、皆ナ此輪ノ助ケナリ。車軸上ニ貫ヒ《（イ）》テ螺旋ヲナス。此旋ヲ転スルトキハ、車上ノ銃口上下意ノ如クニシテ、高カランコトヲ欲セハ高ク、低カランコトヲ欲セハ低シ。故ニ此旋ヲ如意旋ト名ク。

（十八）験水管　儲気缶内、水ノ減量ヲ験ス。

右器必竟試験ノ略器ニメ、実用ノ為ニ造ラス。故ニ火炉ト儲気缶ト装置《（ノ）》ノ如キモ、分離セシメテ《（ママ）》視験ニ便シ、其余、泄気管ノ機ノ如キモ、尤モ肝要ナレトモ、此其大略ヲ示スノミ。故ニ今此器ヲ用《（ヒ）》テ、火ヲ盛リ水ヲ儲ヘ、実用ニ験セントスルトキハ、必ス不ル能ナリ。其実用ノ器ニ至テハ、儲気缶、其他諸具銅鉄ノ厚薄ヨリ鍜《（ママ）》錬ニ至マテ、別ニ愚考アリ。其余微細ノ要極ニ至テハ、此小器ノ得テ尽ス所モアラス。且ツ筆墨ノ状スヘキニアラス。故ニ実用ノ器ニ製セント欲セハ、宜ク芸術家ト面話、愚説ヲ呈シテ、其用ヲ為サント欲ス。若姦工此小器ニ就キ実用ノ品ヲ製セント欲セハ、必ス大事ヲ誤リ、事ニ臨ンテ、其用ヲ為サス。余愚説ヲ秘惜シ、書示セサルニ非ス。此器ノ如キハ、実ニ国家ノ要器ニシテ、若一具疎ナル𪜈ハ、大事ヲ誤ン（ラ）ヿヲ恐ル。故ニ親ク其人ニ就テ、口授シテ、国恩ノ万分ノ一ニ報ンヿヲ要スルノミ。然トモ、余未ダ西洋蒸気砲説ヲ知ラス。此器多年ノ愚考ヲ以テ創意製造ス。若シ西洋書ノ蒸気砲ノ緒ヲ書スル者ヲ得テ、熟読セハ、尚ホ詳細ナルヲ得テ何ソ西蕃ノ工ニ譲ランヤ。若其書ヲ借覧スルヿヲ得ハ、幸甚之ニ過スト云フ。

田中儀右衛門　鑑識

嘉永六癸丑八月　日

同　十月　日　半田久隆　写之[23]

〔一〕～〔十八〕は図中にある数字と符合している（ただし、図には五・六・八の数字は示されていない）。〔七〕、〔八〕、〔十二〕は項目のみで説明文は記されていない。〔七〕、〔十二〕は特に説明のいらない部位なのであろう（〔八〕は〔六〕と同名称の部位）。次に、難解な箇所も多いが、仕組み・動きに重きをおいて〔一〕～〔十八〕を解説する。

〔一〕「儲気缶」はボイラー、〔二〕「火炉」は火を焚く炉である。〔三〕「焔窓」は、「火炉」より「儲気缶」の中央部を突き抜けて装置されている煙突のような管とその排気部であろうか。〔四〕「泄気口」は「儲気缶」（ボイラー）の破裂を防ぐ排気口であろう。〔五〕「水槽」は「儲気缶」（ボイラー）に補給する水を溜めるタンクである。〔六〕および〔八〕の「喞筒」はポンプのことである。〔七〕、〔九〕、〔十八〕は名称あるいは説明文通りである。

〔十〕「蒸気管」は「儲気缶」（ボイラー）で生み出された蒸気を〔十一〕「蒸気筒」に送る管である。「蒸気筒」は、その蒸気の力によって〔十二〕「筒柄」を上下させる。「蒸気筒」には、ピストン（あるいはピストンに類する部品）が[24]内部に組み込まれていると推定される。〔十三〕は名称が「開闔柄」となっているが、「開闔」は「開くことと閉じること」を意味する。説明文は解釈が難しい文章となっているが、その仕組み・動きの説明を以下に試みる。操作棒を押し引きして「儲気缶」（ボイラー）にある蒸気口を閉開させると、水槽につながる水槽口が開閉する。これによって蒸気を「蒸気筒」へ排出する・しない（「蒸気管」を通して蒸気を「蒸気筒」へ送る・送らない）が切り替わる。「蒸気筒」に排出された（送られた）蒸気は「蒸気筒」内部の部品（ピストン）を動作させ、「筒柄」を上下させる。

〔十四〕「送丸口」は弾丸の補充口である。〔十五〕「節気機」も解釈が難しい。図からすると「筒柄」と連動する部位であろう。「一転シテ一丸ヲ射出ス」からすると、「筒柄」の上下運動が回転運動に変換されることにより、軸のような部位が回転して弾丸を発射する（弾く）装置だと思われる。構造のすべてを知ることは難しいが、弾丸発射装置であることは間違いない。〔十六〕「銃腹」は弾丸を「節気機」（弾丸発射装置）に装填する装置であろう。四つの弾丸がセットでき、装置の回転に伴い弾丸を順次「節気機」（弾丸発射装置）に装填する、また、装填後に空となった箇所に「送丸口」（弾丸補充口）から弾丸が補充される構造になっていると思われる。(25)〔十七〕の「如意輪」は銃（砲）を左右に向ける装置（車輪）、説明文中にある「如意旋」は銃（砲）身を上下させる装置（ハンドル）である。(26)

大きさは図にある寸法表示からすると、「筒」（銃〈砲〉身）は「九寸五分」（約二九センチ）となる。全高は各部位の高さからすると、一〇寸（約三〇センチ）前後と思われる。(27) 銃（砲）身を含めた全長は推定するに一五寸八分（約四八センチ）前後となろうか。(28)

さて、蒸気銃（砲）雛形の概略は前節の『田中近江大掾』よりの引用文にても書かれているが、仕組み・動きについてはあまり記されていない。筆者は先に各部位の仕組み・動きを推定してみた。この推定が正しいことが前提となるが、仕組み・動きを中心にして蒸気銃（砲）雛形の概要を記せば以下となる。

ボイラーで発生した蒸気の力によりピストンが上下動する。この上下運動は弾丸発射装置に伝わる。弾丸発射装置にてこの上下運動は回転運動に変換される。弾丸は装填装置に四つセットすることができ、順次、弾丸発射装置に装塡される。弾丸発射装置に装塡された弾丸は回転する軸により発射される（弾かれる）[29]。銃（砲）を左右に、銃（砲）身を上下に向ける装置も装備されている。

実機の大きさは、「蒸気銃略記」のタイトル下の割書きに「五倍或ハ十倍」とあることからすると、先に記した雛形の大きさにこの係数をかけ合わせたものになろう。すなわち、全長二・四～四・八メートル、全高一・五～三メートル、銃（砲）身長一・五～二・九メートル程度となる。久重はこの大きさの蒸気銃（砲）を構想していたのである。

蒸気銃（砲）雛形に関することが、戦前の代表的な久重の研究者である浅野陽吉の二つの著作物に次のように記されている。

『田中近江』：彼れ[30]（久重―引用者）は佐賀に於て一種の機関砲を発明し、其の雛形を作つた。其の装置は、多数の弾丸を上部の匣内から順次に転下せしめ、蒸汽力を以て、連射する仕掛けである。彼れが作つたのは一の雛型砲に過ぎないが、尚ほ十五間を距て、能く八分板を貫いたと云ふ[31]。

『田中近江拾遺』：構造は頗る複雑精致（ママ）、四聯（ママ）発の蒸汽機関砲である[32]。

右における蒸気銃（砲）雛形の仕組み・動きに関する記述は、先に筆者が述べた蒸気銃（砲）雛形の部位説明、概要と異なる点はないとしてよいであろう。さて、『田中近江』は威力も述べている。蒸気銃（砲）雛形は「十五間を距て、能く八分板を貫いた」[33]、つまり約二七メートル先にある約二・四センチ厚の板を貫いたのであった。

ところで、ここで「蒸気銃略記」の口述者について述べておく。ここまで久重が蒸気銃（砲）雛形を製造したと記してきた。これは後述するように間違いない。だが、『田中近江大掾』は「蒸気銃略記」の口述者を久重と、つまりは「蒸気銃略記」の末尾に記された「田中儀右衛門」を久重としているが、これは単純に久重と特定することができない。

久重の若い頃の名は「儀右衛門」である。だが、佐賀藩出仕時代つまり「蒸気銃略記」が口述された嘉永六年の頃の久重は主に「近江」を名乗っていた。「儀右衛門」の名は養子の弥三郎に与えている[34]（後世、この養子「儀右衛門」は二代目儀右衛門と記されるので、以降、本稿もこれにならう）。この二代目儀右衛門も佐賀藩に出仕しており[35]、久重と共に西洋技術の研究開発、製品の製造に携わっていた。ゆえに「蒸気銃略記」にある「田中儀右衛門」は二代目儀右衛門だとも考えられる。だが、父子そろって蒸気銃（砲）雛形の製造に取り組んでいたことは間違いない（その証拠となる史料は三節二項にて記す）。また、前述の通り「翁手記の年譜」に「蒸汽砲〇〇製造〇〇」とある。これらからして、たとえ「田中儀右衛門」が二代目儀右衛門であったとしても、久重は蒸気銃（砲）雛形製造の中心にいたとして間違いない。また、「蒸気銃略記」も二人による口述であった可能性もある。

ゆえに本来ならば、「蒸気砲会心録」、「蒸気銃略記」は久重あるいは二代目儀右衛門による、と記すべきだが、このことからして、また、煩わしさを避けるために、本稿では、「蒸気砲会心録」、「蒸気銃略記」は久重による、と記すことをご了解いただきたい。同様に、本来は久重および二代目儀右衛門とすべき箇所を、久重とのみ記すこともお許しいただきたい。

二　蒸気銃（砲）雛形をめぐって

1　「蒸気砲発明説」

一節二項に掲載した「蒸気銃略記」に「余未ダ西洋蒸気砲説ヲ知ラス」、「若シ西洋書ノ蒸気砲ノ緒ヲ書スル者ヲ得テ」（ここでの「者」は「物」と同義）とある。この二つの文章からすると、西洋の「蒸気砲説」（あるいは「蒸気砲」）

という名の文献の緒を書する（訳した）もの（書物）が幕末期に存在した、と推定される。なお、本項では、掲載する史料・文献のすべてが蒸気砲と記しているので、久重製造の蒸気銃（砲）雛形を指す場合以外は、蒸気砲と記すこととする。

さて、この推定を確かにする文章が『からくり儀右衛門』に記されている。同書は「蒸気砲」の項において、「翁手記の年譜」や「蒸気砲会心録」に関する記述に続いて次のように述べている。

> その頃、箕作阮甫が「荷蘭宝函」(36)なるものから訳出した「蒸気砲発明説」（写本・五枚綴り）という資料があることが知られている。久重の「蒸気砲会心録」もこれと無関係ではないように思われる。さらに勝海舟も箕作などから得た知識に基づいたのであろうか、蒸気砲に関して書き記したものを『海軍歴史』に残している。たいへんな熱の入れようで、これによって戦闘形態が一変すること疑いなしと述べている。(37)

すなわち蒸気砲に関する書物として、箕作阮甫訳「蒸気砲発明説」と勝海舟が書き記したものがある、としている。「蒸気砲発明説」については、『箕作阮甫』が次のよう記している。

> 蒸汽砲発明説。写本。平仮名交文。五葉。　一冊　呉　秀三　蔵
> 『和蘭宝函所載箕作阮甫訳』とあり。向山誠斎の筆記した「蠹余一得」の四集に載せてある。火薬の代に蒸汽を以て弾丸を発せんとする説である。(38)

右からすると、「蒸汽砲発明説」は「蠹余一得」に所収されている。「蠹余一得」は調査のところ、国立公文書館に所蔵されている。

勝海舟が書き記したものに関しては、海舟が記した『海軍歴史』には蒸気砲に関連するとおぼしき記述は見当たらない。だが、勝海舟の全集には蒸気砲について記された文章が掲載されている。おそらく『からくり儀右衛門』は勝

海舟の全集とすべきところを、誤って『海軍歴史』と記したのであろう。

筆者は国立公文書館所蔵の「蠹余一得」(39)に所収されている「蒸気砲発明説」(40)を調査したが、この過程で同館にもう一冊、蒸気砲に関する史料が所蔵されていることを見出した。その史料は「視聴草」(41)に所収の「蒸気砲説」(42)である。また、蒸気砲について述べている史料「大西蒸気砲新論」(43)が筆者の手元にある。これら三つの書物に、勝海舟の全集に記載のものを加えて整理すると以下のようになる（勝海舟の全集に関しては二種あげる）。

①国立公文書館所蔵「蠹余一得」（明治六年〈一八七三〉以前）に所収の「蒸気砲発明説」(44)。

②同「視聴草」（天保～慶応年間〈一八三〇～六八〉）に所収の「蒸気砲説」(45)。

③筆者所蔵「大西蒸気砲新論」（江戸末期～明治初年か）(46)。

④勝海舟の全集における文章。

④―(1) 改造社版『海舟全集』に掲載の「蒸気砲」（嘉永四年〈一八五一〉）(47)。

④―(2) 講談社版『勝海舟全集』に掲載の「蒸気砲」（同）(48)。

このように四つの蒸気砲に関する史料が存在する。だが、内容を確認したところ、②③④は異同はあるが同一のものである。①もおおよその内容は②③④と同じである。その一つの証拠として、次に本文書き出しの文章を掲載する。

①「若し普く此具を用ゆるに置てハ用兵の法に恐るへき変革を生せん事更に疑ひなし」(49)

②「此兵器若し遍く世に行ハれハ戦闘を為す状大に変化するあらん事疑ひなし」(50)

③「此兵器若シ遍ク世ニ行ハレハ戦闘ヲ為ス状大ニ変化スルアランヿ疑ナシ」(51)

④「此の兵器、若し遍《あまね》く世に行はれば、戦闘を為す状《さま》、大《おおい》に変化することあらんこと疑いなし」(52)

②③④は、平仮名／片仮名の違いや④は②③が「変化する（スル）」とあるのに対して「変化すること」になって

いることを除けば、まったく同一の文章である。①もまた、語順の入替え、表現の差はあるが、②③④と同一の内容である。この後も、たとえば蒸気砲の発明者が登場するが、その名は①は「ヘルキンス」、②③④—(2)は「ペルキング」、④—(1)は「ベルキンス」となっている。これらからして、同一の内容と断定してよいであろう。

この書物を著した(訳した)人物が誰かとなると、②は(書き写した人物は「蠹余一得」編者となるが)「蒸気砲説」の著者に関する情報は記されていない。③も著者は記されていない。④は書き記した人物は海舟だが、講談社版『勝海舟全集』の解題は、「蒸気砲」と次に掲載されている「蝌行私言」を次のように解説している。なお、同書では前者は14、後者は15と項立てされている。

14と15は海舟自筆で、伊勢の竹川竹斎に贈られたものを底本とした。ただし、15の「蝌行私言」は海舟の著述であることに間違いないけれども、14の「蒸気砲」は、そうだと断定できない。何かの抄訳、または他人の手になる訳述の海舟筆写かもしれない。竹川家の海舟筆「蒸気砲」の表紙には、「勝麟太郎子自筆恵贈／蒸気炮略説／竹斎蔵／嘉永四亥十月中旬」等と書かれており、嘉永四年十月、竹斎出府中に海舟から受取ったものだと思われる。(53)(54)

つまり、『勝海舟全集』に所収の「蒸気砲」は海舟の筆なれど、海舟自身による著述かは定かではなく、海舟が筆写した可能性があることを指摘している。

残るは①だが、これには訳した人物が明記されている。本文の前に、題名と訳者などが次のように記されている。

蒸気砲発明説

蒸気砲《ストームワーヘンス》

和蘭宝函《マガセイン》所載　箕作阮甫訳(55)

右からすると、「蒸気砲《ストームワーヘンス》」は外題（題簽）、「蒸気砲発明説」は内題、「和蘭宝函」は「蒸気砲発明説」（「蒸気砲《ストームワーヘンス》」）を所載しているオランダの書物名だと推定される（「和蘭宝函」は、オランダの「宝函」という名の本、を意味していようか）。「ストームワーヘンス」は、おそらくオランダ語では〝Steam Wapens〟となろう。直訳すれば蒸気の武器となる。「マガセイン」の意味は不明だが、推量するに「宝函」のオランダ語での原題を音で表記したものではなかろうか。訳者は「箕作阮甫」である。いうまでもなく、阮甫は高名な蘭学者である。海舟筆「蒸気砲」は、『勝海舟全集』の解題が可能性を指摘している通り、海舟は阮甫の訳述を筆写した（あるいは①と④は異同が多いので参照して記した）、としてよいであろう。④とほぼ同一の文章が記されている②③も、同様にもととなる本は①となろう。

以上、本項で述べたことからすると、蒸気砲に関する書物は、①「蒸気砲発明説」、②「蒸気砲説」、③「大西蒸気砲新論」、④海舟筆「蒸気砲」と四種存在するが、すべては基本的に同一の内容であり、おおもととなるのは①であることが判明した。ゆえに本項冒頭で述べた、「蒸気銃略記」に記された、西洋の「蒸気砲説」（あるいは「蒸気砲」）という名の文献の緒を書する（訳した）もの（書物）は、①の箕作阮甫訳「蒸気砲発明説」（別称、「蒸気砲」）だと考えてよいと思われる。そうであれば「蒸気銃略記」における記述からすると、久重は①の存在は知っていたが、手元にはなかったと推定される。国立公文書館所蔵の①は刊本でない。②③④はいずれも手写されたものである。ゆえに、①は幕末期においては出版されていなかったと考えられよう。手元になかったとしたら、それは刊本が存在しなかったためだとも推定される。

その①「蒸気砲発明説」の内容だが、同書には、弾丸到着距離・威力、単位時間当たりの弾丸発射数、経済的優位性なども記されている。しかし、（蘭書原典に記されていないのか、阮甫が訳出しなかったのかは定かではないが）構造、仕組み、動き、材料など、製造するに際して有益な情報はほとんど記されていない。したがって、「蒸気銃略記」に「余未ダ西洋蒸気砲説ヲ知ラス。此器多年ノ愚考ヲ以テ創意製造ス。若シ西洋書ノ蒸気砲ノ緒ヲ書スル者ヲ得テ、熟読セハ、尚ホ詳細ナルヲ得テ何ソ西蕃ノ工ニ譲ランヤ。若其書ヲ借覧スルヿヲ得ハ、幸甚之ニ過スト云フ」とあるが、たとえ久重が「蒸気砲発明説」を「借覧スルヿヲ得」たとしても、製造するに際しての「詳細ナルヲ得」ることはできなかったであろう。

また、この「蒸気銃略記」における記述を別の視点からみれば、久重は西洋の書物に頼ることなく、「愚考ヲ以テ創意製造」した、つまり、自身の独創によって蒸気銃（砲）雛形を製造した、と考えることができよう。そうであるならば、その独創の源泉は久重の職人時代の経験にあったと筆者は考える。このことは次項にて述べる。

2　風　砲

久重は職人時代に様々な製品をつくった。文政三年（一八二〇）、二二歳（数え年）の時には、風砲を製造している。(56)だが、この風砲は稼業として製造したわけでない。おそらく久重は、興味の向くままに製造したと思われる。風砲は現存しておらず、残された逸話(57)からして実弾が発射できた銃であったのは確かだが、どのような仕組み・構造であったかも伝えられていない。しかし、文政二年に、一貫斎国友藤兵衛によって製造された気砲は現存している。(58)この気砲は、「オランダより将軍家に献上された空気銃(59)」を模倣して製造されたので、つまりは空気銃である。この一貫斎作の空気銃は一般に気砲と呼ばれるが、将軍家に献上の空気銃は「献上風砲」と呼ばれていた。(60)すなわち気砲の別称は風砲であった。これからして、年代的にも合致することから、久重が製造した風砲もまた空気銃であったとして間違いないであろう。久重の評伝・伝記本などもそのように記している。(61)

一貫斎作の気砲をより詳しく知るため、次に「一貫斎気砲と「SCHEIFFEL」空気銃」における「気砲製作の経緯」の項よりいくつかの文章を引用する。

（ア）国友一貫斎文書によれば、（一貫斎は―引用者）文政元年、かねてよりオランダ事情の知識を得ていた山田大円の宅で、オランダより将軍家に献上された空気銃（中略）を見せられ、山田大円の推挽でその修理を幕府から内々に引き受け、わずか一ヶ月で修理に成功する。[62]

（イ）一貫斎はその修理に当たり、「献上風砲」を分解、その機構の理解に努め、部品毎の詳細なスケッチを遺した。同時にこのとき、「献上風砲」の修理の他に、将軍用と他に一挺の合計二挺の「風砲」の試作を命ぜられた。

（ウ）一貫斎は、「献上風砲」を細部まで忠実に復元した空気銃を約束通り試作納品したと思われる。

（エ）（二挺の試作の後、一貫斎は―引用者）今日遺されている「気砲」を製作し始め、早くも文政二年老中京極高備に納品したのを皮切りに、有力大名家を始めとして多数の納入を行い、その評判は彼の友人知己あるいはパトロン的な大名家や有力家臣の間で高まり、（中略）かくして国友一貫斎の名前はより広く知られるようになったと思われる。その結果、一貫斎の家には教えを請う人々が詰めかけたので、彼は『気砲記』を執筆、印刷配布したと記している。[63]

（ア）は項の最初、（エ）は最後に記された文章である。この（ア）と（エ）における記し方からすると、「気砲製作の経緯」の項は国友一貫斎文書を参考にして記述されたものだと考えられる（ただし、（ウ）と（エ）には著者の推定が含まれていよう）。なお、（エ）にある「気砲記」[64]は「文政二年春に発刊」[65]されているので、すべては久重の風砲製造以前に行われた事象である。

（ア）は製造に至る前段階の話である。（イ）には一貫斎が詳細に空気銃を調べたこと、（ウ）には忠実な復元品を製造したと思われることが記されている。（エ）には一貫斎作の気砲が世に知れ渡っていたことが述べられている。この（エ）からすると、久重は一貫斎が気砲を製造していたことを知っていた可能性が高い。「多数の納入を行」ったことからすると、久重は気砲を見ていたかもしれない。また、「気砲記」を入手していた、もしくは読んでいた可能性もある。ゆえに、久重は気砲をなんらかな形で参考にして風砲を製造した、と推量される。このことからして、また、名称からして（将軍家に献上されたものは「献上風砲」である）、久重作の風砲と一貫斎作の気砲は、同一の原理・仕様の空気銃だと考えてよいと思われる。

一貫斎作の気砲の仕様は、『増補 図解古銃事典』に記されている。関係する西洋の空気銃についても述べているので、この部分も含めて本稿に関連する内容を次に引用する。

　本格的な空気銃は、一七九〇年に（中略）連発式空気銃が、オーストリヤ軍隊に採用されたのに始まる。

　この空気銃は（中略）、あらかじめポンプによって、銃床を兼ねたフラスコに蓄気しておくもので、（中略）同じ頃ドイツでは、機関部が外に露出した蓄気式の空気銃（中略）が作られている。この式の銃は旧幕時代オランダから将軍に献上され、一貫斎国友藤兵衛の手によって気砲を生むことになった。彼が文政二年に製作した気砲（中略）は、数点が現存しているがだいたい次のようなものである。

　口径一一ミリ、全長一四二〇ミリ、銃身長七五〇ミリ

（中略）付属の圧搾ポンプで蓄気する。通常六〇〇回位のポンプ作動によって、五、六〇発を発射することができ、桜の二五ミリくらいの板を貫くことが出来る非常に空気圧の高いものであった。[66]

久重作の風砲も、右に記された一貫斎作の気砲と似たものであったと考えてよいであろう。空気銃はスプリングを使ってシリンダー内の空気を圧縮するスプリング式とポンプによってあらかじめ空気を圧縮貯蔵するポンプ式とがあ

るが、引用文の内容からして、また、「スプリング式の空気銃（中略）は旧幕時代には知られていない」[67]ので、一貫斎の気砲や久重作の風砲はポンプ式となろう。

さて、ここまでに記したことからすると、風砲（気砲）は、嚙み砕いていえば、ポンプ（手動の自転車の空気入れのような仕組みの道具）で空気をタンク（フラスコ）に押し込んで圧縮空気をつくり、この圧縮空気の力によって弾丸を発射させる空気銃となる。これからすると、一節二項で述べたように蒸気銃（砲）雛形は蒸気圧そのものでなく蒸気の力を最終的に回転運動に替えて弾丸を発射するので、蒸気銃（砲）雛形と風砲は弾丸を発射させる原理が異なる。しかし、気体を密閉するための部位があることは共通している（代表的な部位は、蒸気銃〈砲〉雛形はボイラー、風砲はタンクとなる）。このため、共に金属を精密に加工して密閉空間をつくることが重要となる。また、弾丸発射の原理は異なるものの、気体の圧力を応用した銃砲であることも共通している。これらからすれば、風砲製造の経験は、蒸気銃（砲）雛形の製造に役立ったであろうことが容易に想像される。

風砲の製造は単発的に終わったが、久重は風砲製造のおよそ二〇年後の上方在住時代に風砲製造の経験をいかして無尽灯を製造している[68]。無尽灯はポンプによって圧縮空気をタンクに押し込め、この圧縮空気の力により油を上部の灯芯に送る仕組みの灯器である。この構造は風砲に通じている。無尽灯は油を継ぎ足すことなしに長時間灯りがともせたので、売れ行きは好調だった。すなわち、久重は無尽灯を大量に製造したのである。大量に製造したことにより、金属を加工して密閉空間をつくる技術は久重のお手のものになった、と考えて間違いないであろう。

付け加えていうならば、久重はからくり興行において、蒸気を用いたからくり仕掛けを得意としていた。久重のからくり興行の描写として、次のことが久重の評伝に記されている。

仕掛けは八つ橋の上で、独楽が沢山回転して居るものや、煙管の火皿から湯気（煙に見せて）が盛んに立ち上る其上に、湯気に支へられた大きな独楽が廻はつてゐるもの等珍らしいものばかりでした（中略）。楽屋裏の仕掛けは、蒸気カラクリ、ゼンマイ装置、水カラクリ等で、蒸気カラクリは丁度風呂桶の様なものから鉄の管が出て、蒸気を送るやうにしてあつた。(69)

これからすると、久重は蒸気を発生させる装置や蒸気を管を通して送る仕組みをつくるのに長けていた、と考えられよう。これもまた、蒸気銃（砲）雛形の製造につながる、職人時代に培った技術だといえよう。さらには、久重は佐賀藩出仕前の嘉永五年に蒸気船雛形を製造している（この雛形は時の関白も上覧している）(70)。すなわち、久重は職人時代にすでに蒸気機関をつくっているのである。いわずもがなだが、これもまた蒸気銃（砲）雛形の製造につながる技術である。

三　蒸気銃（砲）雛形について記している史料・文献

1　佐野常民の書

一節では蒸気銃（砲）雛形の概要を記したが、これは『田中近江大掾』に掲載の「蒸気砲会心録」から解析したものであり、また、一節で参照した文献のほとんどは久重の評伝・伝記本であった。本節では一節で取り上げたもの以外の史料・文献を参照して、久重が蒸気銃（砲）雛形を製造したことをより多角的に確認する。

本項では佐野常民（文政五年―明治三五年〈一八二二―一九〇二〉）が記した書を取り上げる。佐野は佐賀の七賢人(72)の一人にも数えられている、幕末・明治期に活躍した佐賀藩士、官僚・政治家である。久重の佐賀藩出仕はこの佐野のスカウトによる。久重と佐野は共に京都の時習堂(72)で蘭学を学んだ。学んだ時期が重なっていたかは不明だが、おそらくはこの縁で二人は知己になった。そして久重の能力を見込んだ佐野は、佐賀藩で西洋の科学技術を研究開発、製品の製造を行う部門である精煉方を立ち上げるにあたって、久重を誘ったのである。当然ながら、久重は佐賀藩でこの精煉方に所属するのだが、佐野は精煉方の主任（組織の長）であった。つまり、久重は佐野のもとで様々な西洋技術製品を製造したのである。想像するに、上司と部下ではあるものの、年齢差（久重の方が二三歳上）、久重の佐賀藩出仕の経緯（佐野が久重に頼み込んだ）からすると、久重と佐野は友人のような関係だったであろう。

さて、佐野が久重の八秩（八〇歳）のお祝いに贈った書（七言律詩）が残されている[73]（以下、この書を佐野の書と記す）。

新奇技術碎心肝　汽砲電機工幾般
夙遇先候蒙識抜　又為外客所称嘆
自鳴鐘表万年寿　無尽灯成不夜観
喜子田中能産玉　箕裘継得永承歓
賀　田中久重翁八秩　佐野常民 落款印[74]

原史料では七言で区切られていないが、読みやすくするために右のように記した。何年に記したかは書かれていないが、久重が八〇歳（数え歳）の時に書かれたと考えられるので、その年は明治一一年（一八七八）としてよいであろう。当然ながらくずし字で書かれているが、筆者が次にあげる史料・先行文献を参照しつつ翻刻した。以下に参考にした史料・文献と、これらにおける筆者による翻刻との異同を記す。↓の前が筆者翻刻、後が当該文献における翻刻となる。

㋐「田中久重墓碣銘原稿」（明治一五年）[75]。墓碣銘の最後が佐野の書によって締めくくられている。

二行目＝「先」→「藩」、四行目＝「田中」→「良田」、五行目＝未記載[76]。

㋑『田中近江大掾』（昭和六年〈一九三一〉）。墓碣銘が翻刻されている。

一行目＝「電」→「雷」、二行目＝「先」→「藩」・「称」→「賞」、四行目＝「田中」→「良田」、五行目＝未記載[77]。

㋒『発明界の偉人　田中久重翁』（昭和六年）。読み下し文にて記されている。

二行目＝「先」→「藩」・「称」→「賞」、四行目＝「田中」→「良田」、五行目＝未記載[78]。

㋓図録『東芝科学館開館五〇周年記念企画展　田中久重ものがたり―情熱と飽くなき探究心―』（平成二三年〈二〇一一〉）。原史料の写真とともに翻刻文が掲載されている。

一行目＝「碎」→「醉」・「汽砲」→「汔矻」、四行目＝「継」→「縉」・「得」→「将」[79]。

これらの異同も含めての佐野の書全文の読解、解釈は興味深いので稿を改めて考察したいと思う[80]が、ここでは本稿の主題にそった事項のみを記す。

蒸気銃（砲）雛形に関連するとおぼしき内容は一行目下段に記されている。すなわち「汽砲電機工幾般」である。㋑は「電」が「雷」となっているが、原史料からすると明らかな誤りである。㋓は「汽砲」を「汔矻」としている。くずし字の形状からすると、「汔矻」とも読める。だが、文脈からして、また久重は佐賀藩で蒸気銃（砲）雛形を製造したことからして、そして久重の没後間もなく書かれた㋐も「汽砲」と読んでいることからして、「汽砲」と書かれているとして間違いないであろう[81]。

読み下し文は「汽砲、電機、幾般を工す」となろう。これは㋒㋓にある読み下し文も参考にした。㋒は「気砲（ママ）、電機、工幾般ぞ」[82]、㋓は「汔矻《きっこつ》として電機《でんき》は幾般《きはん》を工《な》す」[83]と読み下している。前半部は㋒と同様、単純に「汽砲、電機」とした（㋓は「汔矻」が誤りなので参考にしなかった）。後半部は㋒の「工幾般ぞ」はやや意味がとりづらい[84]ので、㋓と同様の読み下しとした。ただし、漢字の読みは、「幾般」は「いくはん」、「工す」は「こうす」となると考える。「幾《いく》般《はん》」には「いくつかの種類（中略）、多くの種類[85]」の意味がある。「工す」は「工作する、つくる」の意だとしてよいであろう。現代語訳は、読み下した文章からすれば、「汽砲、電機など多くのものをつくった」となる。久重が佐賀藩で行ったことを勘案してより長い文章で記すならば、「蒸気銃（砲）雛形、電信機などの電気機械をはじめとして様々な技術製品を製造した」となろう。

字句の解釈が長くなったが、つまりは、佐野はわずか五六文字の文章のなかに蒸気銃（砲）雛形製造のことを記したのである。佐野は、蒸気銃（砲）雛形製造は久重の一生における一大イベントであった、と捉えていたのであろう。ひいては、蒸気銃（砲）雛形製造は精煉方の主任である佐野が十二分に認識していた事業であった、と考えることができよう。

付け加えて記すならば、㋐㋑に記した墓碣銘は「近江翁の知人で、佐賀出身の文学博士久米邦武氏[86]の撰文[87]」なのだが、久米は、この墓碣銘の佐野の書以外の箇所においても、「翁模造汽砲[88]」（翁は久重を指す）と記している。久米は元佐賀藩士なのだが、この久米もまた、久重が佐賀藩で蒸気銃（砲）雛形を製造したことを認識していた、と考えられよう。

2　佐賀藩関係の史料・文献における記述

本項では、掲載する史料・文献のすべてが蒸気砲と記しているので、二節一項同様に基本的に蒸気砲と記すこととする。ただし、そのすべては蒸気銃（砲）雛形を指していることをご留意いただきたい。まずは先行研究における文章を紹介する。

Ⓐ前田達男「幕末佐賀藩精煉方と田中父子」

佐賀藩筆頭家老手元控えの安政元年（一八五四）五月一九日条には大型のものは無理であるとして、弾丸重量約一一gほどのものの試作が決定された。この蒸気砲は、安政四年九月に完成した(89)。

右からすると、明確に佐賀藩関係の史料に蒸気砲の製造が記されているのである。蒸気砲は、大型のものではなかった、かつ、「弾丸重量約一一g」からすると、かなり小型の「試作」機であったことになる。これからすると、Ⓐに記された、つまりは佐賀藩関係史料に記された蒸気砲は、一節で記した蒸気銃（砲）雛形と同じものだと考えて間違いないであろう。同じものであるならば、安政元年に試作が決定、安政四年に完成とあることからして、一節一項で記した「翁手記の年譜」の安政四年記事中にある「蒸汽砲〇〇製造〇〇」の二つ目の〇〇は、「カヽル」ではないことになる（「スル」などが考えられようか）。

Ⓐは典拠を記していないが、著者である前田氏に問い合わせたところ、蒸気砲について記された一連の佐賀藩関係史料をご紹介いただいた。これらの史料は後に掲載する。

Ⓑ多久島澄子「幕末佐賀藩山代郷長浜村のたたら」

次の史料が翻刻されている。

精錬(練)(90)方蒸気砲其外御製作之義、去ル
寅年より御取懸り相成、当巳九月迄ニ而
成就相整候付、右御遣料請払之義四ヶ年分
当節一括ニして(〆)納帳被仰付儀候
　巳十二月

右之趣奉得其意候　以上

御掛硯方

帳究方　市川弥（孫）太郎

平方助九郎㊞

精錬（練）方　南里与兵衛

城島（嶋）兵右衛門㊞

手明鑓目付　中（十）村儀左衛門[91]㊞

典拠は佐賀藩関係の史料「鍋島文庫「伺並届」三〇九—一四一[92]」である。Ⓑはこの史料に対する解説文中において、「精錬方蒸気砲其外御製作之義は、寅年（安政元年）から取り掛かり、当年（安政四年）九月までに完成した[93]」と記している（安政四年は巳年となる）。すなわち、蒸気砲の完成時期はⒶと一致する。

Ⓒ松田和子「精煉方の活動—幕末佐賀藩の近代化産業遺産全般に対する歴史文献調査から—」

Ⓒ—（1）嘉永七年（安政元年、一八五四）五月一九日、田中父子は蒸気砲の製作をおこなったが、一〇〇匁以上のものは出来ず、この時点では三匁のものを製作した。[94]

「田中父子」は久重と二代目儀右衛門のことである。さて、年月日はⒶと同一である。「三匁」は約一一ム《グラ》なので、これもⒶと同じである。これからして、Ⓐの前半部（一つ目の句点までの文章）とⒸ—（1）は同じ史料を典拠としているとしてよいであろう。Ⓒ—（1）には註がふられているのだが、次はその註における記述である。

Ⓒ—（2）「御目通」（『嘉永七年御目通幷公用諸控』古文書研究会、二〇〇七年、鍋島報效会所蔵）八一頁。蒸気砲については、ほかにも「伺並届」（鍋三〇九—一四一）〔安政四年〕一二月条に「精練方蒸気砲其外御製作之

儀、去ル寅年より御取懸相成、当巳九月迄ニ而成就相整候付」とあることから、嘉永七年（安政元年）に製作を始めた蒸気砲其外があり、安政四年の九月に完成していることが分かる。[95]

これからすると、Ⓒ―(1)の典拠は「御目通」となる（Ⓐ前半部も同様となろう）。また、Ⓑに掲載の史料をあげており、Ⓑと同様の見解を述べている。

次にⒶで述べた前田氏よりご紹介いただいた史料を掲載する。

①「御目通」嘉永七年五月一九日

一、蒸気炮も百匁已上者不出来候由、先三匁計之品製作致候由[96]

②「案文」安政三年八月二六日[97]

一筆致啓達候、蒸気船御用ニ付其許被差越置候田中儀右衛門儀、御呼相成度旨親近江ゟ願出候由、就而者父子蒸気炮其外製作被仰付置、然処近江儀御石火矢御鋳立方錐台其外仕替等ニ付懸り合被仰付、諸事立入罷在、此後到り工合物勝ニ相成、猶更相部り候半而不相叶処、蒸気炮之儀職方之者江談合置たる儀ニ者候得共、職人方之手ニ不及致事等有之趣ニ而、相談双方細工手都合宜速ニ成就仕度、惣而内輪難渋之旨も有之趣其筋ゟ相違相成候条、其許之都合次第一先罷帰候様可被御取計候、此段為可申越如斯御座候留

八月廿六日

本嶋藤太夫様[98]

③「伺並届」安政四年一二月日不詳。――Ⓑに掲載の史料と同一につき、ここでの掲載は省略する。

①はⒸ―(2)にある「御目通」と同一の史料である。ゆえにⒸ―(1)の典拠は①となる。Ⓐ前半部も同様に①が典拠となる。Ⓐ後半部（一つ目の句点以降の文章）の典拠は③つまりⒷに掲載の史料となる。また、②にある「父子蒸気

炮其外製作被仰付置」からすると、久重と二代目儀右衛門が共に蒸気銃（砲）雛形の製造にあたっていたことになる（この②が、一節二項で言及した、父子そろって蒸気銃〈砲〉雛形の製造に取り組んでいたことの証拠となる史料である）。②には、諸事情あって総じて難渋していることも記されている。

さて本項では、蒸気銃（砲）雛形製造が、明確に佐賀藩関係の史料に記されていることを確認した。史料には、安政元年に製造が始まり安政四年九月までに完成したこと、弾丸重量は約一一グラムであったこと、久重と二代目儀右衛門が共に製造にあたっていたこと、が記されていた。

おわりに

本稿では一節にて蒸気銃（砲）雛形の仕組み・仕様などを、久重（正確にいえば、久重あるいは二代目儀右衛門）による「蒸気砲会心録」に基づき考察した。それは、推定が多く含まれるが、次のようなものであった。

ボイラーで発生した蒸気の力でピストンを動かす。ピストンの上下運動は回転運動に変換される。そして、回転する部位により弾丸が発射される。連発銃（砲）であり(99)、銃（砲）、銃（砲）身の向きを変える装置も装備されていた。大きさは、全長はおおよそ四八センチ、全高はおおよそ三〇センチ、銃（砲）身長は約二九センチであった。

蒸気銃（砲）雛形は、名称からすれば蒸気の圧力で弾丸を発射する機器とも連想されるが、丹念に「蒸気砲会心録」（図と「蒸気銃略記」）を読み込めば、そうではなかったことがわかる。弾丸は、蒸気圧そのものではなく、回転する力によって発射されるのであった。大きさからすると机上にもおける小型の試作機だったが、約一一グラムの弾丸にて二七メートルほど先にある約二・四センチ厚の板を貫くことができた。

二節一項では、箕作阮甫訳「蒸気砲発明説」について記した。「蒸気砲発明説」以外に蒸気砲について書かれている三つの書物が確認できるが、これらはすべて「蒸気砲発明説」より派生したものであった。また、「蒸気砲発明説」は主に製品性能を述べており、構造・仕組み・材料などは記されていなかった。ゆえに、久重は「蒸気砲発明説」を読んでいなったであろうが、たとえ読んでいたとしても、蒸気銃（砲）雛形製造の参考にはなりえなかったとした。二項では、久重が若年の頃に製造した風砲について述べた。風砲は空気圧によって弾丸が発射される空気銃なので、弾丸発射の仕組みは蒸気銃（砲）雛形と異なるが、金属を精密に加工して密閉空間をつくることなどは共通していた。ゆえに、風砲や風砲の構造・仕組みが応用されている無尽灯の製造の経験は、蒸気銃（砲）雛形の製造にいかされたであろうことを述べた。

三節では、一節で取り上げたもの以外の史料・文献における、蒸気銃（砲）雛形に関する記述について述べた。一項では佐野常民が久重八〇歳のお祝いに贈った書を取り上げた。諸々解釈があるがつぶさに検討すれば、久重の蒸気砲（蒸気銃〈砲〉雛形）製造について書かれていることを確認した。二項では、蒸気銃（砲）雛形製造が明確に佐賀藩関係の史料に記されていることを確認した。これらの史料には、（「蒸気銃略記」が口述された年の翌年にあたる）安政元年（一八五四）に蒸気銃（砲）雛形の製造が始まり、安政四年九月までに完成したこと、弾丸重量は約一一㌘《グラム》であったこと、久重と二代目儀右衛門が製造にあたっていたこと、が記されていた。

ところで蒸気銃（砲）実機だが、史料・文献になんら記されていないので、実機は製造されなかったに違いない。つまり、蒸気銃（砲）は雛形（小形の試作機）の製造でその開発は終わったのである。だが、雛形といえども、仕事の合間を縫って片手間で製造できるものではない。事実、三節二項に掲載の史料（Ⓑに掲載の史料および②）からすると、佐賀藩の正式な事業であったとして間違いない。

久重作の蒸気銃（砲）雛形から離れて、一般論としての蒸気銃（砲）に目を転じると、二節一項で述べたように蒸気銃（砲）は幕末期の文献に記されている。だが、幕末・明治維新期に輸入された形跡はまったくない。これからすると、当時の実用的な武器ではなかったと考えられよう。海外情報の収集に長けていた佐賀藩はこのことを認識していたと考えられるが、佐賀藩はかような武器の雛形を製造したのである。

蒸気銃（砲）が実用的な武器ではなかったことからすると、蒸気銃（砲）雛形の製造は、佐賀藩主鍋島閑叟（直正）や藩上層部の発案ではなかったと推量される。想像するに、蒸気に関する技術を得意とし風砲製造の経験を有していた久重が発案したのではなかろうか。そうだとすれば、久重が蒸気銃（砲）雛形の製造を申し出、それを閑叟あるいは藩上層部が許可したことになる。

閑叟は傾いた佐賀藩の財政を立て直すため、「『算盤大名』とよばれ[100]」るほど経費節約に努め経済観念に長けていたが、こと科学技術に関しては出費を惜しまなかったという。久重が所属する、いわば佐賀藩の科学技術研究開発部門といえる精煉方が成果をださせずに経費がかさんでいた時に、藩政幹部はたびたび精煉方廃止論を主張した。これに対して閑叟は「是は吾人の道楽なれば制限する勿れ[101]」といって、存続させた話は世に喧伝されているが、この久重の蒸気銃（砲）雛形製造からも、（製造を決めたのが閑叟であることが前提となるが）閑叟の科学技術研究に対する懐の深さがしのばれる。

二〇一八年にノーベル賞を受賞した本庶佑は、「イノベーションを起こすにはどんな取り組みが必要ですか」という問いに対して、「ばかげた挑戦をやりやすくする環境整備をすべきだ[102]」と答えている。先に述べたことからすると、幕末期の佐賀藩は「ばかげた挑戦をやりやすくする環境」を久重に提供している。これが閑叟による判断であれば、閑叟は現在の科学技術行政のあるべき姿を、一世紀半以上前に先取りした慧眼の持ち主だといえる。

久重は佐賀藩以外においては、決して蒸気銃（砲）雛形をつくることはなかったであろう。

注

（1）一般に、比較的小型で携帯可能なものが銃、比較的大型で台車や台座などに据付けて使用するものが砲とされている。また、比較的小口径のものが銃、比較的大口径のものが砲との区分もある。だが、その境目は明確ではなく国や組織によって異なる。

（2）当時の史料・文献にては同じ火器が銃、砲双方で記されている。たとえば、明治維新期に使用されたアームストロング砲はアームストロング銃とも記されている。また、時代を特定せずに現代にもつながるあいまいな例としては、「鉄砲」がある。「鉄砲」は字義どおり読めば鉄の砲となる。だが、その意味は砲ではなく銃である。

（3）二節一項では（蒸気銃（砲）ではなく）蒸気砲と記すので、ここでも蒸気砲と記す。

（4）八〇数年の生涯のなかでわずか五〇件前後の出来事を、一件当たりの三文字から十数文字で書き記している。

（5）堀江恒三郎編『田中久重翁』（同、一八九七年）。「翁手記の年譜」は目次と本文一頁の間に掲載されている。

（6）田中近江翁顕彰会『田中近江大掾』（同、一九三一年）。同書はそれまでの久重関連の文献を網羅したうえで著述されており、また、久重に関する史料の写真や翻刻文が豊富に掲載されている。このため、久重研究の根本文献とされている。一九九三年に私家版として復刻されている（今津健治編、思文閣出版、編者による解説が加えられている）。さらに、この復刻版が二〇一一年に東芝科学館（現東芝未来科学館）より再復刻されている。

（7）今津健治『からくり儀右衛門―東芝創立者田中久重とその時代―』（ダイヤモンド社、一九九二年、以下『からくり儀右衛門』）。今津は戦後の代表的な久重研究者である。

（8）前掲注(6)『田中近江大掾』一〇六頁より、および前掲注(7)『からくり儀右衛門』一一〇頁より。

（9）「近江大掾」は、もともとは古代の地方官（四等官）の名称である（掾は、守、介に次ぐ官位、また、近江の国は大国に区分されていたので掾には大掾と少掾の二つがあった）。時代が下り江戸時代になると、掾は実を伴わない名誉称号となり、もっぱら職人・商人・芸能者が受領した（朝尾直弘編『日本の近世七　身分と格式』中央公論社、一九九二年、二八四～二九二頁などを参考にして記した）。

（10）この年に久重は蒸気船の雛形を製造している。ゆえに「蒸汽」は蒸気船、あるいは蒸気船に取りつけれらた蒸気機関を意味している、と考えられる。蒸気船雛形については二節二項にて触れる。

(11) 「万年時計製造カヽル」（嘉永三年〈一八五〇〉）、「大砲機械製造カヽル」（安政三年〈一八五六〉）とある。

(12) 久重の佐賀藩出仕は嘉永五年（一八五二）頃から慶応二年（一八六六）頃。

(13) 前掲注(6)『田中近江大掾』一〇〇〜一〇一頁。

(14) 実際に製造されたかについては議論がわかれている。

(15) 前掲注(6)『田中近江大掾』、「顕影会紀要」三四頁より。

(16) 浅野陽吉『田中近江拾遺』（同、一九三一年）二三頁。なお、現在では「蒸気砲会心録」は現存不明となっている。

(17) この二つの題名において、一つは「砲」、他の一つは「銃」となっている。このことからも、「砲」と「銃」がほぼ同義であったことがわかる。

(18) 原文においては、なぜかこの項のみ句点が書かれていない。

(19) 「蒸気缶」はここまでの文章にあらわれない。字義からすると「儲気缶」（ボイラー）を指している可能性もあるが、文脈からすると「儲気缶」では意味が通らない。推定するに、「蒸気缶」は「蒸気管」の誤りだと思われる。「蒸気缶」と「蒸気管」の音は同じである。おそらくこのため、原史料、前掲注(6)『田中近江大掾』のどちらかが誤って記したのであろう。

(20) 「舛」はここでは「升」（のぼる）の漢字別表記となろう。

(21) 「己」は「已」の誤りであろうか。そうであれば「終日不已」となり、「終日、止むことなく」の意となる。

(22) 「撓」は「まがる、たわむ」の意がある。「逗」は「とどまる」の意である。ゆえに「撓逗ナキ」は「まがって（たわんで）、とどこおることがない」の意となろうか。

(23) 前掲注(6)『田中近江大掾』一〇一〜一〇五頁。（ママ）を除いたルビおよび傍注は原文の通り。

(24) 〔十一〕の説明文中にある「缶中」は、「儲気缶」のなかではなく、「蒸気筒」のなかを意味していると解釈した。「筒」を「缶」と言い換えることはありえよう。これからすれば、「缶中ノ装置」はピストンのような部品だと考えられる。付け加えていえば、〔六〕「喞筒」の説明文中にある「缶内ノ装置」も、「喞筒」（ポンプ）の内部にある装置を意味していると思われる。ただし、〔六〕には三つの「缶」があらわれるが、二ヵ所ある「缶中ニ送ル」における「缶」は「儲気缶」を指していよう。同様に、〔一〕〔二〕〔四〕〔五〕〔十〕にある「缶」も（〔一〕はいうまでもないが）「儲気缶」を意味していよう。

(25) おそらくこの装置からして、一節一項で掲載の前掲注(6)『田中近江大掾』からの引用文に「蒸気機関砲の雛形」とあるのだろう。

(26) 説明文からすると、「如意輪」と「如意旋」は別の部位となろう。おそらく、図中では左中央にある十字ハンドルのような部位(番号は付されていない)が「如意旋」であろう。

(27) 図において、「焰窓」の高さは「弐寸」、「儲気缶」の高さは「五寸」、「火炉」の高さは「壱寸六分」とある。足し合わせると八寸六分となる。これに、「焰窓」と「儲気缶」との間の部位(図からすると存在しているようにみえるが、存在しない可能性もある)の高さ、「儲気缶」と「火炉」の間にある板とおぼしき部位の厚さ、および車輪最下部(地面と接する個所)より「火炉」最下部まで高さ、を加えたものが全高となろう。これらの高さ(厚さ)の合計を一寸四分前後と推定すれば、蒸気銃(砲)雛形の全高は一〇寸(約三〇チセン)前後と推定される。

(28) 図からすると、蒸気銃(砲)雛形の「筒」を除いた本体部分の前後、左右方向の長さは、「儲気缶」と「火炉」の間にある板とおぼしき部位に準ずるようにみえる。この部位には「九寸五分　巾四寸五分」との文字が記されている。これは縦(前後)方向九寸五分、横(左右)方向四寸五分であることを意味していよう。図からすると、「筒」はこの部位の前から三分の一程度の上方において本体と接合されている。ゆえに全長は、「筒」の長さ(九寸五分)に板の縦(前後)方向の三分の二程度の長さ(約六寸三分)を加えたものと推定される。つまりは一五寸八分(約四八チセン)前後と推定される。

(29) 前田達男「幕末佐賀藩精煉方と田中父子」(からくり儀右衛門展実行委員会編 図録『久留米発、ニッポンのものづくり からくり儀右衛門展』同、二〇一三年)は、蒸気銃(砲)雛形は「『蒸気銃略記』によれば、ボイラで発生させた高圧蒸気を筒に通して弾丸を『弾ク』装置」(三六頁)と記している。筆者と同様の考えとしてよいであろう。回転する軸によって弾丸が発射される(弾かれる)仕組みは、想像するにアーム式ピッチングマシンの仕組みに似たものであったのではなかろうか。

(30) 「匣」は「箱」の漢字別表記である。箱は直方体の容器がイメージされるが、辞書を引けば、直方体にかぎらず物を入れる器は箱となっている。ゆえに文脈からして、「匣」は「蒸気銃略記」に記されている「送丸口」(弾丸補充口)を指していよう。

(31) 浅野陽吉『田中近江』(同、一九三〇年)九〇頁。

(32) 前掲注(16)『田中近江拾遺』二四頁。

(33) 前掲注(6)『田中近江大掾』においても同様の内容が記されているが(一〇五頁)、『田中近江大掾』は前掲注(31)『田中近江』の一年後に刊行されたので、『田中近江大掾』はおそらく『田中近江』を参照したのであろう。ゆえに『田中近江』から引用した。

(34) 生年不詳〜元治元年(一八六四)。旧姓、浜崎弥三郎。久重の姉の子。

(35) 河本信雄『田中久重と技術の継承―時計からからくり人形、そして電信機―』(思文閣出版、二〇一九年)一〇頁より。

(36) 「荷」は後述する史料にては、「和」となっている。

(37) 前掲注(7)『からくり儀右衛門』一一〇〜一一一頁。

(38) 呉秀三『箕作阮甫』(大日本図書、一九一四年)「附録 箕作阮甫著訳書目」二一頁。圏点、傍線は原文のまま。

(39) 幕臣向山源太夫(誠斎)編の近世史料集。編集年代は不明だが、「蠹余一得」は明治六年(一八七三)に太政官正院歴史課に献納されているので、これ以前となる(進士慶幹・福井保解題『内閣文庫所蔵史籍叢刊第三巻 新令句解 蠹余一得(一)』汲古書院、一九八一年、「『蠹余一得』解題」二五〜二七頁より)。「蠹余一得」は影印版、二冊分冊にて出版されており(表題を含む活字にては「蠹」は「蠹」に変更されている。影印の箇所は当然ながら原文のままの「蠹」である)、同書はその一冊目である。

(40) 同史料は、福井保解題『内閣文庫所蔵史籍叢刊第四巻 蠹余一得(二)』(汲古書院、一九八一年)五七〇〜五七二頁に掲載されている。

(41) 幕臣宮崎成身が手写、収集した冊子を合綴したもの。編集時期は天保から慶応年間にかけて(福井保解題『内閣文庫所蔵史籍叢刊特刊二 視聴草 第一巻』汲古書院、一九八四年、「『視聴草』解題」三〜六頁より)。「視聴草」は影印版、一六冊分冊にて出版されており、同書はその一冊目である。

(42) 同史料は、福井保解題『内閣文庫所蔵史籍叢刊特刊二 視聴草 第十巻』(汲古書院、一九八五年)一五二〜一五四頁に掲載されている。

(43) 和綴の筆写本。七丁(表紙・裏表紙を含む)からなる。

(44) 国立公文書館請求番号二一三―〇〇三一、冊次一七。

(45) 同、二一三―〇〇三四、冊次一一六。

(46) 筆者は同書を古書店より調達したのだが、この情報は古書店よりのものである。ゆえに「か」とした。

(47) 海舟全集刊行会編『海舟全集』九・海舟日記其他(改造社、一九二八年)四八一〜四八三頁。項末に「(嘉永四年)」と記されている。

（48）勝海舟全集刊行会編『勝海舟全集』二二・秘録と随想（講談社、一九八三年）七〇九〜七一一頁。項の題名が「蒸気砲　嘉永四年」となっている。
（49）原史料より（前掲注(40)『内閣文庫所蔵史籍叢刊第四巻　蠹余一得（二）』五七〇頁）。
（50）原史料より（前掲注(42)『内閣文庫所蔵史籍叢刊特刊二　視聴草　第十巻』一五二頁）。
（51）原史料より。
（52）前掲注(48)『勝海舟全集』二二・秘録と随想、七〇九頁（④―(2)講談社版を掲載した）。
（53）「炮」は「砲」と同義。
（54）前掲注(48)『勝海舟全集』二二・秘録と随想、八三〇頁。
（55）原史料より（前掲注(40)『内閣文庫所蔵史籍叢刊第四巻　蠹余一得（二）』五七〇頁）。
（56）「翁手記の年譜」に、文政「三年　発明風砲製作」とある。
（57）宮崎繁吉『近江大掾』（堀江恒三郎〈発〉、一九〇五年）に次のことが記されている。風砲は金鉄を砕破するほどの威力だったので、久留米藩主は高価で風砲を求めた。藩主の前で二十数回試射されたが、すべて好成績で、また、その破壊力は強力であった。これをみた藩重臣は、威力がありすぎるので購入すれば幕府に嫌疑をかけられる、と藩主に進言した。このため購入はとりやめとなった（二七〜二九頁より）。
（58）所荘吉『増補　図解古銃事典』（雄山閣出版、一九七二年）四三頁より。
（59）冨井洋一・松田清「一貫斎気砲と「SCHEIFFEL」空気銃」（長浜市長浜城歴史博物館編『江戸時代の科学技術―国友一貫斎から広がる世界―』同、二〇〇三年）五三頁。なお、SCHEIFFEL は将軍に献上された空気銃に刻まれた銘である（五五頁より）。
（60）同右、五三頁より。
（61）たとえば、前掲注(57)『近江大掾』二七〜二八頁、前掲注(7)『からくり儀右衛門』四三頁。
（62）「京都の蘭学系の眼科医」（前掲注(7)『からくり儀右衛門』四三頁）。
（63）(ア)〜(エ)はすべて、前掲注(59)「一貫斎気砲と「SCHEIFFEL」空気銃」五三頁。
（64）手写本がホームページ「早稲田大学図書館→古典籍総合→気砲記／国友藤兵衛著」(http://www.wul.waseda.ac.jp/kotenseki/html/bunko08/bunko08_c0194/index.html、以下、本稿に掲載するホームページは二〇一九年二月一日現在、閲覧可能なURLである）において公開されている。

（65）前掲注（59）『江戸時代の科学技術―国友一貫斎から広がる世界―』四七頁（「一貫斎気砲と「SCHEIFFEL」空気銃」における記述ではない）。

（66）前掲注（58）『増補 図解古銃事典』四二～四四頁。

（67）同右、四五頁。

（68）このことは無尽灯について詳しく書かれた小冊子「重宝無尽灯用法記」（嘉永三年〈一八五〇〉、東芝未来科学館所蔵）に記されている。

（69）前掲注（31）『田中近江』三三～三四頁。

（70）前掲注（6）『田中近江大掾』七二～七三頁より。「翁手記の年譜」には、前述したように嘉永「五年　蒸汽雛形ヲ作ル」とある。

（71）佐野以外では、鍋島閑叟（直正）、大隈重信、副島種臣、江藤新平、島義勇、大木喬任があげられている。

（72）蘭学者広瀬元恭（文政四年―明治三年〈一八二一―七〇〉）によって開かれた塾。

（73）個人蔵。軸装されている。

（74）原史料より。なお原史料写真は、図録『東芝科学館開館五〇周年記念企画展 田中久重ものがたり―情熱と飽くなき探究心―』（東芝科学館、二〇一一年、以下、図録『久重ものがたり』）九・四九頁に掲載されている。四九頁に翻刻文、読み下し文、現代語訳が記されているが、これらには問題点がある（後述）。

（75）東京都江戸東京博物館所蔵。前掲注（74）図録『久重ものがたり』四九頁に写真が掲載されている。わかりやすい楷書で書かれている。また、前掲注（6）『田中近江大掾』二一七～二一八頁に墓碣銘の翻刻文が掲載されている。なお、久重の墓所は東京の青山霊園（墓地）にあるのだが、墓所にはこの原稿の内容が記された墓碣（墓石）は見当たらない。後世、この銘が刻まれた墓碣が撤去された、あるいは当初より設置されていなかった、のどちらかであろうが理由は不明である。

（76）原史料より。

（77）前掲注（6）『田中近江大掾』二一八頁より。

（78）黒岩萬次郎『発明界の偉人 田中久重翁』（久留米商工会議所、一九三一年）三二～三三頁。同書には奥付が存在しないので、発行者、発行年は国立国会図書館書誌情報によった。同書の「例言五則」の頁（目次の前の頁）に「昭和六年大正天皇祭の日」とある。おそらくこれゆえに同書誌情報は発行年を一九三一年としたのであろう（発行者に関しては理由は不明）。

(79) 前掲注(74)図録『久重ものがたり』四九頁より。

(80) 佐野の書は明治一一年（一八七八）に久重に贈られたと考えられるが、わずか四年後の明治一五年に記された㋐に異なる文字が記されている。なんらかの意図によって変更されたのであろうか。興味深い。

(81) 参考までに、筆者は前掲注(74)図録『久重ものがたり』が作成・発刊された頃、東芝科学館（現東芝未来科学館）に勤務していたので、同図録に掲載の翻刻文の背景について述べておく。久重に関する企画展開催の少し前に、ある方が佐野の書を東芝科学館に持ってこられた。久重と関係の深い史料なので、急遽お借りして企画展で展示することとした。これに伴い図録に掲載することとなった。この方は佐野の書の翻刻文、読み下し文、現代語訳を持っておられた。ただし、これらはその内容からすると、久重の経歴や時代背景から解き明かすことなく、字の形状のみから読解したものであったようである。このため、現在の筆者からすれば、明らかな翻刻誤りの箇所が散見される。「汔矻」はその一つである。今から考えれば稚拙であったが、企画展開催・図録発行まで時間がなかったこともあり、この方がお持ちの内容がそのまま図録に掲載された。

(82) 前掲注(78)『発明界の偉人 田中久重翁』三二頁。

(83) 前掲注(74)図録『久重ものがたり』四九頁。なお、同図録は「汔矻として」を「こつこつと努力して」（四九頁）と現代語訳している。

(84) 「工幾」を「工機」として捉え、「般」は「めぐらす」の意ととっているのであろうか。そうであれば、文章全体は、「気砲、電機（電気機械）、工機（機械の意となろうか）に（思いを）めぐらす」の意味になろうか。あるいは、「幾般ぞ」がひとかたまりになるのであろうか。そうであれば、「気砲、電機を工（たくみ）に数多く（製造した）」の意になろうか。このような解釈の可能性もあろうが、「幾般を工す」のほうがよりシンプルで正しい解釈のように思える。

(85) 日本国語大辞典第二版編集委員会・小学館国語辞典編集部編『日本国語大辞典 第二版』一（小学館、二〇〇〇年）八九一頁「幾般」の項より。

(86) 天保一〇年—昭和六年（一八三九—一九三一）。明治・大正期の歴史学者。

(87) 前掲注(6)『田中近江大掾』二一七頁。なお、「田中久重墓碣銘原稿」原史料には、「此レハ佐賀之人久米邦武氏撰ニシテ翁之墓碣銘記ナリ」と書かれた付箋が貼られている。

(88)「田中久重墓碣銘原稿」原史料より(前掲注(6)『田中近江大掾』二一七頁)。
(89)前掲注(29)「幕末佐賀藩精煉方と田中父子」三六頁。
(90)精煉方は、精錬方、精練方とも表記された。
(91)多久島澄子「幕末佐賀藩山代郷長浜村のたたら」(『幕末佐賀科学技術史研究』七、幕末佐賀研究会、二〇一三年、以下、「長浜村のたたら」)九一(二八)頁。同史料は『佐賀市重要産業遺跡関係調査報告書第一〇集 幕末佐賀藩三重津海軍所跡Ⅴ—21区の調査—』(佐賀市教育委員会、二〇一八年、以下、『三重津海軍所跡Ⅴ』)においても翻刻されている(一四頁)。傍注にて( )内に記した文字は『三重津海軍所跡Ⅴ』翻刻と「長浜村のたたら」翻刻との異同である。( )内が『三重津海軍所跡Ⅴ』における翻刻となる。また、『三重津海軍所跡Ⅴ』にては市川弥太郎、南里与兵衛においても(判)となっている(『三重津海軍所跡Ⅴ』は㊞ではなく(判)と記している)。
(92)前掲注(91)「長浜村のたたら」九三(二六)頁。鍋島文庫(鍋島家文庫ともいう)は、鍋島報效会(徴古館)所蔵、佐賀県立図書館寄託の「旧佐賀藩主鍋島家に伝来した藩政資料に和漢書などを含めた資料群」(ホームページ「徴古館→鍋島家文庫」〈http://www.nabeshima.or.jp/main/529.html〉)である。史料名の後にある数字は図書館の請求番号だが、正式に記せば鍋三〇九—一四一となる。
(93)前掲注(91)「長浜村のたたら」八九(三〇)頁。
(94)松田和子「精煉方の活動—幕末佐賀藩の近代化産業遺産全般に対する歴史文献調査から—」(『幕末佐賀藩の科学技術』編集委員会編『幕末佐賀藩の科学技術』下・洋学摂取と科学技術の発展、岩田書院、二〇一六年、以下、「精煉方の活動」)一八九頁。
(95)同右、二一一頁。なお、同論は「表3 精煉方の活動(製作)」(一九〇頁)における安政年間の欄においても「蒸気砲」と記している。典拠は記されていないが、著者に確認のところ、これも「伺並届」(鍋三〇九—一四一)であった。
(96)小宮睦之監修『嘉永七年御目通幷公用諸控』(古文書研究会、二〇〇七年)八一頁。
(97)鍋島文庫、鍋三〇九—五九(鍋島報效会所蔵、佐賀県立図書館寄託)。前掲注(91)『三重津海軍所跡Ⅴ』において翻刻されている。
(98)前掲注(91)『三重津海軍所跡Ⅴ』一二〜一三頁。
(99)四つの弾丸をセットできることからすると、四連発であったことは間違いないであろう。また、送丸口(弾丸補充口)から弾丸を連続して補充する仕組みであったと考えられることからすれば、四連発以上も可能であったと推定される。

（100）杉谷昭『鍋島直正』（佐賀県立佐賀城本丸歴史館、二〇一〇年）七頁。
（101）中野礼四郎編『鍋島直正公伝』四（侯爵鍋島家編纂所、一九二〇年）二五九頁。
（102）ホームページ「日本経済新聞」（電子版）における二〇一八年一二月三日記事「ノーベル賞・本庶佑氏「ばかげた挑戦が革新生む」」（https://www.nikkei.com/article/DGXMZO38399503011 2018TJM000/）。

日露戦争と戦死者慰霊
――常陸丸事件の部隊葬を事例に――

奥田裕樹

はじめに

戦死者慰霊研究は、一九六〇年代の靖国神社の研究(1)を出発点に、七〇年代から八〇年代にかけては、忠魂碑・忠霊塔などの地域の慰霊も研究対象となった(2)。これらの研究では、日露戦争期を、靖国神社における戦死者慰霊が国民に定着し(3)、地域でも忠魂碑などの施設が建設され、中央の靖国、地域の招魂社・忠魂碑との体制が形成される時期とした(4)。九〇年代以降は、靖国神社以外の多様な戦死者慰霊のあり方を探る研究が進展している(5)。また、同時期の広義の軍事史研究においても、軍隊と社会の関係性を問うという関心のもと戦死者慰霊もその研究対象となり(6)、同時代の多様な慰霊研究と相互交流しながら研究がなされた(7)。これらのなかで戦死者葬儀の研究は、遺骨の取扱い、戦死者公葬、「イエ」における葬儀、埋葬などに注目して進められた。本稿に関連する日露戦争期の戦死者公葬を対象にした研究に限ると、籠谷次郎、荒川章二、小幡尚、白川哲夫の研究があげられる。籠谷次郎は、日露戦争期および昭和期の町村葬の推移を葬執行の主催者、経費支出の観点から分析し、日露戦争期では町村の直接関与のない町村葬が、昭和期には町村の直接関与する町村葬に変化し制度化されたとした。(8)また、籠谷は、町村の直接主催、町村予算からの出費の二点を公葬とみなす基準としており、昭和期に地域公葬が成立したと位置づけた。(9)荒川章二は、日清戦争期から日露戦争期の地域における戦死者慰霊について、遺族への戦死通知から地域での公葬までの過程を静岡県の事例を中心に跡づけ、日清戦争期は遺骨が遺族へ下付されていたが、日露戦争期の遺髪中心の葬儀へ変化したことを指摘した。また、公葬とみなす基準を、市町村などの地方公共団体の直接関与に限らず、葬儀準備段階の地方団体の関与、葬儀費用の税的徴収、葬儀執行時の参加者の顔触れ、執行会場のあり方など、戦死者葬儀への地域の関与とし、日清戦争期を公葬の登場期、日露戦争期を公葬の確立・定着期とした。(10)小幡尚は、日露戦争期の高知県における戦死者慰霊を遺骨帰還から、地域公葬、埋葬の過程全般の実態を明らかにした。(11)白川哲夫は、西南戦争から日中戦争の招魂祭と戦死者葬儀を比較検討し、招魂祭は「靖国神社の枠組みを意識しながらも、祭りや仏教的な要素など多様な要素を抱え」ていたが、「一九三〇年代にそぎ落とされ、靖国と類似した護国神社に」転換したとし、戦死者葬儀は「個人、最大でも市町村単位で完結する行事であり、それ自体が靖国に直結するものでなかった」と位置づけている。(12)

このように、日露戦争期の戦死者公葬について、遺骨還送から遺骨下付、葬儀、そして埋葬される過程、およびその執行主体や地域との関係性が明らかにされてきた。しかしながら、戦死者が発生してから墓に埋葬されるまでの過程のなかで実施される公葬を考えると、戦場での部隊葬や留守部隊葬など市町村公葬以外の軍隊が実施した公葬の存在が指摘できよう。(13)そこで本稿は、これまで研究の少ない日露戦争期の陸軍実施公葬の計画およびその執行過程から、その特質を示し、日露戦争の戦死者慰霊の一端を明らかにすることを目指す。分析の対象としては、常陸丸事件の近衛師団における合葬を取り上げる。なお、常陸丸事件とは、明治三七年（一九〇四）六月一五日玄海灘洋上において、近衛歩兵後備第一聯隊七二七名、第一〇師団第三糧食縦列三五九名、監督担当海軍軍人四名、乗員一四八名（外国人三名含む）の計一二三八名が乗り組み大孤山に向けて航行していた陸軍運送船常陸丸がロシアウラジオ艦隊に撃沈される事件のことである。(14)

一　常陸丸戦死者留守近衛師団合葬の計画・準備

日露戦争期の陸軍が実施する公葬については、小幡尚が高知県の朝倉陸軍墓地の「設置と日露戦争期の状況」の基礎的事実を明らかにした論文において、歩兵第四四聯隊に還送された遺骨のうち補充大隊での葬儀と陸軍墓地への埋葬を希望する者に対して行われた合葬式を『土陽新聞』の記事から規定、式次第、参加者、埋葬までその概要を示した。(15)飯塚一幸は日清・日露戦争を支える農村社会を描くなかで、福知山聯隊区における遼陽会戦までの戦病死者を対象とした歩兵第二〇聯隊補充大隊主催合葬式の参加者および式の過程を取り上げ、「壮大な式典」であり、宗教者が集い「兵士の死に名誉の戦死として国家的な価値を与え」たものであると位置づけた。(16)これまでの研究では、陸軍部隊個別の公葬の計画・準備についてあまり触れられていない。このため、本節では、常陸丸事件の近衛後備歩兵第一聯隊戦死者合葬計画および準備を『常陸丸殉難始末』所収の「葬儀計画書」の記載を中心に跡づける。

日露戦争当時陸軍が実施する葬儀は、明治二四年（一八九一）一一月に出された、明治二四年勅令二一〇号陸軍会葬式陸軍表喪式を改正した勅令に従い実施されていた。「陸軍会葬式陸軍表喪式」(17)は第一条に「陸軍会葬式ハ陸軍現役軍人並ニ招集中ニ係ル陸軍予備役後備役軍人（中略）ノ死亡者ニ対スル礼遇」とあり、近衛後備歩兵第一聯隊戦死者の合葬の計画もこれに従うことになった。

「葬儀計画書」の冒頭には、

一、六月十五日玄界灘ニ於テ敵艦ノ為メニ不慮ノ戦死ヲ遂ケタル近衛後備歩兵第一聯隊ノ将校同相当官准士官下士兵卒ノ葬儀ハ本計画ニ依リ八月廿日合葬ノ式ヲ挙ク其ノ埋葬ハ青山共同墓地ニ於テス

但遺族ニ於テ別ニ各個ノ葬儀ヲ執行スルヲ妨ケス(18)

と「葬儀計画書」に則り、八月二〇日に合葬式を行い、青山墓地に埋葬するとの方針が示されている。

続いて「葬儀計画書」には、

二、本葬儀ハ留守近衛師団長自ラ之ヲ管理シ斎主祭員ヲ定メ又近衛歩兵第一聯隊補充大隊長ヲ喪主トシ留守近衛師団将校同相当官ヲ以テ委員ヲ編成ス(19)

と葬儀は留守近衛師団長が管理すること、留守師団長が葬儀の斎主および祭員を定めること、近衛歩兵第一聯隊補充大隊長が喪主となること、留守近衛師団将校同相当官により合葬の準備、実施のための委員を編成することの四点が記されている。まず、葬儀の管理は陸軍会葬式陸軍表喪式第二条第一項の「陸軍ノ会葬ノ式ハ死者ノ団体附軍人ナルトキハ該団体長之ヲ管理」するとの条文に従うものであり、伊瀬知近衛留守師団長がその任にあたることになった。伊瀬知は、この「葬儀計画書」の第二項に基づき、斎主金子有道、副斎主青戸波江、祭員眞鍋貞恵・大原千晴・菟田茂丸・笠原幡多雄・渡辺譲・照崎源一郎・鴨頭吉寿を任命した。そのほか、祭儀を計画管理する祭儀委員として高山昇・目黒和三郎・船曳衛・賀茂百樹も任命されている。喪主には、遺族への対応など近衛歩兵第一聯隊内で戦死者に関する業務を担当する近衛歩兵第一聯隊補充大隊長吉野源三郎が就任した。また、陸軍会葬式陸軍表喪式第二条第二項に「前条管理者ハ死者准士官以上ナルトキハ葬儀委員ヲ設ケ之ニ下士兵卒ヲ若干名ヲ附属シ葬儀ニ関スル事項ヲ管掌セシムルコトヲ得」との条文があるため、葬儀の準備、実施のために「留守近衛師団将校同相当官ヲ以テ委員ヲ編

成」する計画が盛り込まれた。委員の責任者には、第二旅団長山内少将が総委員長として任命された。また、斎場委員長に総委員長兼任の山内少将、総務委員長に参謀長橋本中佐、留守野戦砲兵第一旅団長熊谷大佐、行列委員長に近衛歩兵第二聯隊補充大隊長酒井少佐、救護委員長近衛師団石坂一等軍医正、墓地委員長および遺族接待員に喪主を務める吉野大佐がそれぞれ就任した。総委員長を含む各委員長の下には、留守近衛師団の士官、下士官が委員に任命されており、この合葬を留守近衛師団あげて準備、実施する体制が整えられた(20)。

「葬儀計画書」第三項では葬儀の方式および場所を、

> 三、本葬儀ハ国儀式ヲ以テ青山練兵場ニ於テ之ヲ行ヒ式後青山共同墓地ニ葬ル尤式場ニ於テ神道各教導職ノ吊詞及各宗僧侶ノ読経アルヘシ(21)

と青山練兵場において「国儀式」（神葬祭）にて葬儀を執り行い、同日青山墓地に埋葬することが定められている。ただし、式場での教派神道の教導職の弔辞（吊詞）、仏教各宗派の読経が認められており、教派神道・仏教に対する一定の配慮がうかがえる。

第四項は、第二項で編成するとした葬儀委員の業務について、

> 四、葬儀委員ノ任命業務ノ大体ハ別ニ之ヲ示ス但シ式場ノ配置式ノ次第及式後埋葬ニ至ル迄ノ次第ハ総委員長ニ於テ之ヲ定ム(22)

と総委員長山内中将が、人員の配置、葬儀次第、埋葬次第を定める役割を担うとしていた。また、総委員長以外の委員の業務を「別ニ之ヲ示ス」としているが、その業務内容は斎場委員が斎場における設営、神道教師および僧侶の警備、供物・読経・弔辞の対応、会葬および一般の人の警備、非常時警備、会葬者への挨拶、式後に柩を柩車に移す、斎場の撤収作業、総務委員が新聞広告、神道教師および僧侶との交渉、委員徽章調達、在京諸官庁団体への対応、

葬儀日時・会葬礼状の送付、葬儀に際して憲兵巡査騎兵軍楽隊の派遣交渉、その他委員の担当外の事柄、会葬者接待委員が侍従・東宮武官ら貴顕文武官・新聞記者・外国人・婦人・一般会葬者の接待、行列委員が出棺から青山の斎場の間・青山の斎場から墓地に至る間の行列整備、遺族接待委員が遺族への葬儀日時連絡、扶助の手続き、叙位叙勲の恩典の発送などの諸手続き、墓地委員が墓地の整備、式当日の埋葬および休憩所の設置、墓地の警備、斎場から柩車を用いて柩を墓地に移す業務、葬式後の墓碑建設および建設後の墓碑の維持、救護委員が斎場における救急事務を行うこと、となっている。(23)

第五項および第六項は、戦死者六三五名分用意される、霊柩に納めるものと霊柩の形状について、

五、霊柩ニハ左記三品中ノ一ヲ納メ更ニ一ノ金属製ノ名牌ヲ容ル但シ三品トモ存在セサルトキハ名牌ノミトス

　一　遺骨

　二　遺髪

　三　写真若クハ遺物

六、霊柩ハ方五寸ノ白木製小櫃トシ黒布ヲ以テ之ヲ覆フ其前面ニハ官等位勲功氏名ヲ記シタル木札ヲ附着シ又帯勲者ノ為メニハ其ノ勲章ヲ霊柩前面ノ上縁ニ吊下ス(24)

と定めている。霊柩は、「方五寸」（約一五・二センチ）の白木製櫃を黒布で覆い、その前面に位階勲功氏名を書きつけた木札および帯勲者の勲章吊り下げるとの形状をとり、そのなかに遺骨・遺髪・写真または遺物の三種の内一つと金属製の名牌を納めるとしている。黒布の覆い方は、陸軍会葬式陸軍表喪式第三条に「将校並ニ同相当官准士官ノ棺ハ黒布ヲ以テ之ヲ覆ヒ其上ニ本人生前所用ノ勲章徽章褒章正衣袴肩章第一種帽前立飾帯刀（剣）及正緒ヲ排置ス（中略）下士兵卒ノ棺ハ黒布ヲ以テ之ヲ覆ヒ勲章記章褒章ヲ其上ニ排置ス」とあるものを将校同相当官と下士卒の区別をなくし

簡略化した方法をとっている。常陸丸事件は、戦死者の遺体がほとんど収容されなかったため当然遺骨も還送されず、(25)戦死者が出征前に残した遺髪・写真・遺物を遺骨の代わりに納めることも可能とするが、それさえない場合に備えて、名牌のみを納めることも想定している。金属製名牌は、七月二八日付で喪主である吉野から長さ四寸（約一二・一センチ）、幅一寸（約三センチ）、厚さ一分（約〇・三センチ）のアルミニウム製名牌を墓碑はめ込み用のアルミニウム板とともに、東京砲兵工廠に作成が依頼された。(26)

第七項は、葬送にあたっての霊柩の捧持者を

七、霊柩ハ死者ノ階級ニ従ヒ主トシテ近衛歩兵第一聯隊補充大隊ノ将校同相当官准士官下士兵卒ヲシテ之ヲ捧持セシム其ノ階級別概ネ左ノ如シ

死者	捧持者
上長官	大尉
大尉	中尉
（中略）	
一、二等卒	一、二等卒
輸卒	二等卒（第一補充兵）

衛生部及経理部下士等ハ本課相当官ニ準ス(27)

としており、第八項には捧持者の霊柩の捧持方法が示されている。第九・十項は、葬送列次、葬送列の櫃前に捧持される旗に記す文字が定められた。(28)

第十一項は、

十一、葬送の道筋左ノ如シ

田安門ヲ出テ左ニ城壕ヲ沿ヒ英国公使館前兵器本廠ヲ過キ右ニ赤坂見附青山通リヲ経テ右ヘ陸軍大学校ニ沿ヒ青山練兵場(29)

との葬送のおおよその道筋が決定された。葬送の道筋の詳細は、「葬儀規定」の第十項に定められることになる。(30)

第十二項は葬列に参加するため派遣される儀仗兵について、

十二、儀仗兵ハ少佐ノ指揮スル戦時編制ノ近衛歩兵一大隊トシ弔銃斉発ヲ三回施行ス

会葬総代ハ中佐ヨリ二等卒ニ至ル各官制毎ニ一人トス(31)

と少佐が指揮する近衛歩兵第一大隊が儀仗兵を務めるとしているが、これは儀仗兵の兵員および編成を定めた陸軍会葬式陸軍表喪式第七条第二項にある「少将ニハ歩兵一大隊ニシテ佐官之ヲ指揮ス」と同等の編成となった。また、会葬総代は各官制ごとに一人出すこととされた。第十三項は葬列の騎兵の編成について定められた。

第十四項は、葬送の道筋における各部隊の配置が記される。

十四、団下諸隊ハ葬送ノ為当日左ノ位置整列スヘシ但服装ハ略装トス

近衛騎兵聯隊補充中隊及馬廠（徒歩）　田安門ヨリ一番町間

近衛後備歩兵第四聯隊第二大隊

近衛歩兵第二聯隊補充大隊

以上順序ヲ以テ一番町ヨリ英国公使館ニ至ル間

近衛歩兵第三聯隊補充大隊

近衛後備歩兵第三聯隊第一大隊

以上ノ順序ヲ以テ半蔵門ヨリ赤坂門間
近衛歩兵第四聯隊補充大隊
近衛後備歩兵第四聯隊第一大隊
以上ノ順序ヲ以テ赤坂門ヨリ一位局邸前ノ間
留守野戦砲兵第一旅団下諸隊（徒歩）
近衛輜重兵大隊補充中隊（徒歩）
以上ノ順序ヲ以テ一位局邸前ヨリ陸軍大学校ニ至ル間(32)

これは、戦死者に部隊の指揮官である須知が含まれていたため、陸軍会葬式陸軍表喪式第八条の「軍隊ノ長タル将官佐官及大尉ノ送葬ニハ儀仗兵ニ列スルモノヲ除キ該地屯在ノ部下軍隊悉皆便宜柩ノ通過スル道途ニ於テ其両側ニ堵列シ其葬ヲ送ル」が適応されたものである。第十五項は式に参加する近衛聯隊将校同相当官下士兵卒の服装について、第十六項は葬儀当日の出柩所と休憩所の場所、第十七項は在京近衛師団将校同相当官の会葬への参加について、第十八項は会葬者の移動について、第十九項は葬儀への贈花等の受付についてそれぞれ定められている。(33)

第二十項は、青山墓地内での墓地の選定方法について定められている。

二十、墓地ハ留守近衛師団指令部ノ同意ヲ得テ之ヲ選定スヘシ(34)

墓地予定地として実際に選定されたのは、青山共葬墓地壱ノ側壱番の墓地である。選定理由に関しては不明であるが、その後の墓碑建設の際の仕様書は「空気ノ流通能ク風光マタ佳ナリ（中略）四周障害物ナク今回建設ノ墓碑ノミ一基屹立シ他ノ墓碑ノ如ク混雑ナキ為同胞ノ同情ヲ表セシ常陸丸墓碑建設地トシテハ最モ好適地(35)」と述べ、墓地として高い評価が与えられている。墓地予定地が選定されたことを受けて、青山墓地の管理者である東京市との間で墓地の利用許可を得るための交渉が行われた。交渉は、七月五日付で墓地委員近衛歩兵第一聯隊補充大隊長代理武藤一策より尾崎行雄東京市長に通常五〇四円の使用料を七二円に割引して利用許可を得たい旨の文書が出されたことに始まり(36)、これを受けて割引した金額での利用を認める議案が市参事会に提出された。しかしながら七月二三日付で墓地委員長近衛後備第一聯隊補充大隊長吉野文四郎から東京市赤坂区長近藤正利に同土地を無料にて利用許可を得たい旨の文書が重ねて出されたため(37)、東京市参事会においては、無料利用に修正して決議がなされた(38)。この決議を受けて七月二五日付で吉野宛には墓地使用券が下付されている。また、墓地使用券の下付と同日、吉野から近藤に墓地整備の一環として「墓地囲障取設願」(39)が提出され、許可を受け墓地に囲いが設置された。

第二十一項は、墓碑建設に関する項目として

二十一、墓碑ハ別紙図面ノ如クシ霊柩ヲ碑下埋納ス之カ為特ニ石室ヲ埋葬当日迄ニ地下ニ設備ス(40)

としている。墓碑建設は、師団御用達の冷水金十郎から石材商鍋島彦七郎に墓碑の施工概要の照会があり、鍋島は施工方針を具申している。この施工方針に対して葬儀委員の同意が得られたため、鍋島に設計図案の作成が委嘱された。そして、鍋島より設計図面が提出され、この提出図面通りの墓碑建設を依頼された。墓碑は、右の「葬儀計画書」第二十一項の計画通り、柩を葬儀当日に埋葬するため葬儀当日までに唐櫃（石室）を完成させ、残りの部分は、一〇月二五日の墓碑建設祭の開催までに完成させることが求められた(41)。鍋島は、予定通り唐櫃を完成させ、墓碑全体は一〇月二三日に竣工させた(42)。

次の第二十二項では、葬儀の経費について、

二十二、葬儀諸費用ハ官給ノ埋葬料ヲ以テ之ニ充ツト雖モ特ニ之カ為メ出金ヲ望ム者アルトキハ其金員ヲ埋葬及墓碑建設ノ為ニ供用スルヲ得然レトモ勧誘ヲ以テ集金スルコトナシ(43)

と基本的に官給の埋葬料にて経費にあてるとしている。この官給の埋葬料とは、明治二七年勅令一三三号陸軍戦時給与規則第一二条により支給される埋葬料のことを指し、明治二七年陸達九三号陸軍戦時給与規則細則第二五条にある「陸軍ニ於テ埋葬シタルトキハ之ニ要セシ諸費ハ埋葬料ノ内ヨリ支弁」するとの条文に従い支給されるものである。[44][45]

また、第二十三項では

二十三、官給ノ埋葬料中剰余金ハ其若干ヲ保存費トシテ近衛歩兵第一聯隊ニ保管セシメ他ハ平分ニシテ遺族ニ贈ル

但シ保存費保管ハ近衛歩兵第一聯隊出征中同補充大隊デ保管セシム[46]

と支給された埋葬料の内、埋葬諸経費を引いた残余から、墓碑維持費として一部金額を近衛聯隊に保管する以外は遺族に贈るとしている。これは、同じく陸軍戦時給与規則細則二五条に埋葬料から経費を引いたものに「残余アルトキハ之ヲ其ノ親族ニ下付」と定められていることを本計画に反映したものである。この合葬に支給された埋葬料は、六三二名分の一万二〇三五円となっている。[47]

第二十四項は、戦死者遺族に、葬儀当日の青山練兵場の合葬の様子、墓碑図面、墓碑の写真を後日送ることを計画している。写真は、葬儀写真を東京市麴町区飯田町三丁目十五番地の写真師長谷川武七、墓碑写真を東京市麴町区富士見町の写真師塚本揚東がそれぞれ六百三十五名分の写真を師団に寄贈した。[48]

「葬儀計画書」の最終項である第二十五項は、

二十五、本計画ニ示サヽル事項ハ総委員長適宜之レヲ規定シ留守近衛師団長ノ認可ヲ受クルモノトス[49]

と「葬儀計画書」の計画に示されていない事項は、総委員長が規定して、留守近衛師団長の認可を受けることとされており、今回の葬儀では「葬儀規定」が定められている。

二　常陸丸戦死者留守近衛師団合葬の実施

前節では、「葬儀計画書」を中心に常陸丸事件の近衛後備第一聯隊戦死者合葬の計画・準備を跡づけた。本章では、計画・準備段階を経た合葬がどのように実施されたのか、また葬儀における、祭文・弔辞（弔詞）などの意味を検討する。

最初に、合葬および埋葬に関する儀式の実施をみていく。一連の儀式の最初は地鎮祭であり合葬前日の明治三七年（一九〇四）八月一九日の午後一時から青山墓地にて祭員の手によって行われた。[50]また、午後三時からは近衛聯隊第一聯隊補充大隊屯営にて柩前並霊遷祭が斎主金子有道、副斎主青戸波江、祭員により実施され、喪主吉野文四郎、遺族総代が参加した。[51]同日、戦死者遺族は田安門葬儀委員事務室で、青山練兵場の斎場への入場券と遺族徽章受け取ることとされている。[52]

八月二〇日の葬儀当日は、午前六時に、斎主はじめ儀式に関連する人員、葬送列に参加する人員らが近衛聯隊の所定の位置（図1）につき出柩祭が営まれた。[53]この出柩祭から八月二〇日の一連の儀式が始まる。なお、当日の会葬者の休憩所に、遺族が近衛歩兵第一聯隊将校集会所、准士官下士集会所及び酒保、皇族勅任官以上東宮武官が偕行社二階の一室、外国人が偕行社二階の一室、婦人が偕行社二階の一室、奏任文武官新聞記者が偕行社階下の一室、一般会葬者が招魂社競馬場跡にそれぞれ設置されている。[54]

出柩式が終わると、葬列が組まれた。葬列は、先頭の前駆騎兵から殿の騎兵までの編成となっており（図2）、その総数は不明だが、祭儀委員の内二名、祭員の内六名、斎主、副斎主、旗の捧持者二名、柩の捧持者六三五名、会葬

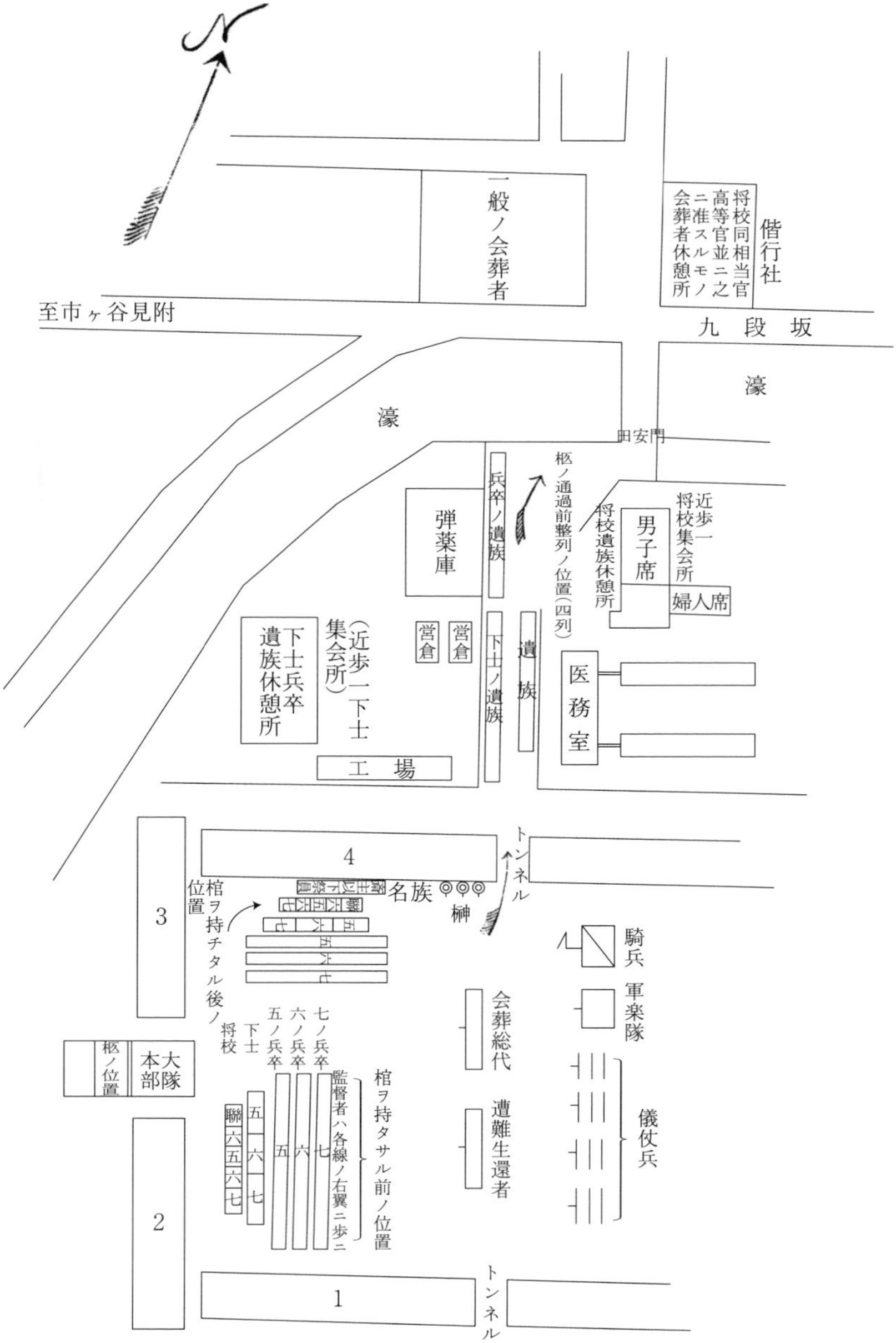

図１　出棺前の位置（『常陸丸殉難始末』より作成）

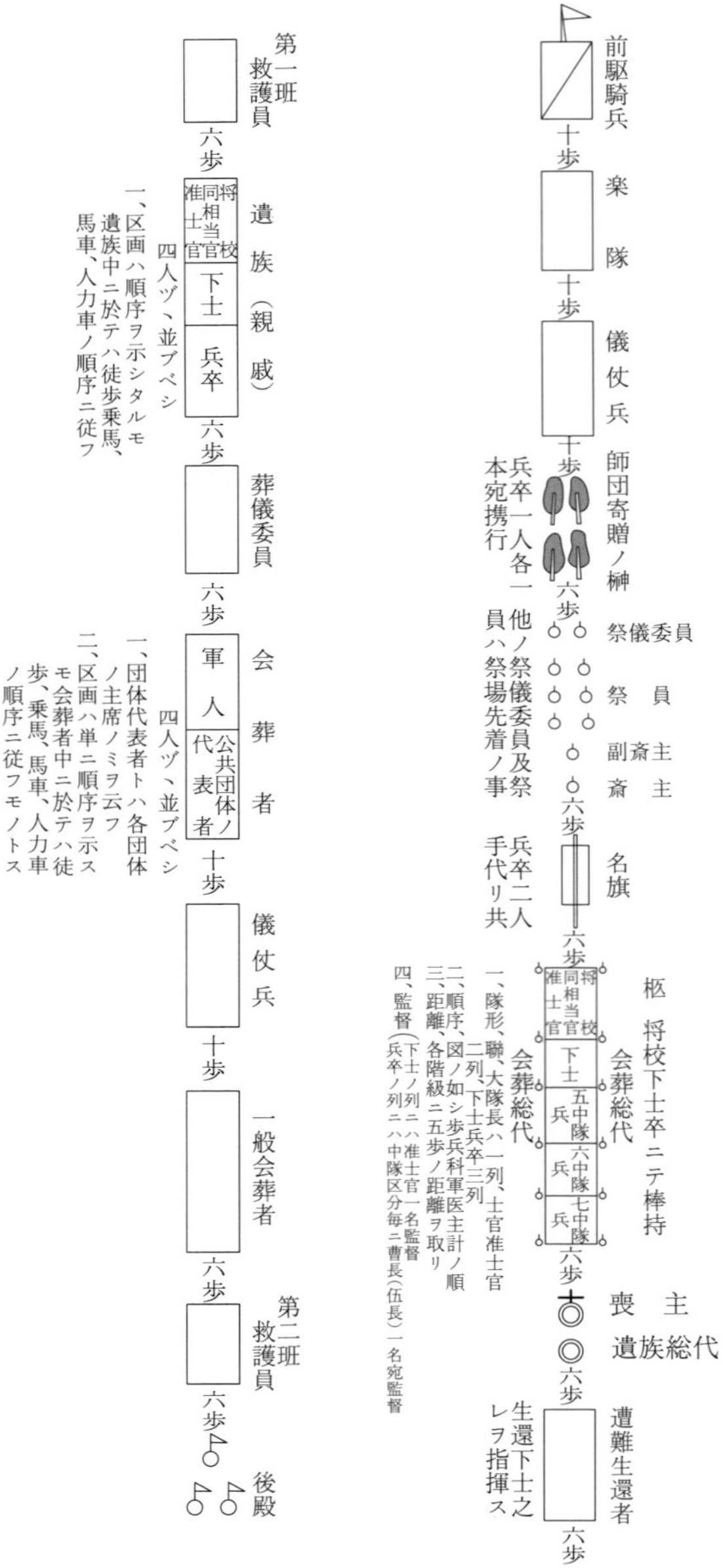

図２　行列図（『常陸丸殉難始末』より作成）

総代一二名、喪主、遺族総代、儀仗兵（一大隊）五四四名と人数が判明する一二〇五名に、遺族、葬儀委員、軍楽隊、遭難生還者、会葬者（軍人・各種団体代表）、一般会葬者、救護員らを加えた、大規模な葬列となっていた。(55) 葬列は、午前七時田安門から城壕に沿って東南方面にある英国大使館前、兵器本敞を過ぎ、赤坂見附から赤坂門に出て、東宮御所に沿い、陸軍大学の北側から青山練兵場葬場に到着した。沿道には多くの群衆が訪れ葬列を見つめており、その群衆に対して沿道各所の民家に湯呑所、宿に休憩所を設け、参集した群衆への便が図られていた。(56)「葬儀規定」による葬列の斎場到着予定時刻は、午前八時と予定していたが、実際には、午前八時四〇分に到着となった。(57)

葬祭場は、東側に入場口を設置し、間口五〇間（約九一メートル）、奥行九〇間（約一六四メートル）の広さで設けられた。祭壇は、前面中央に将校、下士官、兵卒の順で柩を置く台、その前に本祭供物台、その前の中央に真榊、右に神式供物台、左に仏式供物台が配置され、その前の左右には寄贈者の供物台が置かれる形状をとった。祭壇の右に斎主、祭員の席が設けられた。遺族は、祭壇に相対する右側に、将校・下士官・兵卒の遺族席とその北側後ろに親戚席が置かれた会葬者の席は、祭壇に相対する左側に御使および皇族席・内外貴顕席・婦人席・会葬者席（軍人・各種団体）とその南側後ろに一般会葬者席も設置されている。葬場祭に参加する教派神道教導職・仏教各宗派僧侶は、遺族・会葬者席の入口側手前の中央に整列場が置かれていた（図3）。

葬祭場に到着した柩は祭壇の柩台に安置され、葬場祭（合葬）が行われた。葬場祭は、斎主が再拝拍手、副斎主・祭員が饌を供され、斎主が祭詞を白し、副斎主が誄詞を奏した後に、留守近衛師団長の祭文、東京府知事の弔辞、東京市長の弔辞が読み上げられ、各団体などの弔辞が一括して奉呈される。次に、教派神道教導職と仏教各宗派僧侶が祭壇の前に進み、教派神道各派総代大社教東京分祠長千家尊弘による誄詞、軍隊布教員綴喜利淳が各仏教宗派の弔辞を奉呈し、僧侶による読経がなされ、儀仗兵による弔銃斎発を二回し、喪主・遺族総代が拝礼、玉串を奉り、会葬者

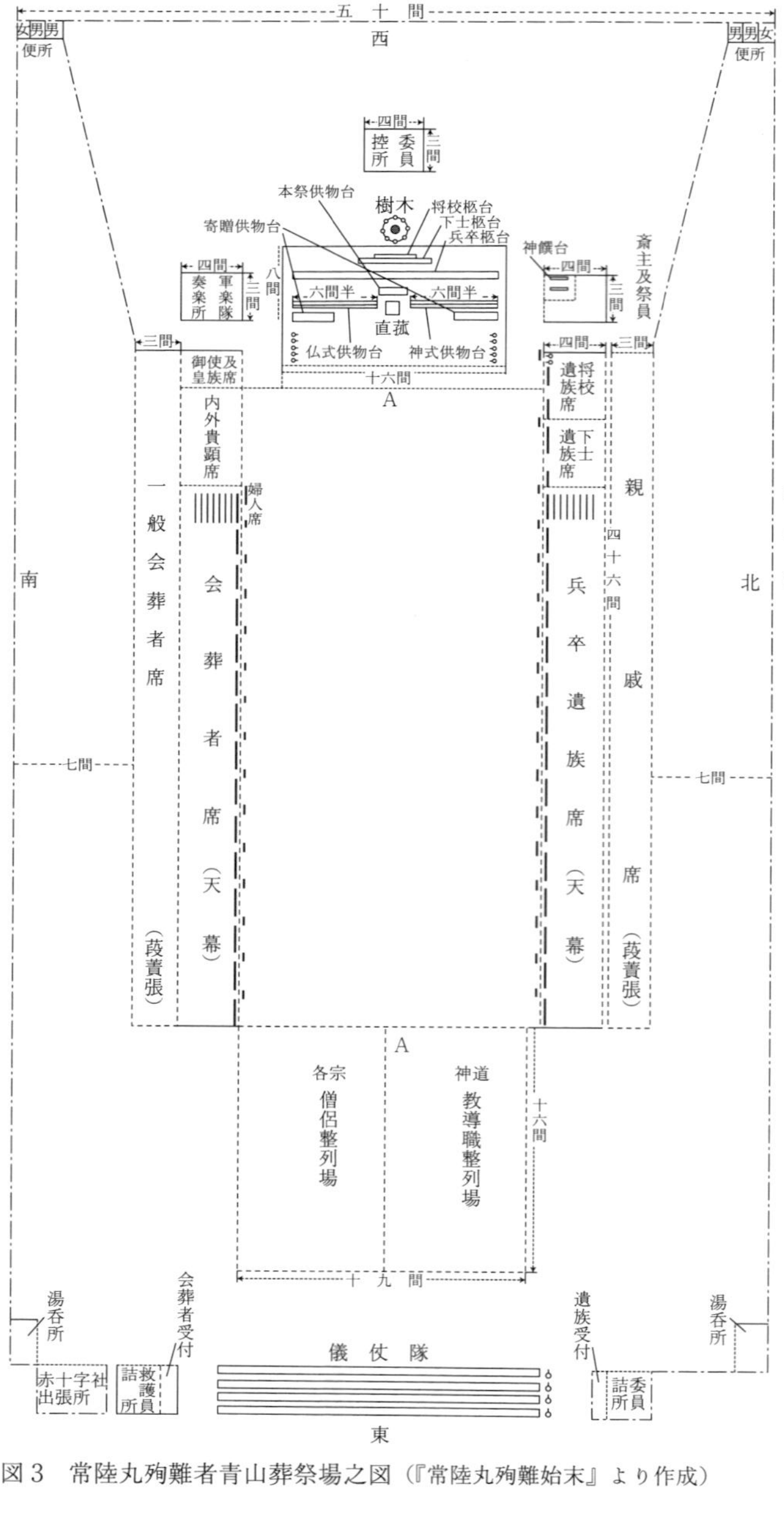

図３　常陸丸殉難者青山葬祭場之図（『常陸丸殉難始末』より作成）

が玉串を奉るとの順序で実施された。[58]葬場祭が終了後、柩は青山共葬墓地壱ノ側壱番につくられた唐櫃に埋葬が行われ、合葬および埋葬に関する一連の儀式が終了した。[59]

主な会葬者は、桂首相、柴田内閣書記官長、寺内陸軍大臣、山本海軍大臣、伊東海軍軍令部長、石本陸軍次官、斎藤海軍次官、長岡参謀本部次長、山内侯爵、品川子爵、谷子爵、千家東京府知事、周布神奈川県知事、寺原茨城県知事、尾崎東京市長、根本衆議院議員、秋山前衆議院議員、穂積東京帝国大学教授、近藤日本郵船社長がおり、代理が会葬した九条公爵（赤坂区徴兵慰労義会会長）、山県侯爵、賀茂靖国神社宮司、大谷横浜奨兵義会会長らを含め、軍隊を中心に各界から会葬者が訪れていた。本葬儀への会葬者数は、正確な数は不明なものの、『東京朝日新聞』によると午前六時の時点で、会葬者の休憩所が置かれた九段付近について「一面の会葬者となり共数幾萬なるを知らず」としており、さらに各区団体の会葬者が「此の人数一万余人と註せられぬ」とされ、これ以外にも遺族「千幾名」、遺族親戚会葬者「其人数一万の多きに及びたり」としている。[60]また、『読売新聞』にも「当日の会葬者は（中略）三万余人に達したりと」との記事もあり、[61]最低でも一万人以上、数万人の会葬者が参集した大規模な葬儀となった。

合葬および埋葬に参列した遺族は、翌日の午後一時から田安門内の近衛歩兵第一聯隊補充大隊で霊爾と供物の分配を受ける予定が組まれていた。また、翌日の午前九時より築地本願寺で本派本願寺派善福寺住職の麻布超海を導師として追弔会も開かれた。[62]墓碑建設祭は完成した墓碑の前で一〇月三〇日午前六時から、斎主、祭員、喪主、遺族総代、参列員の参加のもと開かれ、引き続き本派本願寺派僧侶による読経、焼香が行われた。[63]その後も伊瀬地近衛留守師団長をはじめ在京部隊長が隊を率い参拝したほか、遺族も参拝し、午後七時に墓碑建設祭の儀式が終了した。

ここまでは、地鎮祭から始まる葬儀、埋葬の儀式および墓碑建設祭の一連の儀式の実施を跡づけてきたが、ここからは、葬儀における祭詞、祭文、誄詞、弔辞（吊詞）などを葬儀の主催側と会葬者側を分け、そこに表出する、常陸丸事件の位置づけなどを検討する。

葬儀の最初に奉られた斎主金子有道による祭詞は、

阿波礼近衛後備歩兵第一聯隊長陸軍歩兵中佐正六位勲三等功五級須知源次郎命乎始末弖六百卅五人乃将士等乃御柩乃前爾斎主正五位金子有道悲美母白左久天皇乃大御命以弖任給比依給閉留随千万乃軍那里刀母言挙世愛取弖来万之止剣大刀利心起之氐進美向比給閉里之①汝命等乃由久里無久母思乃外那留禍事爾身退給比之波悲之刀母憤之刀母云牟須倍无久為牟須倍无介礼抒汝命等乃御霊添閉婆可海陸乃大御軍戦閉婆捷知攻牟礼婆取里氏大御纛乃向布極美大御艦乃進牟限里靡可奴方无久伏呂波奴方无支乃美爾非受②此頃波之母彼乃敵刀母敵刀憎美恨美之軍艦左閉打破里打沈未奴刀聞介婆汝命等母天翔里国翔里見行之弖少加波思比乃抒給布良牟加久弖今日波母其乃御心乎思比偲比其御功乎仰支畏美奉留賀故爾御葬乃儀乎太仁厳之久美之久修米奉良牟刀親族共及同僚乃人等相謀里弖此乃青山乃仮乃斎場爾御柩乎護送来弖御饌御酒種々乃物共乎捧奉里氏御祭仕奉里又大御使乎始弖内外乃貴顕等見知留人聞識留人爾至留万伝参拝美奉留状乎母天翔国翔留汝御魂等相宇豆那比聞食弖罷坐牟道乃程後軽久恙波受奥津城乃底岩根乃常斯閉爾動久事无久変事无久鎮万里給閉刀悲美母白須(64)

となっている。傍線部①では、聯隊長である須知をはじめ六三五名の思いがけない戦死に対して悲しみと憤りを述べている。また、傍線部②で戦死者にその憎き敵である艦船が今日打破されたことも伝えられた。このほか、葬儀の計画および様子を語り、最後に戦死者が安らかにあるように願われている。

次に、副斎主青戸波江による誄詞が捧げられた。

此乃青山乃練兵場乃真中乎仮乃斎場刀選毘定米氐暫時定米奉留近衛後備六百参拾五名乃将士等乃御柩乃前爾誄詞白左久海行可婆水漬久屍山行可婆草生寸屍刀波大伴佐伯乃祖神乃御訓爾弖遠伎神代乃古語那礼斗母今乃現仁思比思布波汝命等乃御上那里介里曽母汝命等乃常仁御心健久正久　天皇乃御為御国乃為忠爾貞加仁其負持弖留職乃任勤之美励美給閉里之事乃状波

今更爾白左受③今回魯西亜乃国乃無道支行為乎御赫怒坐氏膺給比懲給布刀大御軍興給布大御命乎頂仁戴伎蒙里戦闘乃場爾進美向比給波牟刀常陸丸刀云布大船爾乗立多之宇品乃港乎出発弖筑紫乃海玄海乃沖爾進行伎給比之折之母有礼由久里無伎④敵乃艦乃難爾遇比弖空之久波加無久身退給比之波悲之刀母悲之久憤呂之刀母憤呂之伎極爾那母有留然波有礼斗母汝命等乃御行動波斯有留際爾母乱礼受緩万受浪刀砕久留砲弾乃前爾向比雨斗降来留銃丸乃中爾立弖各母各母其乃職乎堅久守里伊曽波伎務末弖後遂仁今波刀思定米給布時之母御軍乃章乃御旗乎燃立都火中爾燃尽之氏御船刀大海乃底乃伊久利爾隠呂比沈美給閉里之波⑤最毛忌々之久最毛雄々之久急之際爾母軍人乃本分乎誤礼受然留可伎道乎尽之給閉留状波古乃史乃上爾母例無久後世乃亀鑑刀母称閉都可伎御行為爾氏風乃音乃遠音仁聞渡礼留世乃人皆母誰加波慕毘奉良左良牟誰加波仰伎奉良左良牟是乎以氏⑥大御朝廷爾母既久其乃功労乎思召之氏或波官等位階乎陞進米或波勲章年金乎母授介賜比氏広久厚久賞給比治給閉留大御恵波現世爾遺里留礼留親族等母上無支名誉刀恐美忝美奉留乎汝命等波如何爾心足良比爾思保寸良牟阿波礼汝命等也其乃身已曽奥津波往伎上帰良禰高支功芳支名波何時乃世爾母消衣果都可支故上津世乃古語乎母思比偲比氏且々母誄奉留状平介久守介久聞食世刀副斎主青戸波江哀美歎可比都々母白寸（65）

この誄詞では傍線部③において、ロシアの無道な行為に対する膺懲として日露戦争の開戦を位置づけている。将兵の戦死までの状況については、傍線部④において、敵からの砲弾、銃弾による集中的な攻撃のなかでも、混乱なくその職分を果たしており、最期の覚悟を決めて聯隊旗を処分したことを事実と位置づけ、傍線部⑤において、軍人の本分に尽くし戦死したことを、歴史上初めてのことで、後世の手本にもなると高く評価している。須知を初めとする将校の最期については戦死者全員を対象にした誄詞であることから船と運命をともにしたとの描き方になっている。さらに傍線部⑥では、この行為が天皇に報告され、将兵の功労に対して天皇から恩典として官位、勲功、年金を出されたことが述べられ、国民の慈父としての天皇の姿を示すとともに、この恩典を戦死者およびその遺族の名誉としてい

る。次に留守近衛師団長伊瀬知好成の祭文は、

地ヲ相シ日ヲトシ爰ニ清儀浄典ヲ具ヘテ常陸丸殉難近衛後備歩兵第一聯隊長須知中佐以下将士ノ霊ヲ祭ル日露両大帝国ノ間ニ不幸ニシテ砲火相接ス我軍ハ海ニ陸ニ連戦連勝今ヤ旅順ノ運命旦夕ニ迫リ遼陽亦累卵ノ危地ニ在リ上ハ我　天皇陛下ノ御稜威ニ依リ下ハ将士ノ勇烈揚ル我近衛後備歩兵第一聯隊ノ将士亦某地某役ニ於テ偉勲ヲ奏スヘキモノタリキ而カモ其運送船常陸丸ハ明治三十七年六月十五日浦塩ノ敵艦隊我海哨ノ微隙ニ乗シ来襲セシニ会シ聯隊長ハ終ニ其聯隊旗ヲ火シテ終古滅スヘカラサル恨ヲ玄海洋底ニ托シ船ト運命ヲ共ニスル者実ニ六百三十五名嗚呼終天地痛恨ノ極悲惨壮烈鬼神ヲ泣カシムルモノニアラズヤ宜ナル哉将校皆或ハ叙勲ノ栄典ヲ蒙ムルヤ加之彼ノ凶勢ヲ逞フシタル浦塩艦隊ハ終ニ我艦隊ノ撃破スル所トナリ殆ント塵滅セラレタリ英霊ヲ以テ瞑スヘキナリ聊カ茲ニ清儀ヲ供ヘ浄典ヲ具ス英霊ソレ諸レヲ享ケヨ(66)

日露戦争の状況を陸海軍とも優位に戦いを進めているとし、旅順も攻略が近く(67)、遼陽も大規模な戦闘が近いとの見通しを述べている(68)。将兵の戦死については悲惨なものと位置づけている。戦死者に対しては誄詞と同様に叙勲の栄典が与えられたことが語られた。また、八月一四日の蔚山沖海戦によるウラジオ艦隊の撃破をもって戦死者が安心して眠れるとしており、日本海軍が戦死者の仇をとったことも伝えていた。伊瀬知の祭文は、死者を悼むほかに会葬者に向けて日本の軍隊の活躍を伝えるものとなっているといえよう。

伊瀬地の祭文の後に読まれた、千家東京府知事、尾崎東京市長の弔詞の内容は、千家の弔詞が、

近衛後備歩兵聯隊第一聯隊ハ征露ノ途次明治三十七年六月十五日玄海灘ニ於テ敵艦隊ノ奇襲ニ遭ヒ陸軍歩兵中佐須知源次郎君以下将校同相当官准士官下士兵卒六百三十五名陣没セラレタルハ実ニ痛恨哀悼ノ情ニ堪サル所ナリ然レトモ諸君カ其職ニ殉シタルノ壮烈ハ真ニ帝国軍人ノ本領ヲ発揮シタルモノニシテ其芳名ハ長ク朽チザルヘシ

茲ニ葬儀ニ列シ恭ク弔辞ヲ呈ス(69)

尾崎の弔詞が、

近衛後備歩兵第一聯隊長須知中佐以下六百三十五名ノ将士カ運送船常陸丸ニ乗シテ戦地ニ航行セラルヽニ当リ玄海洋上偶々露国浦塩艦隊ニ遭遇シ残暴苛虐ナル襲撃ヲ被レルモ克ク其任務ヲ竭シ君国ノ為竟ニ壮烈ナル戦死ヲ遂ゲラレタルハ洵ニ軍人ノ精神ヲ発揮シタルモノニシテ転タ感激追悼ノ情ニ堪ヘス茲ニ恭シク蕪詞ヲ陳ヘ忠死諸君ノ英霊ヲ弔ス(70)

となっている。両者の弔詞は、近衛後備歩兵第一聯隊所在地と一一八名の戦死者を出した地域を代表して述べられたものであった。その内容は、戦死の状況を語り、追悼を述べながら、千家は「帝国軍人ノ本領ヲ発揮」、尾崎は「軍人ノ精神ヲ発揮」と戦死者へ大きな賞賛をしており、追悼と顕彰の両面を持つものとなっていた。これ以外にも各種団体の弔辞が奉呈されている。奉呈された弔辞は、数十編あった(71)。弔辞を出した団体・人物には、神奈川県知事、茨城県知事ら地方公共団体の長、茨城県選出の衆議院議員、赤坂区徴兵慰労義会会長、横浜奨兵義会会長ら軍事援護組織の長がみられる（表1）。これらの弔辞の多くは、左の九条赤坂区徴兵慰労義会会長の弔詞のように、

近衛後備歩兵第一聯隊長須知中佐以下六百三十五名ノ各位ハ征露出陣ノ途次明治三十七年六月十五日玄海灘ニ於テ敵艦ノ襲撃ニ遭ヒ乗船常陸丸沈没ト共ニ勇烈ナル名誉ノ戦死ヲ遂ケラレタルハ当会員ノ感激痛悼ノ情ニ堪ヘサル所トス各位ノ忠武ハ赫々トシテ永ク史乗ニ光彩ヲ放ツベシ精霊亦慰スルニ足ラム茲ニ謹デ弔詞ヲ呈ス(72)

と千家、尾崎の弔詞と同様に戦死者を悼み、顕彰する内容となっている(73)。教派神道・仏教各宗派からも誄詞・弔辞等が出された（表2）。教派神道では、神道各派教師の総代として千家尊弘大社教東京分祠長により誄詞が読み上げられた。この誄詞では

表1　弔辞奉呈者一覧表（『常陸丸殉難始末』掲載）

役職（団体）名	氏名	備　考
神奈川県知事	周布公平	従三位勲三等
茨城県知事	寺原長輝	正四位勲三等
東京府豊多摩郡長	丸山良香	正七位勲六等
東京市赤坂区長	近藤正利	
東京市麹町区会議長	高山権次郎	
衆議院議員	根本正	茨城県選出
赤坂区徴兵慰労義会長	九条道孝	従一位大勲位公爵
横浜奨兵義会会長	大谷嘉兵衛	勲四等
麹町区公民会恤兵部		
千駄ヶ谷慰兵会総裁	村井長寛	千駄ヶ谷慰兵会会長と連名の弔詞
千駄ヶ谷慰兵会会長	井田忠信	千駄ヶ谷慰兵会総裁と連名の弔詞
日本橋薬研堀町有志奨励会		
東京市内取扱人協議会会長	平原金之助	
青年国民党総代	高橋秀臣	

吾天皇乃宇頭乃大御慮爾東洋乃国々乃交乎遠永久平良爾安良爾在良志米牟刀深久博久所念計良志弖事執留大臣等以弖魯西亜爾示志議良志米給比之事年月乎歴志母彼国波左爾右爾強言設気弖欲伎随奈留行為乃美有礼波今波刀所念定米弖天下爾宣碁知給比之大詔乃随々海陸乃皇軍波海爾陸爾弥進美爾進美弥建備爾建備都々攻礼波勝知戦敝婆捷知(74)

とまず東洋の平和のためにロシアと交渉してきたが、ロシアがそれを受け入れなかったことに求めている。これは、開戦の詔勅に沿った解釈となっている。さらに戦争の現状に関しては開戦以来陸軍海軍が戦い勝ち進んでいるとしていた。戦死した将兵に関しては、

曽母汝命等乃今回乃災然婆加里甚母急那里志事乃中爾志弖皆良久其任乃務乎全久志弖軍人乃名爾慚受在里志中爾母其聯隊乃長刀在里志汝須知中佐賀恐久母天皇乃授気賜比志大御旗乎敵乃手爾与敝自刀速気久自裂伎弖火爾焼伎志波今波乃際麻伝良久其任務乎過多受時爾臨美弖賢久敏加里志伊美自伎行為刀人皆賞称敝弖在里(75)

と将兵が厳しい状況のなかで任務を全うしたことを語り、特に須知中佐が聯隊旗を敵の手に渡らない様に処分したことを賞賛

表2　教派神道・仏教各派弔辞奉呈一覧表（『常陸丸殉難始末』掲載）

宗派・役職	氏　名	備　考
金光教教師総代・中教正	畑徳三郎	
神理教東京出張所長・権少教正	土田道一	
新潟県北蒲原郡菅谷村神宮宗教各派合同会幹事	中村常一	我孫子亮恩と連名の吊詞
新潟県北蒲原郡菅谷村神宮宗教各派合同会幹事	我孫子亮恩	中村常一と連名の吊詞
曹洞宗大本山永平寺貫首・曹洞宗前管長	森田悟由	西有穆山と連名の吊詞
曹洞宗大本山総持寺貫首・曹洞宗管長	西有穆山	森田悟由と連名の吊詞
臨済宗建長寺・円覚寺管長	釈宗演	臨済宗各派導師の吊詞を奉呈
真宗本願寺派	島地黙雷	
浅草本願寺輪番・真宗大谷派管長代理	大草慧実	
日蓮宗長大僧正	久保田日亀	
新義真言宗豊山派管長・大司教大僧正	権田雷斧	
新義真言宗智山派管長・大僧正	瑜伽教如	
真言宗古義各派寺院住職等		
浄土宗管長・知恩院門跡・大僧正	山下現有	
本門宗管長福田日開代理・僧都	丹治日梁	
本門法華宗総代清雄寺住職	御牧現随	
時宗総代	安藤善浄	
東京市天台宗寺院総代・世尊院僧正	円潤	
真宗高田派専修寺東京末寺総代	若桜木清譲	
顕本法華宗東京寺院総代・品川本光現董・僧都	今成乾随	

した。このほか教派神道各派からの吊詞などは、金光教教師総代、神理教東京出張所長により奉呈されている。仏教各宗派が奉呈した弔辞は、宗派の代表により出されているものが多い。たとえば、浄土宗は管長山下現有により弔辞が奉呈されている。

陸軍歩兵中佐須知源次郎君以下六百三十五人常陸丸ニ搭シテ征途ニ上リ玄海洋ニ到ル偶煙濛々四辺ヲ鎖シ突如敵艦ノ砲撃ニ遇フテ白烟騰リ狂瀾拍チ船体ニ没セントス勇敢ノ士ト雖モ施ス所ナク切歯痛恨髪型チ背裂ク而モ一人ノ生ヲ欲スル者ナク唯武ヲ瀆サンコトヲ虞ル乃チ中佐粛然軍旗ヲ奉シ秘書ヲ収メ之ヲ火シテ自刃ス衆之ニ倣フ伏屍丘ヲ築キ鮮血ヲ潮ヲ染メ凄惨ノ

状言フ可ラス是レ実ニ明治三十七年六月十五日ナリ嗚呼勇猛卒壮志ヲ抱テ中道奇禍ニ逢フ而カモ唯義ニ伏リ忠ヲ擢テ従容君国ニ殉シ以テ将士千秋ノ範ヲ垂ル其壮烈鬼神モ亦感泣ス可シ今ヤ鳥港ノ敵艦殆ント珍滅ノ報ニ接ス聊カ諸氏ノ霊ヲ慰スルニ足ランカ茲ニ近衛師団ハ本日ヲトシ荘厳ノ盛儀ヲ挙ケテ諸氏ノ英霊ヲ祀ル本宗僧侶参列シ慇懃焚香回顧ス尚クハ斯ノ功勲ニ因リ速ニ浄域ニ入リテ無生忍ヲ獲ラレンコトヲ(76)

とここまでみてきた弔辞同様に将兵の戦死の状況を述べるが、将兵の最期については須知中佐が軍隊旗、部隊携行の文書を処分してから自刃をしたと描いている。また、須知にならい自刃した将兵がいたとする。須知の自刃は、田村工兵中佐により須知中佐の割腹を含めた情報が陸軍にもたらされ、それを新聞が伝えていたため、ここに盛り込まれたものと考えられる。(77)ウラジオ艦隊との海戦の勝利についても八月一五日付新聞などで伝えられていた。(78)この弔辞の最後にある僧侶の参列ついては、『浄土教報』によると「第一教務所長樋口便孝氏以下三十名参列読経」したとなっており、仏教各派の弔辞奉呈後の読経に浄土宗から参加者がいたことが確認できる。(79)

本節の最後に戦死者の遺骨を埋葬した墓について確認する。墓は、前節でみたように、石材商鍋島彦三郎の設計、建設によるものである。六三五名の遺骨を収納する合葬墓となった当墓の唐櫃は深さ六尺五寸（約一・九七メートル）、幅五尺（約一・五二メートル）、縦巾七尺（約二・一二メートル）で周囲に伊豆産上質青石の尺三石（約九一センチ）を積み上げ、底石に伊豆江間産青石敷き詰め、底の防水対策としてセメントを周囲に詰め、その外部厚さ二尺（約六一センチ）のコンクリートで前後左右四方を囲む形状をとり、上部は蓋石を設置した。唐櫃の内部は、正面に聯隊長須知中佐と将校二二名の骨壺を安置する棚が設けられ、左右面には八段の棚が設けられ二八八名分、後面に設けられた四段の棚に二八八名分の骨壺がそれぞれ安置され、さらに左右後方の上段に三六名分の骨壺を安置している。墓碑は、下段石、中段石、上段石、墓標石の四段構造となり、最上段の墓標石に山県参謀総長揮毫の墓碑銘が彫刻されている。墓碑に用いられた石材は、近衛後備歩兵第一聯隊の戦死者に茨城県出身者が多かったことから、茨城県稲田町産出の花崗岩が用いられた。墓の飾りは、墓正面に設けられた花立てを水筒型、水鉢を飯盒型に、墓地の周囲を囲む鎖の柱石を砲弾型するなど、戦死者の合葬墓ということを意識した装飾が施されていた。墓碑の前方には鍋島彦三郎、冷水金十郎からの寄付により鳥居が建てられている。また、伊瀬知留守近衛師団長撰文、佐久間陸軍大将の篆額揮毫の常陸丸殉難者碑も建設された。(80)

おわりに

本稿では、日露戦争下の戦死者慰霊の一例として、常陸丸事件における近衛後備第一聯隊戦死者合葬を跡づけてきた。最後に、同時期の戦死者葬儀のあり方と比較し近衛後備第一聯隊戦死者合葬の特色をみるとともに、本稿で触れられなかった課題について記す。

同時期の戦死者遺骨の取扱いについては、明治三〇年陸軍省令第二二号「陸軍埋葬規則」(81)、明治三十七年陸達一〇〇号「戦場掃除及戦死者埋葬規則」(82)により定められていた。特に遺骨の還送に関しては「戦場掃除及戦死者埋葬規則」の第九条および第十条に、

第九条　帝国軍隊所属者死体ハ各別ニ火葬シ其ノ遺骨ヲ内地ニ還送スヘシ
但シ場合ニ依リ遺髪ヲ還送シ遺骨ハ之ヲ戦場ニ仮葬スルコトヲ得
前項ノ場合ニ於テ下士兵卒等ニ在リテハ事情ノ許ササルトキハ遺髪ヲ還送シ取纏メ火葬ヲスルコトヲ得
第十条　前条還送ノ遺骨若シハ遺髪ハ陸軍埋葬規則第六条ニ基キ内地ノ陸軍埋葬地ニ葬ルヲ例トス　但シ遺族ヨリ其ノ引受ヲ願フトキハ之ヲ許スコトヲ得

　前条仮葬ノ遺骨モ他日之ヲ内地ノ陸軍埋葬地ニ改葬スヘキモノトス[83]

と火葬した遺骨を還送し、陸軍埋葬地に埋葬又は遺族に下付するとされていた。[84]しかしながら常陸丸事件の近衛後備第一聯隊戦死者は、常陸丸事件発生の状況から遺体回収が進まず、発生から一〇日後の六月二六日の時点で六三五人の戦死者に対して、二六人の遺体回収にとどまり、その遺体回収率は約四・一%のみとなっていた。このため、陸軍は遺骨を遺族に還送できない事態に直面していた。当然「戦場掃除及戦死者埋葬規則」の第九条および第十条は適応することができないため、遺骨還送後に葬儀・埋葬を行う留守近衛師団では、第二節第一項でみたように「葬儀計画書」第五項で骨壺に納めるものとして遺骨・遺髪以外に写真と名札をあげ、遺骨・遺髪・写真がない場合であっても名札のみ納めることを可としている。従来、陸軍として遺骨が還送できないため、遺骨を他のモノで読み替えることは、太平洋戦争のガダルカナル戦以降の遺骨還送のままならない状況下で英霊が宿ったとする砂、霊爾を遺骨と読み替え遺族に届けるなど太平洋戦争の時期のみのこととして捉えられることが多いが、[85]師団レベルではここでみたように日露戦争下でも行われていたことが確認できる。

　葬儀に関しては、「葬儀計画書」第一項に葬儀を遺族が個別に行うことを妨げないとしている。実際に遺族の個別葬儀は、合同葬儀以前以後とも行われており、[86]合葬と個別葬が多重に実施されている。遺骨がないため「戦場掃除及戦死者埋葬規則」第十条の但書にある遺骨の遺族への下付とは関係なく葬儀を多重に行うことが可能であったようにもみえるが、遺体の収容された軍曹に関しても個別葬の実施が確認でき、分骨による葬儀の多重化が日露戦時下にても発生していたことが推察できよう。

　葬儀を経て行われた埋葬は、合葬墓への埋葬との形をとった。日露戦争期においては原則として還送された遺骨は陸軍墓地に個人墓を設け埋葬されることになっていたが、日露戦後に還送されてきた遺骨数の増大に対応して遺骨の合葬が第四師団から求められることがあり陸軍省はこれを許可したとされる。[87] 常陸丸事件の近衛後備歩兵第一聯隊戦死者数は、第四師団の戦死者数と比べ少ないものであるが、合葬という手段が日露戦争下の留守師団においても許可されている点が注目される。

このように、常陸丸事件における近衛後備第一聯隊戦死者合葬は、日露戦争下に適応されるべき陸軍による公葬のあり方が、常陸丸事件という個別状況に規定されるなか、日露戦争後から太平洋戦争下の陸軍による遺骨の取扱い、慰霊のあり方の先駆として位置づけられる。

現在の戦死者慰霊研究では、それぞれの慰霊の関係性について問う研究が行われている。[88] しかしながら、本稿では常陸丸の戦死者慰霊に関して陸軍による公葬としての近衛後備第一聯隊戦死者合葬のみを跡づけてきたため、常陸丸事件に関する他の慰霊については触れる機会がなかった。このため、個別葬儀・埋葬、靖国神社合祀などが今後の検討の課題となる。また、常陸丸事件の戦死者には、第一〇師団第三糧食縦列、監督担当海軍軍人四名、乗員一四八名(外国人三名含む)も存在する。特に乗員については、外国人が含まれるため、いわゆる「靖国神社外国人合祀問題」[88]がおこるなど、戦死者の慰霊について注目される事柄があるため特に今後の課題としたい。

注

(1) 小林健三・照沼好文『招魂社成立史の研究』(錦正社、一九六九年)、村上重良『国家神道』(岩波書店、一九七〇年)など。白川哲夫はこれらの研究の背景に「明治百年」「建国記念日」制定などの政治的・イデオロギー的論争が背景にあったことを指摘している(白川哲夫『「戦没者慰霊」と近代日本—殉難者と護国神社の成立史—』勉誠出版、二〇一五年、一二頁)。

(2) 大原康男『忠魂碑の研究』(暁書房、一九八四年)、籠谷次郎「市町村の忠魂碑・忠霊塔について—靖国問題によせて—」(『歴史評論』二九二、一九七四年)など。

(3) 村上重良『慰霊と招魂—靖国の思想—』(岩波書店、一九七四年)。

(4)　大江志乃夫『靖国神社』(岩波書店、一九八四年)。

(5)　陸軍墓地、忠霊塔のような戦死者慰霊施設に関わる研究や仏教各宗派の慰霊、公葬、家における戦死者慰霊など。

(6)　吉田裕『現代歴史学と軍事史研究』(校倉書房、二〇一二年)一四七頁。

(7)　当該期の慰霊研究については、藤田大誠「日本における慰霊・追悼・顕彰研究の現状と課題」(國學院大學研究開発推進センター編『慰霊と顕彰の間—近現代日本の戦死者観をめぐって—』錦正社、二〇〇八年)を参照のこと。

(8)　籠谷次郎「戦死者の葬儀と市町村—町村葬の推移についての考察—」(『歴史評論』六二八、二〇〇二年)。

(9)　籠谷次郎「戦死者葬儀の時代変化—京都府久世郡宇治町の事例—」(『社会科学』七六、二〇〇六年)。

(10)　荒川章二「兵士が死んだ時—戦死者公葬の形成—」(『国立歴史民俗博物館研究年報』一四七、二〇〇八年)。

(11)　小幡尚「高知県における日露戦争戦没者慰霊」(高知大学人文学部「臨海地域における戦争と海洋政策の比較研究」研究班編『臨海地域における戦争・交流・海洋政策』リーブル出版、二〇一一年)。

(12)　白川哲夫「地域における近代日本の「戦没者慰霊」行事—招魂祭と戦死者葬儀の比較研究—」(『史林』八七—六、二〇〇四年、後に白川前掲注(1)書)に所収。

(13)　日露戦争期の戦死者の葬儀・埋葬を整理すると、戦死者の遺体が回収され現地の部隊による火葬および現地部隊葬が行われる。遺骨(遺留品)は内地部隊に帰還後、部隊による公葬・地域公葬・家による葬などの葬儀を経て、陸軍墓地・地域の共同墓地・家墓などに埋葬される。

(14)　常陸丸事件に関する研究などを整理すると、戦史研究としては、日露戦後に海軍軍令部編纂の『極秘明治三十七、八年海戦史』の「第一部　戦記　第四篇　浦塩斯徳港ノ敵艦隊ニ対スル作戦　第六章　浦塩斯徳艦隊の朝鮮海峡出現　第二節　佐渡丸、常陸丸、和泉丸遭難大要」、海軍軍令部編『明治卅七八年海戦史』第二巻(春陽堂、一九一〇年)の「第三篇　浦塩斯徳ノ露国艦隊ニ対スル作戦　第二章　第二艦隊ノ浦塩方面第一次出動」が出された。これら海軍内での研究が現在まで研究の到達点としてその後の研究にも広く参照されている。ロシア側からみた常陸丸事件の研究としては、常陸丸事件を含むロシアウラジオ艦隊の通商破壊戦および海戦を描く論文、V・L・アガーポフ「露日戦争におけるウラジオ巡洋艦船隊の作戦」(『軍事史学』四一—一・二合併号、二〇〇五年)などがあげられる。戦史研究以外の軍事史では大江志乃夫が、それまでの軍事史研究が、黒羽清隆や大濱徹也の研究を除けば、戦史研究や政軍関係史研究に偏りがあったなか、民衆史の視点から軍隊と地域・民衆の関係性に明らかにした『戦争と民衆の社会史』（現代史出版、一九七九年）において、常陸丸に乗船して戦死者が出たことによる茨城県勝田市地域（現ひたちなか市）への影響および戦死者遺族の苦難を描いている。しかしながら、常陸丸戦死者の地域での慰霊のあり方については触れていない。軍事史を離れると石川一郎「二度も撃沈された悲運の常陸丸（その3）」（『TECHNO MARINE』八五四、二〇〇〇年）がある。これは『TECHNO MARINE』に五回に渡り連載されたもので、常陸丸の建造から常陸丸事件での沈没、同名船の造船から武装商船として第一次世界大戦中に地中海で撃沈されるまでを描くもので三回目の連載で常陸丸事件を取り上げている。

(15) 小幡尚「高知朝倉陸軍墓地について—日露戦争期の動向を中心に—」（『人文科学研究』一四、二〇〇七年）。

(16) 飯塚一幸「日清・日露戦争と農村社会」（井口和起編『日清・日露戦争』吉川弘文館、一九九四年）。

(17) 「明治二十四年勅令二百十号陸軍会葬式陸軍表喪式」（『官報』第二五一五号、明治二四年一一月一六日付）。

(18) 近衛歩兵第一聯隊補充大隊『常陸丸殉難始末』（同、一九〇四年）五六頁。

(19) 同右。

(20) 「常陸丸殉難者合同葬儀委員及業務一覧表」（同右書）。

(21) 同右書、五六頁。

(22) 同右。

(23) 「常陸丸殉難者合同葬儀委員及業務一覧表」（同右書）。

(24) 同右書、五七頁。

(25) 同右、五五～五六頁。

(26) 同右、一一〇～一一一頁。

(27) 同右、五七～五八頁。

(28) 同右、五八頁。

(29) 同右。

(30) 同右、六三頁。

(31) 同右、五八頁。

(32) 同右、五八頁～五九頁。

(33) 同右、五九頁～六〇頁。
(34) 同右、六一頁。
(35) 同右、一一三頁。
(36) 「市会議案提出の件　第七五号墓地使用の件　赤坂区青山墓地　遭難船常陸丸墓碑建設」(「明治三七年・庶務課文書・第一種・市会・普通議按・全九冊の五」所収、東京都公文書館所蔵)。
(37) 同右。
(38) 「墓地使用願」(前掲注(18)『常陸丸殉難始末』一〇八頁)。
(39) 「墓地使用の件修正決議の旨市会議長より報告に付一覧」(「明治三七年・庶務課文書・第一種・市会・普通議按・全九冊の五」所収、東京都公文書館所蔵)。
(40) 前掲注(18)『常陸丸殉難始末』一一〇頁。
(41) 同右、一一一頁～一一二頁。
(42) 同右。
(43) 同右、六一頁。
(44) 「明治二十七年勅令一三三号陸軍戦時給与規則」(『法令全書』明治二七年第二巻、二九五～二九八頁、国立国会図書館デジタルコレクション)。
(45) 「明治二十七年陸達九三号陸軍戦時給与規則細則」(『法令全書』明治二七年第三巻、五二七～五三二頁、国立国会図書館デジタルコレクション)。
(46) 前掲注(18)『常陸丸殉難始末』六一頁。
(47) 「決算報告」(同右書)。
(48) 同右書、六〇・七一頁。
(49) 同右、六一頁。
(50) 同右、六三・六七頁。
(51) 同右、六三～六四・六七頁。

(52) 同右、六一頁。
(53) 同右、六四・六七頁
(54) 同右、六〇頁。
(55) 三条実美の明治二四年(一八九一)の国葬では、儀仗兵だけでも近衛歩兵第一聯隊・近衛騎兵の二小隊・近衛砲兵の一中隊が派遣されており(宮間純一『国葬の成立―明治国家と「功臣」の死―』勉誠出版、二〇一五年、一八四頁)、このような国葬の葬列に規模としてはおよばないものの、日露戦争期の東京で行われた戦死者・戦病死者葬送では最大規模のものであった。
(56) 「常陸丸殉難将士合同葬儀雑感」(『東京朝日新聞』明治三七年八月二一日付)。
(57) 前掲注(18)『常陸丸殉難始末』六八頁。
(58) 同右、六五・六八頁。
(59) 同右、六九頁。
(60) 前掲注(56)「常陸丸殉難将士合同葬儀雑感」。
(61) 「常陸丸戦死者葬義」(『読売新聞』明治三七年八月二一日付)。
(62) この追弔会ついては、「葬儀規定」にも実施の案内が記されていた。
(63) 前掲注(18)『常陸丸殉難始末』七一~七二頁。
(64) 同右、七五頁。
(65) 同右、七五~七六頁。
(66) 同右、七八頁。
(67) 旅順は陸軍の計画では、八月末までの占領を計画しており、八月一九日から第一回の総攻撃を行っていた。しかしながら攻撃は失敗し、八月二四日に撤退した。その後も二度の総攻撃の失敗、二〇三高地の占領などを経て、翌年一月にステッセル将軍が降伏するまで旅順の占領はならなかった。
(68) 遼陽での戦いは、八月二六日から戦闘が開始された。
(69) 前掲注(18)『常陸丸殉難始末』七九頁。
(70) 同右、七九~八〇頁。

(71)　同右、六八頁。
(72)　同右、八二頁。
(73)　そのなかには弔詞中に「此難ニ殉スルモノ吾茨城県人ニシテ二百六十余名ノ多キヲ占ム長輝任ニ茨城県ニ在ルヲ以テ諸君ニ対シ特ニ戚々焉タルモノアリ」と茨城県人の戦死者を讃える文言を入れる茨城県知事寺原長輝など、戦死者を悼み、顕彰する内容の重点がそれぞれ弔詞奉呈者により違う。
(74)　前掲注(18)『常陸丸殉難始末』八三頁。
(75)　同右、八三〜八四頁。
(76)　同右、九七頁。
(77)　このほか、東京市天台宗総代からの弔辞では「六百ノ将士張臂瞋目一斉ニ自刃シテ其終ヲ全フセリト」となっており、軍隊が把握した戦死状況の事実から、戦死者を顕彰する方向へ戦死状況の物語が作り始められた様子がうかがえる。
(78)　「浦潮敵艦撃沈」(『東京朝日新聞』明治三七年八月一五日付)。
(79)　「常陸丸戦死者葬義」(『浄土教報』明治三七年八月二八日付)。
(80)　前掲注(18)『常陸丸殉難始末』一一二〜一一七頁。
(81)　原田敬一「陸海軍墓地制度史」(『国立歴史民俗博物館研究報告』一〇二、二〇〇三年)。
(82)　同右。
(83)　同右。
(84)　ただし、原田敬一が指摘するように大量の戦死者が出ている状況のなかでは規則の通りの遺骨の帰還は困難であったとされる(同右論文)。また、小幡尚も日露戦争下の歩兵第四四聯隊戦死者中陸軍墓地の個人墓被葬者には、遺骨が帰還していない者がいることを指摘している(小幡前掲注(15)論文)。
(85)　浜井和史「「英霊の凱旋」から「空の遺骨箱」へ—遺骨帰還をめぐる記憶の形成—」(『軍事史学』五一—二、二〇一五年)。波平恵美子「兵士の「遺体」と兵士の「遺霊」」(『国立歴史民俗博物館研究報告』一〇二、二〇〇三年)。
(86)　たとえば、明治三七年八月一一日執行の陸軍輜重輸卒の葬儀、八月二八日執行の陸軍歩兵少尉の葬儀、一〇月一五日執行の陸軍歩兵一等卒の葬儀など(『第四種　特別編纂文書・臨時・日露戦役・第一巻』東京都公文書館所蔵)。

(87) 原田前掲注(81)論文。

(88) 白川前掲注(1)書など。

(89) 「靖国神社外国人合祀問題」とは明治三九年四月に陸軍大臣寺内正毅・海軍大臣斎藤実より宮内大臣田中光顕に、常陸丸外国人船員靖国特別合祀の上奏が出された。その後、合祀に関して、伊藤博文、山県有朋、大山巌、松方正義に諮詢が行われ、最終的に先例から合祀の裁可を出さないことに決定されたことを指す。

近代日本の戦争と従軍僧

――従軍僧の自己認識と発信を中心に――

山崎拓馬

はじめに

明治二七年（一八九四）、近代国家として、日本は初めて本格的な対外戦争である日清戦争を経験する。それを契機に、日本は第二次世界大戦の終結まで、連続する戦争の時代にあった。

当然、日本の社会は、それら戦争の影響を大きく受けたであろう。しかし、理念として人間が互いに命を奪い合う争いから離れることを理想とし、また、社会に対しても一定程度は超然としていることが求められる仏教はどうであったのか。

こうした戦争と宗教の関係をテーマとし、その一端を明らかにするため、戦争の場に存在した従軍僧を考察する。

斉藤栄三郎は、日清戦争について「仏教と国家機構との結合を固める大きな契機となった」となったことを指摘する。そして「仏教イデオロギーがいかに戦争に対して肯定的な立場を取り得るかを露呈したのである」とする(1)。

仏教が国家機構との強固な結びつきを希求する背景にあったものは、廃仏毀釈である。小室裕充は「仏教は、政治的にも、経済的にも、変革させられるとともに、信教の自由も奪われることになった」(2)とし、当時の仏教が苛烈な状態に置かれていたことを示している。そして、その対応策として、仏教界は「仏教国益論」の展開といった政府に寄り添う方向へ進んだことを指摘している。仏教界は当初から近代国家に対し、いかに対応していくかという問題を内包していた。

このように、明治初期の危機に際して、仏教界は国家との関係を重視していくことになった。そうした基本方針のもと、仏教界から派遣された従軍僧はいかなる存在であったのか。

野田秀雄は、「出家が軍隊と行動をともにすること自体が最大の慰問であったことを、本稿は明らかにしている。しかしながらこの本来の純粋な姿が次第にうすれ、以後一種の惰性となって国家主義思想と結合し、ついには対外侵略戦争を精神的に助長する役割を担っていった事実を、われわれは率直に認めざるを得ないであろう」(3)として、初期の従軍僧を敵味方の区別なく平等に接する「怨親平等の仏教思想を主とした人間愛に満ちた精神」(4)を持つ存在と、ある種の人道主義的側面について評価したうえで、その性格は日清戦争以後、徐々に侵略戦争を支えるものへと変容したことを指摘する。

吉田久一は様々な宗派について言及し、野田秀雄と同様に日清戦争における従軍僧は怨親平等の精神が生きていたと指摘している。そして、その精神の底流にあったのは義戦意識であったとしている。(5)

小川原正道は、こうした従軍僧像について「仏教者にとっての戦場は、国家への貢献という一色に塗りつぶされる空間ではなかった」としている。(6)斉藤栄三郎が指摘する国家との結びつきは「契機」であり、日清戦争段階で完成したものではないという評価である。

菱木政晴は国家との結びつきを強め、積極的に戦争を支える従軍僧像に言及している。従軍布教について、従軍僧が「敵陣に、一番早く到達して日の丸を揚げた」、「本願寺派二三世の大谷光照は、将校としての軍籍を持ったままで、「南京アトロシティーズ」の真只中の慰問を行っている」といった事例などから「従軍布教は、軍事侵略の援助というだけでなく、ストレートに軍事行為であったと言えまいか」としている。(7)

このように従軍僧は、特に初期において人間愛や義戦意識といった精神に支えられて活動していたとする評価と、それが徐々に日本の海外進出を助長する存在になっていったとする評価がある。

これらの先行研究における評価には、平和を説く宗教が国家と一体になり、戦争協力に邁進したことへの反省といった視点に立脚する流れが存在する。したがって従軍僧の研究は、どのように戦争を支えたかという視点から、その活動が明らかにされる。しかし、それはすなわち現代の価値観に立って、過去をのぞき込む行為といえる。

では、従軍僧自身の視点はどこにあったのか。彼らはなにをみて、何者になろうとしていたのか。あるいは何者であることを求められたのか。

従軍僧の意義づけ、総括は重要である。しかし、従軍僧の総括のためには「戦後側」で出した結論に沿って従軍僧を精査するだけではなく、当時の従軍僧がどこに向かおうと考えていたのかを追う必要性がある。

戦後的思考から追う活動実態に対して、本論ではあえて実態を度外視した戦前の従軍僧の視点を明らかにすることを課題として検討したい。

なお、対象とする時期については、従軍僧が誕生した日清戦争期、その従軍僧に変化がみられた日露戦争期、そして、そうした変化が最終的にどのようなものになっていたのか、末期の姿を検討する材料として日中戦争期の三つの時代を中心に考察する。

一　日清戦争と従軍僧

1　仏教界の情勢

先行研究で示されているように、仏教界は廃仏毀釈を契機に、その対応策として国家機構との結合を指向する。しかし、廃仏毀釈から一定程度の時間が経過した、日清戦争開戦前の仏教界が置かれた状況は、いかなるものだったのか。

明治二五年（一八九二）五月五日付『明教新誌』には、「西洋人の国内に散在するや、彼等ハ自己の信ずる所の耶蘇教を以て宇宙の真理とし、自余の宗教を以て異端なり邪説なりとなす」と、キリスト教の伸長への警戒感がみてとれる記事が掲載される。

こうした警戒感が醸成さる理由は内地雑居にある。一般の新聞においても、内地雑居は日本国内への外国人の流入増加を招く重大な案件として取り上げられていた。『明教新誌』では、そうした外国人流入は、「仏教と耶蘇教の相争ふの結果は、遂に仏教の敗北に帰せさるの勢あることを論せられたるは実に吾仏教徒の為め一大警鐘を打ちしものと云うも過言にあらざるなり」(8)としており、日本の仏教の地位が依然として盤石でないことを示している。

では、廃仏毀釈への対応策として打ち出された、国家との結合についてはどうか。日清戦争開戦前、日清共同での朝鮮内政改革案が外交のテーブルにのる。『明教新誌』では、この改革案について、「大鳥公使の手を経て提出せられたる革新策、未だ吾人の意を満たすに足らずと雖、政治家の措置としては、大要此の如きならんのみ、されど、吾人は彼等が枝を切り、葉を去るの中に、漠然其の根本を究めて一大革新の策を講せざるべからず、何をか根本的革新策という、他なし、朝鮮布教即ちこれなり」(9)と、仏教の有用性をアピールする論評が掲載される。

このように仏教の地盤は不安定なものであるとの認識から、国家との結びつきを強める動きが、この段階においても求められていた。もちろん、全国的な対清対決ムードの高まりとともに、そうした社会情勢に同調して国家を支えるという意見表明の性格もあるだろう。しかし、仏教の有用性アピールを含むという点から、それが社会の雰囲気にのまれただけの単純な国家主義ではないと理解できる。

仏教教義においても、「仏陀慈仁の教化は決して戦争を好むものにあらず、寧ろ平和を喜ぶものなり、然も降魔の利剣は八万四千の煩悩を断離して余燼なからしむるが如く、一旦緩急あらば、戦争も亦た決して辞するところにあらず、況んや仏法の希望たる平和を阻害し安寧を妨ぐるの徒あるに於ては、一蹴直に彼を倒し、彼をして仏陀無限の光明に浴し、昨の非なるを悟りて今の是なるを知らしめざるべからず」(10)と、戦争は避けるものでなく、必要な行為とされた。

論調の高まりとともに、仏教界は国家への支援体制を整えていく。真言宗は「御願円満の祈念を凝らし外には恤兵の義挙を奨励し忠誠国に酬ゆるの実を表すべし」とし、臨済宗では「広く檀信徒に慫慂して外征軍隊の国家に重責ある所以を開示し内は以て軍隊の健康と国威の宣揚とを祈願し外は以て応分の金品を寄贈せしめ以て吾が軍隊櫛風沐雨の艱苦を慰諭するに勉めんことを」とし、曹洞宗では「一　住職前住職徒弟に論なく各々恤兵の主旨に依り分に応じ軍需品を寄贈し且つ檀中信徒を勧導して共に之を寄贈せしめ報国の志気を表彰すべし」「一　曹洞宗務局は前項寄贈の利便を図り其手続を取扱ふべきに付寄贈者は物品の代金を管轄宗務支局に納付して曹洞宗務局に進達を請ふべし曹洞宗務局は該代金を取纏め相当の物品を調達し直ちに寄贈の手続を為すべし」(11)と、献納金・寄贈品の勧募を呼びかけている。

こうして「国家機構との結合」という方針に沿った活動の体制が構築される。従軍僧の派遣は、それらを前提に、その一環として模索されていくことになる。

2　従軍僧の制度と活動

明治二七年七月三〇日付の『明教新誌』に「大谷光尊師は恤兵部へ清酒五十石の寄贈を出願せし上に、更に陣中名号数千幅を製し、該本山巡教使加藤恵証師を韓地へ特派せしむることとなれり。当時出兵の五六（マヽ）師団兵士は殆んど西本願寺の門徒にして、又京仁釜山の在留民も十分の七は本邦にて西門徒の者なれば、斯る時こそ安心立命の法義を説き聞しめ、王法為本の本文を尽さしめんと云法主の注意に出しものなりと云。又加藤師は昨年西比利亜より帰途普く朝鮮八道の内地を跋渉せし僧にして、特に演説説教の大家なれば各兵士に向ひ天幕布教を試むる決心なりとぞ。師は日本赤十字社にても特別社員に推薦せられおる人なり。大島混成旅団長へ宛たる広島師団長の添書を以て本月廿六日宇品出発の由」とある。これは本願寺派僧侶加藤恵証が、師団長の野津道貫中将から従軍許可を得たことを示す記事である。正式な宣戦布告は八月一日なので、それ以前に従軍僧の派遣を決定したことになる。

他の宗派も続々と従軍僧を派遣している。浄土宗については、「外征慰問正使荻原雲台師並に同副使岩井智海師は、去十五日付を以て従軍許可の特許証及川上陸軍中将より各部司令官団隊長兵站監に宛たる依頼書を下渡され、尋て直ちに乗船命令あるへきの処、何分荷物の運ひ思はしからさりし為め、大本営副官部に於ても一両日乗船命令見合せられしものなりしと。然るに愈々本月廿二日に至り廿三日に御用船乗込みの命令ありたりと」(12)とあり、ここでは従軍許可に参謀次長の川上操六が関わっている。

日蓮宗については、「九月廿日仁川兵站本部へ出願し塩谷少将に面会の上従軍を請ひしに、直ちに許可せられしかば、翌廿一日京城行を見合はせて平壌の戦地へ向ひ御用船某号にて出発被致候[13]」とあり、国内ではなく朝鮮において従軍許可を得ている。また、出願先も現地の兵站本部である。

野田秀雄は大本営参謀総長熾仁親王の従軍許可が出た一二月を正式な従軍僧の派遣とみるが、実態はこのように、各々がそれぞれの判断で出願し、それを認可している。

従軍許可の出願先、対応する人間がそれぞれ異なる理由は、制度の未整備が原因である。正式な規定が存在しないため、各宗派、あるいは僧侶が各々の判断で出願先を決めている。そして、許可を出す側もそれぞれの判断で対応した。こうした制度の未整備は、従軍僧が軍の要求で誕生したものではなく、仏教界が先鞭をつける形でできあがったことを示している。この時点で、従軍僧という存在は仏教界が主導するものだった。

次に従軍僧の活動について検討する。真宗本願寺派の従軍僧については、『明教新誌』に「帝国陸軍及在留邦人士を慰問せしむるの命あり[14]」とあり、慰問活動が目的となっている。真宗大谷派については、『宗報』に「慰諭ノ為メ戦闘ノ余暇ニ於テ真俗二諦ノ宗義ヲ説キ死者ノ為ニハ葬儀読経セシメンカ為メ[15]」とあり、慰問と、それを通じた軍隊布教、そして葬儀について記されている。日蓮宗の従軍僧については、『日宗新報』に「本宗を代表し、他日朝鮮国に於ての立脚を定め、一方には軍隊を慰藉し、一方には海外布教の基礎を定むべきを約して大喝采の中に降壇[16]」とあり、軍隊慰問と海外布教について記されている。浄土宗については、「管長猊下は齢八旬の大老をも厭わせ玉わず親ら一宗を代表して内各師団を親化し或いは野戦病院に負傷者病者を慰諭し外万里の波を蹴って犒軍賑慰なし玉わんとの本意あらせらるるも如何せん一宗の教務一身に集まる止むを得ず遠征軍慰問の事を生等に懇々垂命せらる[17]」と、慰問を目的としている。以上から、従軍僧の活動は慰問・葬儀・布教に集約される。

慰問活動とは、法話会・演説会と守札・経本などの配布であった。法話会・演説会の内容について、浄土宗の従軍僧岩井智海は、「抑もまた宗教家たるもの此活機運に乗して、深く四恩の教旨を発揚し、一方には人民をして益々愛国心を涵養せしめ、他方には従軍慰問の事に勤め、軍人の忠勇心を鼓舞し、以て報国の赤誠を表すべきなり」[18]と、兵士の士気向上が目的であるとしている。他の従軍僧も同様の主張をしている。真言宗の従軍僧山県玄浄は、

第八条　説教は軍事勅諭を経とし仏教心理を緯とし軍人の精神を教練す

是れ又た従軍僧論に弁解せしが如し説教の方針に種々あるべしと雖も主眼は之に過ぎず[19]

と、仏教教義とは異なる軍人勅諭を柱の一つとする。「仏教心理」についても、それ単独で存在するわけではなく、軍人勅諭と一つに編み込むものであり、その目的は軍人精神の教練である。こうした慰問関連の文章は、また従軍記全体に占める割合も多い。従軍僧が大いにアピールすべき点と認識していたものと思われる。

海外布教については、現地の調査・報告が従軍僧によってされているものの、全体的に不活発だった。従軍僧山県玄浄は「今や各宗の従軍師二十有余名ありと雖も何れも皇国の軍隊布教の一事に止まりて眼を順民教導の点所所謂宇宙的仏教否興亜的布教の天地に注かさる者なり」[20]と喝破している。このように布教の対象は居留民や兵士にとどまることが多かった。そして、こうした主張をする山県玄浄自身も、清国布教の拠点となる悲田院設立を中途で他の従軍僧に交代せざるをえない状況になる。また、その後任の従軍僧も設立に注力できず、本格的な設立活動を他の僧侶に任せることになった。

次に葬儀であるが、慰問関連の記事と比較すると少ない。『浄土教報』には「時に享年僅かに二十一年七ヶ月、予等は第七連隊の請に依り葬儀を執行し火葬せり。会葬者は第七連隊長成行大佐を始め、戦友諸将校。予等厳粛なる祭式を行ふに際し、戦友捻香の時の如きは氏の不幸を悼み、悲愴感慨暗涙を絞らさるものはなかりし。蓋し第三師団懸軍已来戦地に於て、仏式を以て葬祭を執行せられしは之を以て嚆矢とす《（ママ）》」[21]とある。この従軍記は明治二八年二月七日

の様子を記したものであるが、日清戦争終結が近い時期にあっても、第三師団にとっては初めての仏式葬儀であった。また、初期の従軍僧は前線を避けて移動する場合もあり、戦死者対応が必ずしも万全ではなかった。

慰問に関する記事の多さ、戦場における慰問以外の活動の制限といった理由から、従軍僧が力点を置き、また、最も発信の重点に置いたものが忠君愛国精神涵養を目的とした慰問活動であったと思われる。

なお、日清戦争とは時期がずれるが、明治二九年の第五師団小機動演習、明治三一年の第七回特別大演習と第四師団小機動演習にも従軍僧が存在している。[22]戦死者とも海外布教とも無関係の場に従軍僧が存在するのは、慰問活動を目的とする以外にない。そうした点からも、彼らが重視していたのが慰問活動であったことが理解できる。

二　日露戦争と従軍僧

1　大日本宗教家大会と従軍僧の活動

大日本宗教家大会は明治三七年（一九〇四）五月一六日に開催され、仏教各宗派に加えて神道、キリスト教の代表が集まり日露戦争に関する意見が交わされた。その目的は、大会で可決された宣言書の「日露ノ交戦ハ日本帝国ノ安全ト東洋永遠ノ平和トヲ画リ世界ノ文明正義人道ノ為ニ起レルモノニシテ毫モ宗教ノ別人種ノ同異ニ関スル所ナシ[23]」に端的に表れている。

キリスト教の代表として出席した小崎弘道はロシアを「門戸閉塞主義」、「専制国」、「信仰の自由を許さず」とし、一方で日本を「開放主義」、「立憲国」、「信教の自由を許す」とした。宣教師インブリーも日露戦争を文明と野蛮の戦いと断じた。さらに仏教学者の大内青巒は黄禍論を否定する主張をした。[24]

こうした発言は、宣言書にあるように、野蛮なアジアの国がヨーロッパの文明国に挑むという構図をなんとしても否定しなければならなかったためである。その理論構築において、「露国は黄人なり」「白き皮を持てる黄人なり」「日本人は之に反して黄皮を有せる白人なり」[25]と、日本の文明性の主張をヨーロッパ中心主義に依拠することになった。

また、大日本宗教家大会は、宗教のあり方と本来無縁のはずの総理大臣、外務次官、東京府知事らが出席予定（実際には桂首相は欠席）であることから、なんら国家方針とは関係ない、宗教界独自の表明でないことも明らかである。

それでは、こうした状況に従軍僧の対応はどのように変化したのか。浄土宗の従軍僧木付玄聖の従軍記から、明治三七年五月の葬儀に関する記述をみていくと、「義州に野戦病院を訪ひ昨日来死亡者あり今将に埋葬せんとするに会し直ちに読経回向」、「六日露国陸軍大尉テルヒローウスキー外卒一名死亡に付安東県西北の丘上に葬式を営む」、「八日露兵三名死亡葬儀す」、「十日我軍兵二名死亡葬儀す」、「十一日仝（日本兵―筆者）死亡葬儀す」、「十二日露兵の死亡あり葬儀す」、「十五日我兵一名死亡葬儀す」、「廿二日我軍役夫一名死亡葬送す」、「廿三日監部酒保員一名死亡す会葬義捐をなす」となっている。[26]

木付玄聖は全部で九件の葬儀に関与している。ただし、二三日の記録は会葬とあるので、自ら執行したものではない可能性がある。いずれにしても九件中三件、約三分の一がロシア兵に関するものである。特にロシア兵の葬儀については、

此葬儀に付始め従軍布教使未着の為安東県在住基督教宣教師某（和蘭人）司祭の筈なりしが生等到着したるに付一応照会ありたり勿論生等の希望として我等の焼香するを求め且つ佛式に依る以上は十字架の墓標に非ずして一般陸軍墓標の式に遵はれんことを望み且つ若し命令ならば十字架墓標にて苦しからざる旨答置たり（此は十字架

墓標に付別に照会ありたればなり）而して後更に安東県兵站司令部より予定の通り宣教使に司祭せしむる旨通牒に接したれば生等布教使は葬儀に会するのみを以て式場に列したりしに刻至りて霊柩の着するや宣教使は通訳に向ひ種々面倒の交渉を始め或は支那にて祈禱せん或は支那在来の信者あれば之等を呼で哀歌を奏せしめむ英語は出来ず我宗の法式は埋葬の後に非れば祈禱せず等とて二十分を費やしたり此日参列せしは兵站参謀長始め軍司令部幕僚等の二十余名の高等武官及外国新聞記者二名外我等なりしが参謀長は直ちに裁断して幸ひ日本従軍布教使の参会せるあれば日本式に葬儀を営みたる後宣教使の語に従ひ埋葬の上祈禱されたし但し清国語は決して用るを許さず(27)

と、どのような経緯でロシア兵の葬儀形式が形作られたかを細かく記している。これは明確にロシアへの対応を意識したものであろう。また、外国の新聞記者が同席していることも、少なからず影響した可能性がある。なお、木付玄聖はロシアの負傷兵を見舞いに病院を訪問するといった活動もしている。

このように、従軍僧は国際情勢を鑑みて、活動内容にそれを反映させている。その一方で五月の記録に軍隊への慰問の記述はない。

2　制度の確立と主導権

日露戦争開戦に伴い、明治三七年二月九日、浄土宗は早くも陸軍大臣宛に従軍願いを出す。この際の様子についてみていく。翌一〇日に武田布教部長が陸軍省に出向いて交渉するも、明確な返事は得られなかった。一一日に一個師団に三名、兵站監部に二名の規定が発表される。一二日に軍務局長副官松岡大尉に面接した際、規定の詳細を知り、各師団司令部に願書を出すとともに各地方の有力者に採用のための運動を展開させる。一三日には林中尉に第一師団師団長への面会を出願する。一五日には管長が出向き、藤井少将と黒田副官に従軍布教の許可を依頼したところ、兵站監部長渋谷少将との面会を取り計らってもらえることになった。渋谷少将と面会し、従軍許可の承諾を得る。翌一六日に神谷僧正が第一軍兵站監部参謀長蠣崎中佐に正式な願書を提出し、ようやく木付玄聖を従軍僧として任命してもらえることとなった(28)。

明治三七年二月二一日付の『浄土教報』に「従軍僧の定員」と題し、「日清戦役の際は従軍布教師に殆ど定員なく又陸軍省の許可を経る規定なりしが(29)」とあり、二月九日の出願の経緯からも、浄土宗は日清戦争と同様に考えて動いたことが理解できる。

もっとも日清戦争時の『浄土教報』に、

別項従軍僧の各師団に隷属する部別は左の如くなりと

第一師団　平松理英、佐々木円慰（真宗大谷派）、大照円朗（天台）、和田大円（真言）、岩堀智道（真言）

第二師団　千原円空（大谷派）、五十嵐光龍（真言）、円山元魯（臨済宗）

第六師団　佐々木霊秀（大谷派）、鹿多正現、弓波明哲（本願寺派）、原円応（臨済宗）、佐々木珍龍（曹洞）

第三師団　伊藤大忍、秦数江（大谷派）、水野道秀（曹洞）、岩佐大道（真言宗）、坂上宗詮（臨済宗）、琳賀畳定（天台）

第五師団　香川黙識、伊藤洞月（本願寺派）、日吉全誠（臨済）、山県玄浄（真言宗）

此外真言宗本派より更に名和淵海下間鳳城の両使を派遣することとなれり因に云ふ本宗慰問使は各宗従軍僧派遣以前に於て出発せしものなれは独立の姿にて部属は未定なり真宗本派の木山定生氏も同様なりといふ(30)

とあるように、師団付きの従軍僧は存在していた。だが、同時に所属師団未定の従軍僧も存在していることから、システムとして形成過程にあったといえる。

制度として確立したのは陸達第一六号の「戦時又ハ事変ニ際シ師団長及兵站監ハ所要ニ応シ相当ノ資格ヲ有スル僧侶教師ヲ戦地ニ伴行スルコトヲ得但シ其ノ人員ハ一師団ニ三名一兵站監部ニ二名以内ニシテ其ノ取扱ニ関シテハ当該師団長又ハ兵站監ニ於テ適宜之ヲ定ムヘシ(31)」である。

しかし、二月九日からの一連の流れには、こうした制度変更に異論をはさむこともなく、制度に従い粛々と従軍許可を得ようとしている様子がみてとれる。この制度は、初期の従軍僧のような、自由な活動に制限を課すことになるであろう。日清戦争時、仏教界が主導する形でできあがった従軍僧ではあるが、その主導権の維持に腐心することはなかった。それは、仏教界が従軍僧という存在を誕生させることそのものを目的としていたのではなく、従軍僧を通じて別のなにかをみていたことの証左といえる。

三　日中戦争と従軍僧

1　仏教界への不信の蓄積

小川原正道は仏教界への軍の評価について、京都連隊区司令部編『日露戦役回顧録』の記述から、「軍にとっても将兵を物心共に支えてくれる宗教界の協力は貴重なものであったにちがいない。京都連隊区司令部は、東本願寺の満州軍慰問使が各師団司令部などをまわって慰問の言葉を述べたことで「是が我軍隊将卒一同士気を鼓舞したかは云ふ迄もない」と評し、内地からの物資支援は驚くべき後援であり、西本願寺布教使の活動も「如何に士気を鼓舞し、又軍隊の慰安を呈したかは想像に難くない」と賞賛している(32)」と、軍から高い評価を得ていたことを指摘している。

仏教界・従軍僧に対する各部隊からの感謝状が散見されることから、小川原正道が指摘するように、一定程度の評価が得られていることは事実であろう。しかし、なんら不満がなかったわけではない。

第一次世界大戦時、日本は連合国側に立ち青島を攻略する。その青島の宗教事情について、『青島軍政史』には以下のように記されている。やや長文ではあるが抜粋する。

教導職及僧侶ト称スル者モ更ニ世人ヲ感化シ社会ノ尊信ヲ受クルニ足ル有徳ノ人格者ヲ見ス殊ニ此等教導職及僧侶ハ単ニ邦人ニ向テ布教スルノミニテ外国ノ宣教師等カ進テ支那人間ノ布教ニ任スルカ如キ勇気ト熱心トハ到底夢想タモスル能ハサル所トス

従来支那ニ於ケル我カ布教事業不振ノ原因ハ一ニ布教者其ノ人ヲ得サルニアリト雖亦伝道機関ノ不統一不完全ニシテ組織的ノ活動ヲ為シ能ハサルコトモ其ノ主ナル一因ナリ欧米ノ宣教師等ハ本国ヨリ充分ナル給養ト経費トヲ受ケ其ノ余裕アル生活ハ彼等ヲシテ宗教家タルノ品位ヲ保タシムルト共ニ更ニ進ンテ救済慈善等ノ社会的事業ヲモ経営スルコトモ得セシメ著々支那ノ人心ヲ帰服セシメツツアルニ反シ我カ佛教家ニ於テハ各宗共ニ本山ヨリ充分ナル布教費用ノ支給ヲ受ケ得サルハ勿論却テ本山若ハ本部等ニ年々若干ノ納金ヲ要スルカ如キ情況ニシテ其ノ相違実ニ雲泥モ啻ナラス是ヲ以テ彼我布教事業ノ盛衰今日ノ如キ甚シキ逕庭ヲ生スルニ至リシモ固ヨリ当然ノ結果ト云ハサルヘカラス(33)

仏教の不振とその原因について厳しい評価をくだし、特に仏教が根づいていないことを問題視している。

一方、不振が目立つ仏教と対比する形で取り上げている欧米の布教活動について、

青島及山東鉄道沿線ニ於ケル外国人ノ基督教ハ英、米、独、瑞等ノ新教、独、仏ノ旧教其ノ主ナルモノニシテ各重要ノ都市ニ根拠ヲ構ヘ多数ノ宣教師ヲ派遣シ伝道ノ外付帯事業トシテ学校、病院其ノ他博物館等ヲ経営シツツ

アリ。宣教師モ我カ仏教僧侶ニ比スレハ学識深ク博士号ヲ有スル者少カラス。加之進取ノ気象ニ富ミ堅忍不抜布教ニ従事シ永キハ三十年乃至五十年短キモ五年乃至七年異邦ニ在テ奮闘シ巧ニ土語ヲ操リ其ノ国情民情ニ通暁スルコト深ク異国民ヲ教化シテ教義ヲ拡ムル傍絶ヘス自国勢力扶植ノ為ニ活動シ自カラ本国ノ政治的色彩ヲ帯ヒ恰モ一種ノ調査機関タルカ如キ観ヲ呈シツツアルハ敬服ノ外ナシ独逸カ膠州湾占領ノ動機モ実ニ独逸加特力教会宣教師ノ力ナルカ、亦近ク英、仏両国カ欧州戦場ニ山東省ノ苦力ヲ輸送スルニ当リ其ノ募集ニ良好ノ成績ヲ挙ケツツアルモ皆其ノ国宣教師先導ノ結果ナリトス(34)

としている。欧米の宣教師は資金・人材共に充実しており、それが日本の仏教との差と分析し、さらにそうした宣教師たちの活動が国家への貢献につながっていることを記している。特に注目すべきは、「従来支那ニ於ケル我カ布教事業不振ノ原因ハ」と、中国全体での布教不振という問題意識でみている点である。

こうした背景を経て、仏教の有用性への不信感は徐々に蓄積し、従軍僧の活動にも影響を与える。浄土宗の従軍僧今村善励は、「又老ふれば一宗の為めにもなり国家の為めである一命捧げるのは此時であらうと覚悟を定めて北支行きの従軍を承諾したのである。然し従軍するにしても宗命だからと云ふても軍部では取り上げて呉れない事は満州事変の時に経験して知つている。いろ〳〵苦心の結果、其の筋の有力なる手続きを得、準備終りて二十七日天津に着いたのである」(35)としている。これは日中戦争に関する従軍記であるが、すでに満州事変の時点で従軍の許可が難しくなり、日中戦争においても容易にはいかない様子が綴られている。

昭和一四年(一九三九)二月一九日付の『浄土教報』には「従軍僧は語る」と銘打ち、導入に「軍部は宗派的寺院形態を断固認めぬ　曰く『君等の来るのは早過ぎる』………」とする記事が掲載される。その内容は、「当局は第一に、内地に於けるが如き宗派的寺院形態を絶対に認めない。なんとなれば各宗に土地、家屋を使用許可した場合宗派意識にとらはれ余りにもしばしば醜い争ひが展開されたからである。少くとも過去に於ける開教区は内地寺院の延長の様なもので居留民相手の布施かせぎであった。そして互に檀信門徒の獲得に日夜争つていたのである」と、居留民を対象とした布施稼ぎに終始する仏教界に対する軍の非難が明らかにされている。

この記事には、さらに「蘇州に於ては早くから西本願寺、知恩院、日蓮宗が一つ家屋で衣を着ず専ら教育事業だけやる事を許可されている。漢口に於ても目下事変前より開教していた西本願寺だけが建物をもらつて許可されている。浄土宗共生会の○○師がわざわざ内地から○○○関長の招待状一本で漢口へ来たが結局内地へ帰らなければならなくなつた例や、浄土宗開教副使○○師が南京まで来て、一ヶ月間開教副使として漢口へ往くべく努力したが、往く事さへ、乗船する事さへ許可されず上海へ帰つた例や所謂中支方面に於ける実情を認識せず、内地流の新聞やラヂオだけの知識を持つて来ても誰一人顧みて呉れる者も無いのである。此れも治安が快復するに平行して教化工作の重要性も認識して来るかとも思ふのであるが、宗教家は現在やりにくいと云ふ事は偽らざる言葉である」と、不信感の結果、現地入りを拒絶される事例が紹介されている。

仏教界のあり方と軍の求めるものとの間に乖離が存在し、従軍僧の認可に困難を生じるほどに溝が広がった。その乖離を埋める役は、従軍僧が担っていくことになる。次項では新たに従軍僧が担った役割について検討していく。

2　従軍僧と宣撫工作

菱木政晴は宣撫工作について、「宣撫工作というのは、軍事情報活動のことで、広い意味では、従軍布教の当初から行われていたが、一九三七年以降は、軍が公然と教団に依頼するようになる」[36]としている。

菱木政晴が指摘するように、宣撫工作は当初から行われていた。明治二九年（一八九六）三月一七日の台湾における従軍報告に、「午後一時大隊本部門外に於て土人を集合せしめ陛下の御聖徳を聴受せしめよと副官より頼談あり余大に歓喜し通訳官今井氏を通弁とし土人百五十名の為め日清事件の終局平和克復より全島は皇国の版図に帰し陛下は一子を撫育し玉ふ御聖意なることを縷々陳述し最後に日本敬礼の動作を教授したるに大に低頭し好々の声を発して散会したり」、二八日に「川越少佐の請により土人百余名の為め陛下の御聖徳を懇説すること一時間に亘る」とあり、現地人を相手にした宣撫工作の一環としての説話会を担当している(37)。だが、これは例外的事例であった。

また、明確に国家が関与する形での宣撫工作の本格化について、菱木政晴は昭和一二年以降と指摘しているが、本格化する以前の端緒となったのは、五四運動などによる反日気運の緩和を目的とした、一九二〇年代の「対支文化事業」であったと思われる。

この文化事業について、『東京日日新聞』が仏教界を非難し、同時に対応を求める社説を掲載している。

然るに支那国民に対する宗教家の、かくの如き物心両面に亘る活動が、殆ど全く西洋人により、キリスト教徒によつてのみ、多年独占されて来たといふのは、日本の宗教家、殊に固い教団的基礎を有する仏教家として、甚だ心外の現象といはねはならない。我が仏教連合会が支那仏教徒と正式の連鎖を生じたのは、漸く大正十三年、外務省の対支文化事業部の橋渡しによるものであつた。国際仏教協会や日華佛教学会が組織されたのは昭和九年といふ最近である。居留人の多い土地以外、支那の奥地に入つて、支那民衆に日本仏教を宣布するやうな壮挙は、余り聞いたことがない。近年に及んでは国民政府の排日政策により、そんなことが出来なくなつていた事情は認め得るにしても、わが国仏教家に、支那人教化の気魄も理想も十分でなかつたことだけは、弁解の余地があるまい。今や北支及び江南に対する文化工作が唱へられるに際し、最もこの目的に好適な宗教家の活動が、直ぐに出来ないといふのは、何としても怠慢の誹を免れないであらう(38)

と、外務省の手引きにより、文化事業が始まったことを示している。

こうした文化事業として、仏教界は一切経の寄贈などを行っている。しかしながら、『東京日日新聞』が指摘するように仏教界の活動は低調であり、『浄土教報』や『教学週報』においても、簡単に触れられた程度である。[39]『東京日日新聞』の社説についても、「東日紙仏教徒を爆撃」[40]とセンセーショナルな見出しで反応するが、そこに反論はみられない。

また、『東京日日新聞』の社説は、『青島軍政史』と重なる部分が多い。いずれも仏教は現地の中国人への対応が不足しているという点、欧米のキリスト教徒は成果を上げているとする点を指摘している。『青島軍政史』の「青島守備軍軍政史編纂委員ニ与フル訓示」[41]が大正六年（一九一七）一〇月二四日の日付となっており、「大正六年八月ノ調査ニ係ル欧米人布教ノ状況」[42]といった記述から、『青島軍政史』の認識はおおよそのあたりの時期のものであったと思われる。

よって、大正六年前後（もしくはそれ以前）には、現地人に受け入れられ、占領地政策に資するキリスト教の布教実態と、それとは対照的にその能力を有していない仏教といった認識があり、一九二〇年代の文化事業の一環として仏教界を引き込むも低調に終わり、それが仏教界への失望へとつながったものと思われる。これが乖離の実態であろう。

前述のように、この乖離を従軍僧が埋めていくことになる。『教学週報』に「支那開教政策」と題する記事が掲載されるが、これは軍の特務部宣撫班に抜擢された従軍僧が記したものである。

一、絶対に宗派根性を曝さぬ事

二、中支開教の重心を絶対に上海に置く事

三、一は日本人中心の開教
　一は支那人の開教と開教対象を二つに分離して各々その向ふ処に就き素地を造る事
四、支那開教の中心指導者設置の事
　等々の中右四件は緊急必要のものと存じます。
　一、に就ては言語を尽くすまでもない事実ですが、またもっともの難点でもあります。宗意を体し自れが信念を他に及ぼす事は当然でありますが、衆中（マヽ）露骨なる排他的利我主義より出でた政策的工作あるを見逃し得ず、之があるが為に折角の宿志も徒労に帰す事偶々（マヽ）、せめて仏教団体としてでも統一出来ればもつと包括的なものも成り各自も向ふ所の明瞭を得て、支那人間の日本仏教の真意□得も速やかなりと思はれ、新政権樹立の秋に於ても活動の機を得られるのですが現在の情勢に於ては、「可」なりとは申されません。之は内地に本部を有する各仏教教団に於て善処されずんば当地に於て各々その命により動いているものの如何とも為し難きものと存じます[43]

と、軍が求める宗派色の打消しを主張している。これは宗教性の一部放棄の受け入れを示すものであり、また、それは取りも直さず、開教政策が所属する宗派の拡張ではなく、現地人の懐柔という工作活動としての布教活動に力点が置かれていることも示している。

　さらに、この記事は「今戦局大ひに展がつて、第一線に於て危険分子を殲滅する一方後方に於ては良民に対する宣撫工作に大童です。質実な開教が今後相当の日数を要すると見られる時、宗門に於ても前線の従軍僧の活躍と共に、後方に於ては身を大陸に埋める志の士が幸ひになされている宣撫工作に入つて将来への素地を作るべきと存じます。今宗門に於てなされていると聞く支那開教者の養成り、千里を離れた内地でするよりも、一方軍の仕事を授けつつ一方自然と支那民衆への理解を会得する宣撫班に入つた方が、より実際的ではないかと思考します」[44]と、宣撫工作へのより一層の注力を求める。

この『教学週報』は浄土宗を対象とした刊行物であるが、宣撫工作は複数の宗派が関わっている。『教海一瀾』には、「特に、私が見まして感心しましたのは、お坊さんが入つて居られる。両本願寺から各二名、日蓮宗の方が一人、禅宗の方が一人宣撫班について杭州で働いて居られました。兎に角坊さんは宗教的信念がありますので、そこで働くのにも献身的であります。そのため宣撫工作の成績が際立つて挙がつて居る。それで特務機関とも話し合つたのですが、私も坊さんに対する認識を実は改めました。内地に居りますと、坊さんの悪口を言ふやうでありますが、お葬式をするより外に坊さんの仕事はない、お布施を貰つてお彼岸と盆に回つて歩く、方々の各宗の大学を出られた青年達も、在学中こそいろ〳〵議論もするし、颯爽として居りますが、一旦自分のお寺に帰つてしまうと檀家を回つてお経を読んで居つて、偶に宗派どうしの喧嘩をするくらいがおちであるといふ風に考へて居りましたが、今度宣撫の工作を実地に見ますと、実にお坊さんを見直しました。同時に私は内地に居られる若い信念に燃えたお坊さんは宜しく大陸に出て行かれ、実地に宣撫工作をやりなさるが宜いのではないかといふことを感じました(45)」と複数の宗派が宣撫工作に携わっていることが記されている。また、この記事においても布施稼ぎや宗派間の争いへの忌避がみてとれる。宣撫工作が仏教界全体の潮流となりつつある様子を理解できる。

社会事業を通じた現地人への働きかけもみられる。従軍僧名越隆成は、知恩院別院設立に携わり、そこに文化事業機関を設ける。

知恩院済南別院済南寺立山東共生学院現況（十二月一日現在）

一、教育部

1、明徳小学部　三組

在籍生徒数　一四六名

尋常（初級）第一学年より三学年級迄各一組宛

2、明徳実業学部　一組

生徒在籍数　三九名

乙種商業学校一年級一組

3、明徳日語学部　二組

生徒在籍数　六七名

初級三八名　高級二八名　各一組

4、共生女子職業部　一組

タイピスト科及刺繡技芸科二組合併教授

二、教化部

1、共生日曜教団（日本学童）

一組　四九名

2、明徳日曜教団（支那人児童）

二組　九四名

3、中華民国新民会明徳分会（支那人）会員　二五三名

4、同上済南少年団山東共生学院分団　同二八九名

5、月例教会（邦人側）毎月二回宛（支那人側）三回宛

三、救療部　藤井療法による治病救済と施薬による救療をなす。
四、其他　近く保育部及育児部の開設をなす可く目下計画準備中(46)
これは名越隆成が文化事業機関として設立した知恩院別院立山東共生学院である。宗教を担当すると思われる教化部以外に、医療や教育事業を実施する部署が存在する。宗教性を薄くするだけでなく、宗教と直接関係のない（なんら関係ないわけではないが）社会事業も担うことになったのである。

日中戦争は、新たにこうした宣撫工作従事のアピールが加わった。

おわりに

従軍僧制度は、近代日本が初めて経験する本格的対外戦争である日清戦争とともに始まった。当初、従軍僧は慰問活動による士気向上の役割を重視し、またそのアピールに腐心した。それを主導したのは仏教界である。しかし、日露戦争期になると、そうした活動に制限が課せられるが、それを受け入れ主導権を放棄する。また、新たにロシア兵への対応といった、日本が置かれた国際情勢を鑑みた活動を始める。

日中戦争に至っては、教義の違いから分かれている宗派の特色を薄めるといった、自己の宗教性の一部放棄を受け入れて宣撫工作に従事する。従軍僧はこうした活動を宗教新聞・講演会・出版事業などでアピールした。宣撫工作にあっては、軍が仏教に最も求めていたものを提供し、なにが障害であるかを従軍記などを通じて国内や宗当局に伝える。戦場を知る知識層としての自己認識が垣間見える。

重要な点は従軍僧が戦地に存在し続けたことであろう。近代国家を構成する要素の一つがナショナリズムである。

ナショナリズムは内と外を分けるが、そのナショナリズムの最たる湧出場所が戦場である。そこに存在し続けた従軍僧の意義は大きい。ロシアとの戦いは文明への挑戦ではないという論理を戦場に持ちこみ、現地で必要とされているのは宣撫工作で、宗派根性は不可という情報を持ち帰る。日本の内と外の結節点として機能している。恤兵金や物資の献納でも仏教界の国家への貢献は事足りるが、知識層として従軍僧は、物ではなく情報を供出する存在であろうとした。

いかに戦争に貢献できるかという点は、日中戦争期において、時代の流れにのっているだけともみえる。しかし、従軍僧は主導権を握ることができた日清戦争期に、自ら忠君愛国の精神涵養といった戦争を支える役割を担ったことから、時代に流されて国家主義に傾倒したのではないといえる。

これまでの研究は、こうした従軍僧を侵略戦争に加担した過去への反省という視点に立脚して検討している。しかしながら、「悪い行いの反省」といった「善い」「悪い」は多分にその時々の価値観に左右される。平和が尊いものとされる現代にあって、その価値観で過去を覗き見るのであれば、将来、日本が再び戦争を経験するような事態になると、その新たな戦争の時代の価値観で従軍僧が再評価されるであろう。その評価は現代と異なるかもしれない（もっとも、過去の行いの評価が不要と断じるつもりはない）。

保守対リベラルといった思想信条の賛否については、ここでは述べない。しかし、どのような信条によるものであれ、仏教のあり方を問うのであれば、あるいは問うための土台が必要なのであれば、むしろ重要なのは従軍僧自身がなにをみていたか、そして、それを凝視する社会的背景はなにかを問うことであろう。なんとなれば、従軍僧は社会と戦場の結節点であり、社会から超然としているような存在ではないからである。

注

（1）斉藤栄三郎『仏教の社会思想』（同文舘出版株式会社、一九七一年）一二九頁。
（2）小室裕充『近代仏教史研究』（同朋舎出版、一九八七年）三頁。
（3）野田秀雄「近代における浄土宗教団の研究〈坤〉―日清戦争従軍慰問使覚書―」（同『明治浄土宗史の研究』四恩社、二〇〇三年）三八九頁。
（4）野田前掲注(3)書、三八六頁。
（5）吉田久一『吉田久一著作集五改訂増補版　日本近代仏教社会史研究　上巻』（川島書店、一九九一年、原著「日清戦争と仏教」笠原一男博士還暦記念会編『日本宗教史論集（下巻）』吉川弘文館、一九七六年）。
（6）小川原正道『近代日本の戦争と宗教』（講談社、二〇一〇年）一一五頁。
（7）菱木政晴「東西本願寺教団の植民地布教」（『岩波講座　近代日本と植民地四』岩波書店、一九九三年）一六九頁。
（8）『明教新誌』（明治二五年五月五日）。
（9）『明教新誌』（明治二七年八月八日）。
（10）『明教新誌』（明治二七年八月二日）。
（11）同右。
（12）『浄土教報』（明治二七年一一月二五日）。
（13）『日宗新報』（明治二七年一〇月一八日）。
（14）『明教新誌』（明治二七年八月一六日）。
（15）『本山事務報告「宗報」等機関紙　復刻版五』（真宗大谷派主宗務所出版部、一九八九年）明治二七年一二月二五日。
（16）『日宗新報』（明治二七年八月一八日）。
（17）『浄土教報』（明治二八年一月一五日）。
（18）『浄土教報』（明治三一年一二月二五日）。
（19）山県玄浄『百錬之鉄腸』（伝燈会、一八九七年）六四頁。
（20）『浄土教報』（明治二八年三月五日）。

(21)『浄土教報』(明治二八年四月一五日)。
(22) 山県前掲注(19)書、二一二・二一三頁。
不肖義本年我第五師団機動演習視察として随行の義師団司令部へ相願候処、別紙指令写之通り貴旅団司令部へ付属して視察すべき旨御認可を蒙り候、付ては万事御保護奉仰度、尚ほ何日貴司令部へ罷出可申哉、乍御手数発着時日御命令被下度此段奉願上候也
明治二十九年九月二十六日
第十旅団長陸軍少将　阪井重季閣下
『浄土教報』(明治三一年一〇月二五日)
今回挙行せらるべき第四師団の小機動演習に際し軍隊慰問及布教の為神原大峻、里見信亮、中村正道、岩井智海の四巡教師は特に従軍の許可を得たり
(23)『浄土教報』(明治三七年五月二二日)。
(24) 同右。
(25) 同右。
(26)『浄土教報』(明治三七年六月一九日)。
(27) 同右。
(28)『浄土教報』(明治三七年二月二一日)。
(29) 同右。
(30)『浄土教報』(明治二八年三月一五日)。
(31)『法令全書』三七―五(原書房、一九八六年)。
(32) 小川原前掲注(6)書、一七三頁。
(33)『青島軍政史』自大正三年月至大正六年九月・第一―二巻(陸軍省、一九二七年)五六一頁。
(34) 同右、五六三・五六四頁。
(35)『浄土教報』(昭和一二年九月二六日)。

(36) 菱木前掲注(7)論文、一六九頁。
(37) 『浄土教報』(明治二九年四月二五日)。
(38) 『東京日日新聞』(昭和一三年二月二四日)。
(39) 昭和九年四月二九日付の『浄土教報』に「仏教界の長老を集めて国際仏教協会成る」と題した簡単な記事などがある。
(40) 『浄土教報』(昭和一三年二月二七日)。
(41) 前掲注(33)『青島軍政史』頁数表記なし。
(42) 同右、五六四頁。
(43) 『教学週報』(昭和一三年三月二七日)、□は字体不明瞭。
(44) 同右。
(45) 『教海一瀾』八六三(昭和一四年)。
(46) 『浄土教報』(昭和一三年一二月一八日)。

第二部　地域と軍隊

徴兵制と社会

秋山博志

はじめに

徴兵制とは国家が国民に兵役義務を課す制度であり、我が国では明治六年〜昭和二〇年（一八七三〜一九四五）までの七〇余年にわたって実施された。(1)

徴兵制に関する先行研究は、松下芳男『徴兵令制定史』(2)をはじめとして、大江志乃夫『徴兵制』(3)や加藤陽子『徴兵制と近代日本』(4)など、多年の蓄積がある。

制度の運用については、宮地正人「佐倉歩兵第二連隊の形成過程」(5)が兵員の徴集を担当した佐倉聯隊区司令部の設置過程に絡め検証している。中村崇高「近代日本の兵役制度と地方行政」(6)と、遠藤芳信「一八八〇〜一八九〇年代における徴兵制と地方行政機関の兵事事務管掌」(7)は徴兵制と地方行政との関連を掘り下げ、小澤眞人『赤紙』(8)は聯隊区司令部の組織やその業務を当時の関係者の証言から明らかにしている。

近年は各地で兵事資料が発見されて、黒田俊雄編『村と戦争』(9)や吉田敏浩『赤紙と徴兵』(10)としてまとめられ、さらには長岡健一郎『銃後の風景―ある兵事主任の回想―』[11]の刊行によって兵事係の名称やその職務が世に知られるようになってきた。

しかし、一部の事例を除けばこれらの先行研究に登場するのは、徴兵制に関わった各組織の名称だけであり、実際にこの制度を動かしていた人物の姿がみえてこない。特に、徴兵使や同副使、後備軍（大隊区・聯隊区）司令部の職員や戸長、県郡市町村吏員らについて言及したものは、管見の限りでは存在していない。

本稿では、徴兵制を運用していた組織のみならず、そこに勤務していた人物たちを織り交ぜて、本制度と社会をいかなるシステムがつないでいたのかを総合的に考察しようとするものである。

一　徴兵令の制定

明治五年（一八七二）一一月二八日徴兵詔書と徴兵告諭が、翌年一月一〇日には徴兵令が達せられ、それまで武士が担っていた軍役は兵役と名を変え、国民が義務として負担するようになる。男子は、一七～四〇歳まで国民軍に編入され、徴兵適齢の二〇歳になる者が検査を受けることとなる。当初の徴兵令は陸軍兵の徴集に主眼を置いており、海軍兵については、海に面した地域の住民で舟や海に慣れた者をもってあてるとのみ示されていた。

検査の準備は、徴兵適齢（当初は二月一六日が起算日）に達する男子の家の戸主が、徴兵適齢届書と必要書類（以下「徴兵適齢届等」）を戸長に提出し、それを区長がとりまとめて一一月三〇日までに府県庁へ差出した。府県庁は検査の元台帳となる徴兵連名簿を作成して、一二月二五日までに各一部を陸軍省と各鎮台の徴兵課[12]に提出した。

検査は、陸軍側の徴兵使、徴兵副使、書記、軍医に、府県知事令参事の内から任じる議長、属官が任命される議官、議員、臨時採用の医師ら（以下「徴兵官員」）が加わって、二月一五日～四月一〇日まで実施された。

徴兵官員の内、徴兵議員は徴兵に関する事項の通達以外に民情を上申する役割をも担ったことから区長または戸長をあてた。検査終了後、合格者には抽籤で番号を付していき、所要人数を当籤者として常備軍番号割符を交付した。当籤者は、この番号割符を携帯して、戸長または副戸長に引率されて、四月二〇日～五月一日に指定された鎮台や営所に入営した。このように、戸長は検査準備から入営引率までを担当したが、明治一一年七月二五日の府県官職制（太政官達四五号）により、その職務は徴兵の下調に限定される。

図1　『徴兵相当免役早見』口絵

図1は、「ちょうへいのがれはやみ」とルビがある稲葉永孝訓訳『徴兵相当免役早見』（日盛堂、一八七九年）の口絵で、戸長役場に免役の相談に訪れた青年二人という構図かと思われる。途方に暮れたような表情をみせる青年とは裏腹に、靴を穿き洋服を着用して洋式の机椅子で執務するいかめしい姿は、庶民からみた戸長のイメージとも思える。

明治一二年一〇月二七日の改正徴兵令（太政官布告四六号）により、徴兵適齢の基準期間が一～一二月の間、徴兵適齢届書等の提出は、その年の九月一～一五日に変更される。また、一一月一七日に制定された徴兵事務条例（陸軍省布達二号）によって、検査は「下検査」と「本検査」の二段階での実施となる。下検査を担当する徴兵支署は毎年一〇月一〇日以前に開設し、後備軍使府県駐在官、使府県属官、地方徴兵医員、筆生がその事務を執行した。下検査は一〇月一五日に始まり、一一月三〇日までに完了した。本検査を担当する徴兵署は二月一日に開設し、徴兵使、同副使、徴兵医官、同副医官、徴兵書記が事務を処理した。

二　検査実施と徴兵官員

我が国で第一回目となる検査は、陸軍少佐宮木信順が徴兵使となり、明治六年（一八七三）二月に東京鎮台管下の東京府外一六県で実施された。

宮木は山口出身で、明治四年頃兵部省七等出仕であったが、明治六年二月二日陸軍少佐への任官と同時に徴兵使を拝命し、三月三一日には陸軍省で徴兵を担当する第一局第二課長となっている。翌年には熊本鎮台管下の九州と大阪鎮台管下の畿内を、さらにその翌年には広島鎮台管下の四国を巡行するが、明治八年八月五日に病没する。[13]『陸軍省沿革史』に、「徴兵令制定ノ義アルヤ、山県有朋ハ其意見ヲ草シ、且ツ曾我祐準、大島貞薫、宮木信順等ノ意見ヲ問ヒタリ」とあり、また「其起案ニ就テハ宮木信順、西周等ノ諸学者与テ力アリシナリ」[14]とあることから、徴兵制に造詣が深い人物であったと考えられる。

第二回目の検査は、明治七年に東京・名古屋・大阪の三鎮台での実施を予定していた。[15]ところが、その年の五月八日に仙台、その翌日には熊本、さらに八月二二日には広島の各鎮台管下の諸県に対し、急遽、徴兵使の巡行が通達される。[16]仙台鎮台管下の水沢県（現在は宮城県域の一部）では、五月二二日、各大区の正副区長、同戸長、徴兵調議員に対し、「但各戸主ヨリ年齢相当之者可届出徴兵令規則ニ候ヘトモ今般之儀ハ日合切迫ニ付徴兵調議員之差図ヲ受ケ所役人着手本文日限（六月七日）無相違取調上」ることが通達される。徴兵使の到着予定である七月初旬まで一ヵ月程度しかないことから、戸主からの届出ではなく、徴兵令には規定がない徴兵調議員を置き、その指揮下に正副区長、同戸長が該当者を調査するという変則的な対応を行っている。

熊本鎮台では、六月九日に管下の九州各県に対し、八月一日からの検査実施が通達される。徴兵使巡行は、本来二月一五日から開始されるが、同鎮台では、その要員が佐賀の乱や台湾へ派兵されたことから、数ヵ月遅れての実施となった。

この時の徴兵使も先の宮木信順であり、福岡県には八月一二日に徴兵副使陸軍大尉石川輔依、陸軍中尉三木一、同石川浪彦、陸軍少尉草野可孝、徴兵書記陸軍省一二等出仕小山融機、徴兵医官陸軍軍医正吉雄穂満、軍医補木戸麟、軍医試補三浦真琴に加え軍医部一二等出仕松村万生の名が通達される[17]。

徴兵使は、当初は陸軍省から派遣されていたが、明治七年一二月に定められた徴兵使以下之諸官撰挙方法（陸軍省達号外）によって、「省内ニ撰抜スト雖モ便宜ヲ以テ之ヲ各鎮台管下之士官或ハ非職士官ヲシテ兼勤」するようになり、明治一二年一一月二一日の陸軍省徴兵官員撰挙規則（陸軍省送五七二二号）により、徴兵使・徴兵副使共に当該鎮台の各兵科佐尉官と定められる。

明治一四年三月一九日の後備軍司令部条例（陸軍省達甲七号）の制定によって同司令部が「徴兵調査及ヒ予備軍後備軍一切ノ事務ヲ管理スル処」となる。明治一六年六月二六日の改正後備軍司令部条例（陸軍省達甲二二号）により府県駐在官が従前の曹長から尉官（大尉から少尉）となり、その下に郡区駐在官（下士）が設けられる。

このように検査の実施体制や事務所管の整備（理）が行われたことにより、九月八日には陸軍省徴兵官員撰挙規則が改正され、後備軍司令官が徴兵使、府県駐在官が徴兵副使、当該鎮台付医官が徴兵医官や同副医官、後備軍司令部書記が徴兵書記の任にあたるようになる。

三　徴兵医官・松村万生

熊本鎮台管下の第一回検査で徴兵使に随行した松村万生は熊本の出身である。明治五年（一八七二）六月一二日軍医寮（翌年五月二四日軍医部と改称）一三等出仕となり、兵学寮五番大隊付属、熊本鎮台病院第一課出仕、本病院（明治一四年六月、東京陸軍病院と改称）第一課出仕、東京鎮台工兵第一大隊付兼本病院第二課出仕、近衛工兵中隊医官、歩兵第二聯隊副医官、熊本陸軍病院課僚、歩兵第一八聯隊第二大隊医官兼名古屋陸軍病院課僚などを歴任し、一等軍医（後の軍医大尉に相当）で退役する。(18)

その勤務の傍ら、明治七年七月二九日に第六軍管徴兵使随行や明治一三年一月一三日および翌年一二月二八日に第一軍管徴兵副医官、明治一七年二月一九日には第六軍管徴兵副医官兼務を命じられている。

明治一六年一二月二八日の改正徴兵令（太政官布告四六号）により、徴兵適齢届書等の提出期間が九月一〜一五日に変更され、従前の二段階検査が一元化されて一一月一〇日〜翌年二月の間に実施されるようになる。連動して徴兵署の開署が一一月一日に、入営時期が四月二〇日〜五月二〇日に変更される。松村が第六軍管徴兵副医官を命じられるのは、ちょうどこの時期である。

明治一七年における熊本鎮台徴兵官員は、徴兵使第一一師管後備軍司令官歩兵大佐長屋重名、徴兵副使熊本県駐在官歩兵大尉川上親賢、宮崎県同下瀬猛輔、鹿児島県同池永柔遊、福岡県同大久保誠和、長崎県同上月秀実、第一二師管後備軍副官歩兵中尉須賀政蔵、佐賀県駐在官歩兵少尉蔵田安宗、徴兵医官歩兵第一四聯隊第三大隊医官一等軍医三竹忠侗、徴兵副医官工兵第三大隊医官二等軍医三浦真琴、熊本陸軍病院課僚二等軍医松村万生ほか七名であり、(19)その

前年に改正された陸軍省徴兵官員撰挙規則にそった人員構成となっている。大分県駐在官歩兵大尉中隈源三郎は前年末から病気療養中であり、第一二師管後備軍副官はその代行と考えられる。

松村は、明治二〇年二月四日〜明治二二年六月九日まで休職し、翌日予備役に、明治三二年四月一日後備役に編入される。余談ではあるが、その専門は内科と外科で陸軍を退いた後は地元熊本で開院し、現在ではその名を冠した医療法人グループに発展している。

四　熊本県兵事課長・吉田較一

明治一六年（一八八三）一月二三日の太政官達二号により、各府県に陸海軍の兵事事務を処理する兵事課の設置と課長のポスト（判任官）や年俸六〇〇円の措置が通達される。

熊本県の初代兵事課長となる吉田較一は、旧徳島藩の出身で旧領の一部が編入された名東県で明治九年頃まで一五等出仕の官員であったが、翌年一月三一日熊本県八等属に転じる。[20]四国からの異動は、その前年一一月に名東県権令から熊本県令へ転じた富岡敬明との縁故といわれ、[21]奇しくも任官直後に勃発した西南戦争のため、鎮台が置かれていた熊本城へ県令共々籠城することになる。[22]

明治一五年九月六日庶務課兵籍係兼務となり、この時から兵事事務との関わりが始まる。翌年二月一日の兵事課設置と同時に四等属に昇進して課長となり、一〇月一日の徴兵支署の設置にあわせ、[23]九月二九日徴兵事務官を命じられている。この年一一月時点の熊本県兵事課は、課長、属三人、准判任五人の九人体制であった。[24]

翌年七月一九日の改正徴兵事務条例（太政官布告一八号）によって、徴兵官員は徴兵事務官と名を改め、鎮台（営所）後備軍司令官、府県駐在官、郡区駐在官、医官、府県事務官、府知事県令、郡区長のほか、兵事課長がその構成員に職指定される。

明治一六年の改正徴兵令に海軍現役兵の徴集条項が盛り込まれたことから、翌年一〇月二九日海軍卿から陸軍卿に対して、徴兵令による海軍水兵三〇〇人の徴集が照会される。一一月一日に徴兵署を開設し、一〇日からは検査に着手していたが、新軍艦（同年英イギリスやフランスに発注された浪速・高千穂・畝傍三艦のことか）の竣工期日が迫っているという理由から、一一月一四日水兵徴員配当及撰定方（陸軍省達甲四七号）が各鎮台に通達される。[25]

吉田は、検査の記録『明治一九年徴集 徴兵検査要録』と『明治二〇年徴集 徴兵検査要録』の二冊を残している（図2）。前者は明治一八年一〇月一四日から書き起こし翌年三月二一日に熊本県庁に帰着するまで、後者は明治一九年一〇月二日に始まり翌年二月二六日まで書き綴られている。その内容は、検査の事前準備に始まり、各郡区から進達される徴兵関係書類の調査、日々の巡行の様子、さらには検査終了後の抽籤の準備などが記載されており、当時の兵事課長の業務がわかる稀有な資料である。明治一七年徴集の分が残っていれば、泥縄式に実施された初めての海軍兵徴集の実態が明らかになったはずである。

この頃の検査は、農作業の日程に配慮したためか秋の終わりから冬にかけて実施されていた。ただ、寒気が厳しい時期にあたり、『明治一九年徴集 徴兵検査要録』の一、二月の条にも、「寒気特ニ甚シク……昼手巾氷フレリ」、「寒気甚敷困難セリ」という文字や雪が絶え間なく降りしきる様子が登場する。裸体になる検査に適した時期ではなく、風雪波浪によって会場往復にも支障がでていた。

このこともあってか、明治一九年一一月三〇日の改正徴兵令（勅令七三号）によって、徴兵適齢届書等の届出期間がその年の四月一〜一五日、徴兵署の開署が六月一〇日、入営時期が一二月一〜一〇日の間へと再び変更される。

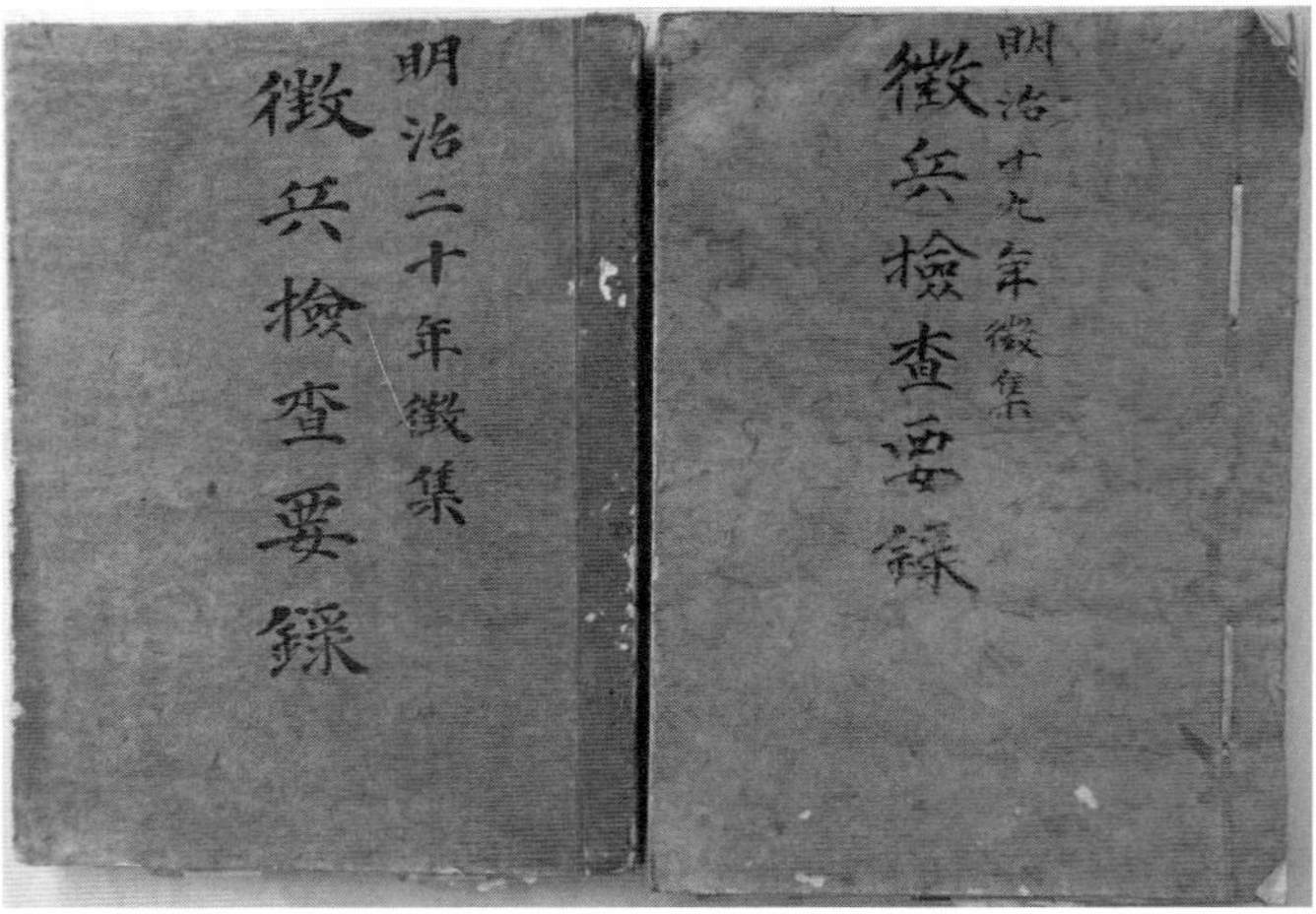

図２『徴兵検査要録』

明治二一年五月一二日陸軍管区表（勅令三二号）が定められ、兵員徴集の区分が府県から郡市単位へ移行し、大隊区（徴募区）として再編される。このため、翌年一月七日の改正徴兵事務条例（勅令一三号）により、旅管徴兵官には府県書記官、大隊区徴兵官には郡市長をあてるようになり、府県の兵事担当課長は旅管徴兵署の一般事務を掌理する旅管徴兵事務員となる。

同時に、その年の一～一二月に徴兵適齢となるものは、届出期間一月一～三一日に市町村に提出するようになる。市町村長は、それを戸籍と照合して壮丁名簿を作成し、それを受理した島司または郡長は、府県を経ることなく、大隊（警備隊）区徴兵署に提出した。

さらに、明治二三年一〇月一〇日の改正地方官官制（勅令二二五号）によって、府県の事務分掌が二部三署（内務部、警察部、直税署、間税署、監獄署）に再編される。内務部には四課が置かれ、独立した課で処理されていた兵事事務は、学務、衛生、社寺、戸籍と共に第三課の分掌に包含される。この改正を機に、吉田は兵事事務から離れ、農工商務、土木や官有地と土地収用を分掌する第二課長に転じ、[26]旧兵事課員三人が冗官として解雇される。[27]

県の属官であれば判任官のままで終わるはずであったが、明治二四年三月二八日飽田詫摩宇土郡長に任じられ、奏任官六等に叙せられる。[28]しかし、せっかくの叙任にもかかわらず、そのわずか五ヵ月後の八月二一日に病没する。[29]

五　長崎大隊区司令官／大村聯隊区司令官・江幡厚

明治二一年（一八八八）四月一七日市制・町村制（法律一号）が公布され、戸長に代わり市町村長がその業務を行うようになる。続いて五月一二日大隊区司令部条例（勅令二九号）が制定される。大隊区の下には二～四の監視区が置かれ、同駐箚所で監視区長（下士、後には特務曹長）が予備・後備下士卒の監視と身上異動に関する願（届）書を処理した。

図3　長崎大隊区司令部員

図3は、明治二六年七月に撮影された長崎大隊区司令部員と徴兵医官補助員の写真である。前列中央が司令官歩兵少佐江幡厚、その左が二等軍医小竹武次、後列左が歩兵曹長箕輪正英、私服の人物二人が徴兵医官補助員である。

江幡は、明治五年一一月一二日に陸軍曹長から陸軍少尉心得となり、歩兵第一聯隊付、歩兵第二聯隊中隊長、近衛歩兵第二聯隊付を歴任する。明治二一年二月一七日歩兵少佐に任官し、一一月一七日に歩兵第二四聯隊第三大隊長となる。明治二四年一〇月一九日に長崎大隊区司令官、明治二九年四月一日には大村聯隊区司令官となる。[30] 明治三一年五月一日に後備役に編入されるが、兵事事務に精通していたため明治三三年三月五日まで留任する。[31] 日露戦争開戦により召集されて、第一師団第二次後備衛生隊長として出征するが、明治三八年三月一九日遼陽兵站病院において病没する。[32]

明治中期までは、検査には軍医の補助として民間の医師も従事しており、当初は「傭医」と呼ばれていたが、明治一二年一〇月二七日の改正徴兵令により「地方徴兵医員」と改められる。当時の辞令をみると「徴兵下検査医員」や「徴兵下検査傭医」となっている。

明治二五年四月四日改正徴兵事務条例（勅令三三号）により「徴兵医官補助員」と改称されるが、「容易ナラサル弊害」が生じたとして、[33] 明治三二年四月一日の改正徴兵事務条例（勅令一一三号）により原則廃止となる。

六　名古屋聯隊区司令官・菊池節蔵

明治二九年（一八九六）三月二五日聯隊区司令部条例（勅令五六号）が制定され、以後は同司令部が兵事事務を取り扱うことになる。

図4は、明治三七年九月九日に名古屋聯隊区司令部員らを写した写真である。中央白色夏衣の人物が司令官歩兵中佐菊池節蔵、その左が木下大尉、ほかに計手一名、曹長七名、軍曹二名の計一二名と雑務を行う者二名である。

菊池は、明治九年三月九日少尉試補となり、歩兵第一聯隊、同第二聯隊から、参謀本部に転じ、近衛歩兵第一聯隊中隊長、歩兵第四聯隊副官を歴任する。明治二三年五月二四日屯田兵参謀となり、日清戦争には屯田歩兵第二大隊長として出征する。明治三二年九月一二日歩兵中佐任官と同時に台湾守備歩兵第八大隊長となるが、同年一一月二〇日～翌々年の一〇月二八日まで休職となる。これが理由となったのか、明治三四年一〇月二九日には軍隊勤務を離れて

図4　名古屋聯隊区司令部員

静岡聯隊区司令官となり、翌年一一月一日名古屋聯隊区司令官に転じる。

日露戦争開戦によって、明治三七年九月二日大本営陸軍部幕僚付となり、一一月一六日歩兵大佐に昇進する。日露戦争の戦功によって、明治三九年四月一日付で功四級金鵄勲章と年金五〇〇円、あわせて旭日中綬章を授与されている。同年七月一一日歩兵第六四聯隊長となり、明治四一年一二月二一日陸軍少将への任官と同時に予備役に編入される[34]。

他方、木下大尉とのみ記した軍人は、階級や佩用している勲章・記章から歩兵大尉木下秀康と推定している。木下は明治二八年一月一日士官学校を卒業し、五月二二日少尉任官と同時に歩兵第二三聯隊付となる。その後、台湾守備歩兵第六聯隊付を経て、明治三三年一一月二一日大尉任官と同時に歩兵第二三聯隊中隊長となる。台湾守備の功により、翌年三月三〇日勲六等瑞宝章と一〇〇円を授与されるが、さらにその翌年の七月二三日から休職となる[35]。

復職時期は不明であるが、国運を賭けた戦争に際し、聯隊区司令部勤務では戦功を建てる機会もなく、「病ニ冒サレ征露ノ軍ニ加ハルヲ得ズ、僚友ノ戦功ヲ聞キ空拳ヲ握ッテ只無念ヲ叫ブノミ」(36)であった。洋画家青木繁が「木下秀康大尉像」を描いているが、胸を飾る勲章・記章の列に加わったのは日露戦争の従軍記章のみである。明治三九年八月二日に大尉で退役し、翌年一一月二一日に没する。(37)

七　大阪鎮台後備軍郡区駐在官／和歌山大隊区司令部監視区長・打越初太郎

後備軍司令部から大隊区（聯隊区）司令部へと改組するなか、そこに勤務した打越初太郎という下士がいる。打越は、明治九年（一八七六）九月一八日教導団（一八九七年まで存続した陸軍の下士養成機関）に入団し、軍人としての道を歩き始める。配属された教導団歩兵第一大隊は、西南戦争では別働第五旅団に編入され、打越は従軍の褒賞として一〇円を下賜される。明治一一年三月に卒業した後は歩兵第九聯隊付きになり、軍曹、曹長と昇進し、明治一八年六月六日に大阪鎮台後備軍書記となって兵事事務に関わるようになる。(38)明治二〇年一一月四日に大阪府から分かれて奈良県が設置されたことから、同県宇智郡郡区駐在官(39)となる。

これが大隊区司令部条例の制定によって、明治二一年五月一七日和歌山大隊区五条監視区長(40)となり、明治二四年一一月一日には田辺監視区長(41)に転じている。明治二七年七月一七日、改めて和歌山大隊区監視区長に補せられる。(42)続く聯隊区司令部条例の制定によって、明治二九年三月三一日和歌山聯隊区書記となるが、一〇月一日台湾守備混成第二旅団付となって軍隊勤務に復帰し、明治三一年三月一五日歩兵特務曹長となる。同日、台湾守備歩兵第四聯隊付となるが、八月二五日には歩兵第八聯隊に転じ、一一月一日予備役に編入される。台湾守備の功によって、明治三三年七月三一日に勲六等瑞宝章と一五〇円を授与される。

これでいったんは軍歴を終えたはずのところ、日露戦争の開戦によって充員召集を受け、明治三七年四月一六日後備歩兵第八聯隊第七中隊に編入される。あいつぐ激戦によって多数の下級将校が死傷したことから、特別補充によって翌年六月一八日歩兵少尉に任官する。(43) 同時に歩兵第八聯隊補充大隊に転じ、その翌年の三月二〇日に退役する。日露戦争の戦功によって、明治三九年四月一日付で功七級金鵄勲章と年金一〇〇円、さらに単光旭日章を授与される。

この年四月一二日の改正徴兵令（法律四三号）により、服役期間の起算日が一二月一日となり、徴兵適齢の届出期間が一月一日〜一一月三〇日に満二〇歳となる者はその年の一月中、一二月一〜三一日に満二〇歳となる者は翌年一月中へとそれぞれ変更される。

八　大分県郡北海部郡兵事担当書記・進来晋作

明治二三年（一八九〇）五月一七日に公布された郡制（法律三六号）により、郡が府県と町村の中間で行政・自治体としての機能を果たすようになる。

進来晋作は、明治一九年頃、当時行政区画であった大分県北海部郡（同県にあった郡で、現在の大分市や臼杵市の一部、津久見市の全域に相当）の郡役所用掛となる。明治二四年四月一日に郡制が施行されると、その翌々年一二月一五日同郡役所の書記に任じられて、同月一八日第二課農商係兼兵事係となる。(44) その後、所管課は変わるが、第一課戸籍掛兼兵事掛、第二課会計掛兼第一課兵事掛、第一課兵事掛、さらに明治三九年二月一九日には第一課兵事掛兼務と一貫して兵事事務に携わる。

兵事係の業務として、明治二六年二月一八日に陸軍召集事務委員、翌年七月三〇日には海軍召集事務委員を命じられる[45]。さらに、明治二七年八月一〇日歩兵予備徴員引率のため熊本市への出張[46]、一〇月二四日には召集された要塞砲兵予備徴員を山口県下ノ関へ引率、明治三一年一一月二四日に再び同地へ出張を命じられている[48]。その翌年一一月からは三度にわたって、現在の福岡県北九州市小倉南区北方への出張を命じられている[49]。検査に際し、郡長は町村長から提出された壮丁名簿の点検、日時や徴兵署と検査所設置場所の告示などを行い、郡書記は大隊区徴兵署事務員として庶務に従事したことから、その用務に付随した出張と考えられる。

明治三三年当時の北海部郡役所は、三課の下に一一掛を置いており、兵事事務は第一課の所掌であり[50]、郡長の下に属一三名が執務していた。これが大正三年（一九一四）八月一〇日の規程改正（大分県訓令二六号）[51]によって課制から庶務・兵事・学務・勧業・土木・財務の六掛体制となることから、業務の集約化が図られている。

進来は、その前年九月三〇日に下毛郡書記に転じ、続いて大正三年一一月二一日大分郡書記へと異動する。日露戦争の功により、明治三九年四月一日付で勲八等瑞宝章と八〇円を、大正三年六月二九日には年功により勲七等瑞宝章を授与されている。翌年一一月二六日依願免官となるが、その年九月に操業を開始した久原鉱業株式会社佐賀関鉱山事務所員への転身が理由と考えられる[52]。

大正一〇年四月一一日公布の郡制の廃止に関する法律（法律六三号）によって郡は再び自治体から行政区画に戻り、兵事事務は大部分が府県へと引き継がれる[53]。

また、徴集地域を沿海地方や島々に限っていた海軍兵であるが、艦船や兵器の進歩によって、大正七年三月三〇日改正徴兵令（法律二四号）で当該条項が削除され、陸軍同様全地域を対象とするようになる。

九　兵役法制定から終戦まで

昭和二年（一九二七）三月三一日、徴兵令の改正法律として兵役法（法律四七号）が制定される。昭和一二年に勃発した日中戦争が長期化し、加えて昭和一六年のアジア・太平洋戦争の開戦によって、新設部隊の編成や損耗した兵員の補充のために膨大な兵員が必要となり、検査合格の基準緩和や服役年齢の拡大などが次々と実施される。昭和一七年二月一八日の改正兵役法（法律一六号）によって、検査を終了して第二国民兵役に服している者も本籍のある聯隊区の兵籍に編入されるようになる。

翌年一〇月三〇日改正兵役法（法律一一〇号）により服役年限が四〇歳から四五歳に延長され、続いて一二月二三日徴兵適齢臨時特例（勅令九三九号）によって徴兵適齢が二〇歳から一九歳に引き下げられる。翌年一〇月一八日には「徴兵終決処分ヲ経ザル第二国民兵」、国民兵役に服しているが徴兵適齢未満の一七歳と一八歳の者が聯隊区の兵籍に編入される、つまり検査受検前の者も軍隊へ召集することが可能となった。[54] 同時に「第三乙種以上現役兵トシテ徴集セラルルヲ以テ（中略）兵業ニ大ナル支障ナキモノハ挙ゲテ第三乙種以上ニ判定」[55]するようなり、終戦の年に至っては丙種までも現役兵に徴集されるようになる。[56]

それでも不足する兵力を補うため、昭和一八年三月一日の改正兵役法（法律四号）によって、朝鮮人（正確には「朝鮮民事令中戸籍ニ関スル規定ノ適用ヲ受クル者」）にも兵役法が適用されるようになる。すでに昭和一三年二月二二日に陸軍特別志願兵令（勅令九五号）、昭和一八年七月二八日には海軍特別志願兵令（勅令六〇八号）、同年一〇月二〇日には学生を対象とする陸軍特別志願兵臨時採用規則（陸軍省令四八号）という建前上は志願兵制で運用されていたものが、強制的な徴集に移行する。さらに、昭和二〇年から台湾人にも兵役法が適用されるようになる。また、日本本土での決戦時期を昭和二〇年秋頃と想定し、検査実施が四ヵ月繰り上げられ一月一五日〜四月三〇日までとなる。(57)

このような、いわゆる「根こそぎ動員」によって部隊を増設しても、戦況は悪化の一途をたどり、ついには八月一四日全日本軍の無条件降伏などを含むポツダム宣言の受諾が決定し、終戦の詔書が発せられる。九月二日には降伏文書への調印が行われて戦争は終結する。八月一八日には陸軍平時編成部隊の閉鎖を含む全陸軍部隊を対象とした帝国陸軍復員要領（軍令陸甲一一六号）が定められ、一一月三〇日には第一復員省官制（勅令六七六号）が公布され、陸海軍の徴兵事務を担ってきた聯隊区司令部が廃止される。また、同月一六日勅令六三四号により兵役法と兵役法施行令も廃止されて、国民を軍隊に送りこむシステムは、名実ともに消滅する。

一〇　徴税事務に携わった官吏――司税官・梅津連／収税長・上田省吾――

大日本帝国憲法は、兵役と並び納税を国民の義務と定めていた。ここで、兵事に比肩する徴税の事務へ従事した二人の人物の経歴を取り上げてみる。

一人目は、兵事・徴税二つの事務に従事した梅津連である。梅津は、明治一一年（一八七八）一〇月二二日高知県第一課兵籍係の雇員となるが、検査終了によって翌年三月一三日職を免じられ、兵事事務への関与は短期間に終わる。その年の一一月一〇日同県租税課員となったことから、徴税事務への関わりを持つようになる。明治一四年八月二四日国税徴収事務を行う大蔵省租税局出張所が高知に設置され、ここでなんらかの接点ができたのか、東京都収税属に転じ、明治二三年頃大蔵省主税局の四等属となっている。明治三一年六月二〇日には高等官八等の司税官補に任官し、(58)幸橋税務署長となる。同年一一月一日には司税官に任じられ、(59)明治三四年七月二〇日には高等官七等に叙せられて長崎税務署長となるが、翌年一月一〇日に病気を理由に免官となる。(60)免官時の俸給三級俸は年俸一〇〇〇円で、(61)高知県時代の准等外吏月俸六円と比べれば破格の立身を遂げたといえる。

二人目は、先述の吉田較一の同僚上田省吾で、熊本県租税課長時代は判任官の二等属であった。これが明治一七年五月二〇日に公布された改正府県官職制(太政官達四七号)によって、六月一八日奏任八等相当の収税長となる。さらに明治一九年七月一二日の地方官官制(勅令五四号)により収税長は奏任四等以下と規定されたことから、八月二一日には奏任官五等上級俸に叙せられる。同年一一月一三日徳島県収税長に転じ、続いて明治二四年一一月二五日青森県収税長へと異動する。(62)

とはいえ、官吏の世界では高等官と称される奏任官と判任官との間には身分を隔てる大きな壁があり、特に文官がこのようにエスカレーター式に任官することはない。それは、明治二六年一〇月三一日文官任用令(勅令一八三号)が公布されたことによって、奏任文官は文官高等試験の合格者から任用することを原則としていたからである。

この制度改正のあおりを受けたものか、上田は五月九日に非職を命じられ、七月二七日には免官となる。後任の竹村欽次郎は、東京大学法学部卒で明治二一年一一月二一日高等官実務を練習する奏任待遇の試補、明治二五年五月一八日には大蔵省主計官に任命されるという経歴をみれば、まさに正規のルートを歩む官僚であった。

他方、吉田較一は熊本県の兵事課長を務め、進来晋作は日露戦争の功により勲八等瑞宝章を授与されるが、そもそも収税長や司税官に相当する官職が存在しておらず、依然として判任官のままであった。兵事事務に従事する者には、梅津や上田のような時流にのる機会すらなく、後備軍(大隊区・聯隊区)司令部の武官(司令官や副官)の頤使に甘んじるしかなかった。徴兵と徴税は一字の違いであるが、従事した者の経歴を比較すると、その処遇にはこのような隔たりがあった。

おわりに

師である原田敬一教授が、『佛大通信』(二〇〇六年九月号)の「研究室訪問」で、「私の研究は、第一次史料である書簡、日記、公文書などの収集と解読に始まり、更に、関連する本や新聞、雑誌、そして「モノ」を古書店などで収集し、読み解く作業」と述べている。この言葉そのままに研究に精進すべきところ、不肖の弟子は、モノを収集することのみに傾注し、「読み解く作業」は多分に疎かになっていた。本記念論集の発刊を好機として、収集したそれらの写真や資料などに日の目をみせ、あわせて永年等閑に付していた「読み解く作業」を行った。

本稿では、徴兵制を通史的にたどりつつも、制度と地域をつないだ人物を「モノ」に立脚して登場させた。最初に登場する松村万生は、熊本鎮台管下で行われた第一回検査に徴兵使随行という肩書で参加する。医師であっても軍医ではなく、軍医寮一三等出仕という身分のため、このような苦肉の発令になったものと推定される。同行した石川輔依大尉と三木一中尉は熊本鎮台歩兵第一一大隊所属、石川浪彦中尉は熊本鎮台付、草野可孝は非職の砲兵少尉であり、草野を除く三名はその後に台湾出兵のため渡台する。徴兵制の施行当初はこのような軍隊勤務あるいは非職の軍人が徴兵副使などを務めていた。

その後、兵事事務の実施体制が後備軍司令部から大隊区司令部、さらには聯隊区司令部へと移行していくことから、そこに勤務した司令官、副官や下士を登場させた。一概にはいえないが、江幡厚は停年満了間近、菊池節蔵と木下秀康は休職を事由に大隊区または聯隊区司令部勤務になったものと考えられる。しかし、菊池は日露戦争を機に軍隊勤務に復し、戦功をあげることによって勲章と恩給とを手にする。あわせて少将に昇進し、身分を奏任官から勅任官へとワンランク上昇させている。程度の差はあるが、打越の場合もほぼ似たような状況であった。片や江幡厚と木下秀康がこの戦争から得たものは、従軍記章のみであった。軍人にとっては、国内で兵事事務に精励するよりも、その本分、戦場に立って戦功をあげることが、勲章・年金・昇進へとつながっていた。

昭和期は、冒頭に掲げた黒田俊雄編『村と戦争』や吉田敏浩『赤紙と徴兵』のなかで、それぞれ元兵事係の出分重信と西邑仁平が、残された兵事資料を基に当時の状況を如実に物語っていることから制度の変遷を述べるに留めた。最後はやや視点を変えて徴税に携わって者を登場させ、その歩んだ道程を兵事の場合と対比して、それぞれの到達点を考察した。

注

(1) 徴兵令の先駆けとなる明治三年の「徴兵規則」については、実施が一部地域に留まったことから本稿では割愛した。
(2) 内外書房、一九四三年、後に増補・復刻版、五月書房、一九八一年。
(3) 岩波書店、一九八一年。
(4) 吉川弘文館、一九九六年。
(5) 『国立歴史民俗博物館研究報告』一三一、二〇〇六年。
(6) 『史学雑誌』一一八―七、二〇〇九年。
(7) 『歴史学研究』四三七、一九七六年。
(8) 創元社、一九九七年。
(9) 桂書房、一九九〇年。
(10) 彩流社、二〇一一年。

(11)　STEP、一九九二年。
(12)　陸軍省第一局から各鎮台に派出された尉官二名、下士二、三名で構成され、その職務は、各鎮師管徴兵課勤務（明治六年一一月三〇日布三七三号）、その改訂版軍管派出徴兵課心得（明治七年一二月一五日布四三二号）により規定されるが、後備軍官員服務概則（明治八年一一月一八日陸軍省達一二二号）により廃止される。
(13)　大植四郎編『明治過去帳』（東京美術、一九七一年）五九頁。藤田清「徴兵令制定の功労者宮木信順」（『偕行社記事』八一八、一九四二年）一八頁。
(14)　松下芳男編『陸軍省沿革史』（日本評論社、一九四二年）九七・一六四頁。
(15)　『陸軍省日誌』（明治六年）。
(16)　陸軍省布達二〇二・二二五・三一四号。
(17)　『福岡史料三七　福岡県史稿　制度兵制』明治七年八月一二日条。
(18)　経歴は、辞令に加え『官報』から整理した。
(19)　『熊本新聞』（明治一七年二月二七日）。
(20)　経歴は、『熊本県国史　下　制度之部　明治一〇年』、『同明治一五年』、『同明治一六年』による。
(21)　『熊本新聞』（明治二四年八月二二日）。
(22)　熊本女子大学郷土文化研究所編『熊本県史料集成一三巻（西南役と熊本）』（国書刊行会、一九九五年）六六頁。
(23)　『紫溟新報』（明治二六年九月三〇日）。
(24)　『熊本県職員録　明治一六年一一月三〇日改』。
(25)　「徴兵令ニ依リ水兵三〇〇名徴集ノ義ニ付照会」JACAR（アジア歴史資料センター）Ref. C09121183400、各省-雑-M17-3-111（防衛省防衛研究所）。
(26)　『熊本新聞』（明治二三年一〇月一六日）。
(27)　『熊本新聞』（明治二三年一〇月一七日）。
(28)　『官報』（明治二四年三月三〇日）。
(29)　『熊本日日新聞』（明治二四年八月二二日）。

(30)『官報』(明治二四年一〇月三一日)。大村聯隊区司令官は、「大隊区司令官等聯隊区司令部相当職名ニ換称ノ件」(明治二九年三月二八日陸達三八号)による長崎大隊区司令官からの換称である。

(31)経歴は、『陸軍省日誌』、『陸軍現役将校同相当官実役停年名簿 明治二七年七月一日調』に加え、『官報』から整理した。

(32)『明治過去帳』九一二頁。

(33)「徴兵事務条例中改正理由」(公文類聚二三編・明治三二年・二七巻・軍事一・陸軍)。

(34)経歴は、『陸軍省日誌』と『官報』から整理した。

(35)経歴は、『陸軍現役将校同相当官実役停年名簿 明治三六年七月一日調』に加え、『官報』から整理した。

(36)内田安蔵編『征露紀念佐賀県軍人名誉肖像録』(東江堂、一九〇八年)六四四頁。

(37)『官報』(明治四〇年一二月一三日)。最終の位階・勲等は正七位勲四等功四級となっており、経緯は不明ながら昇叙と加授が行われている。

(38)経歴は、辞令に加え、「陸軍属間野一俊外二八名叙位ノ件」添付履歴書『叙位裁可書 明治三七年 叙位巻一二』JACAR:A10110155400(国立公文書館)。さらに『官報』などから整理した。

(39)改正後備軍司令部条例(明治二〇年一二月一〇日陸軍省令一七号)。従来の三輪駐在所の管轄区域が、奈良県添上郡と宇智郡駐在所に分割される。

(40)同監視区は、那賀・伊都・宇智・吉野の四郡を管轄した。また、監視区長駐在所は専用の施設ではなく、民家の一部を借り上げて使用した。

(41)「監視区長駐剳所移転改称 和歌山大隊区新宮監視区長駐剳所ヲ本月一〇日和歌県西牟妻郡田辺町ニ移シ田辺監視区長駐在所ト改称ス」(『官報』明治二三年二月二〇日)。

(42)曹長は下士であるが、監視区長在職中は陸軍各兵曹長ニシテ監視区長在職中ノ者ノ身分ニ関スル件(明治二七年七月一六日勅令一〇三号)によって、准士官として取り扱われることとなり、改めて陸軍省から補職されたものである。

(43)士官特別補充ノ件(明治三七年二月五日陸達一〇号)の適用を受け、予備役少尉に任官したと考えられる。

(44)経歴は辞令を中心に、「北海部郡長箕浦又生伺書(一八八六年六月四日)」(『郡役所往復(明治一八年、一九年)その二』レファレンスコード2001032237、大分県公文書館)、「大分県第四課長参事官福地隆春伺書(一八九一年一月二七日)」(『具申留(明治二四年、二五年）その一』レファレンスコード2001032365、大分県公文書館）、「恩給証書及一時扶助金証書交付ノ件」（『恩給扶助（大正四、五年）その二』レファレンスコード2009030159、大分県公文書館）、「大分県属藤林福弥外一七名叙位ノ件（叙位裁可書）・大正四年・叙位巻六」JACAR：A11112420500（国立公文書館）から整理し、『大分県報』（大分県公文書館）によって補完した。

(45) 改定陸軍召集事務細則（明治二三年五月二六日大分県訓令甲三三号）や海軍召集事務細則（明治二七年七月二四日同訓令五二号）の規定によるものである。陸軍の部は「凡ソ召集ノ命アリタルトキハ郡役所内ヘ臨時召集事務所ヲ開設」した場合、「郡吏若干名ヲ以テ予テ召集事務員トシ召集ニ係ル一切ノ事務ヲ処弁」する委員と規定し、海軍もほぼ同様の内容である。

(46) 明治二二年一月二一日改正徴兵令（法律一号）によって「抽籤番号ノ順序ニ従ヒ毎年所要ノ現役兵員ニ超過スル壮丁」で、一二月一日を起算日に一年間戦時もしくは事変に際して兵員を要する場合やその年に徴集すべき兵員に欠員が生じた場合に徴集対象となった。改正徴兵事務条例（明治二五年四月四日勅令三三号）は、戦時もしくは事変に際し予備徴員を徴集する場合には、郡吏員が引率すると定めていた。

(47) 改正大隊区司令部条例（明治二三年五月一九日勅令八一号）により、八代大隊区が大分大隊区となり、連動して「徴兵事務条例第四条ニ依リ歩兵聯隊ノ兵員ヲ徴集ス可キ連合大隊区」（明治二二年五月一一日陸軍省令一一号）の定めによって、歩兵第二三聯隊を担当するようになる。

(48) 一八九〇年同地に設置された要塞砲兵第四聯隊と考えられる。

(49) 同地に設置されていた歩兵第四七聯隊は、県域を超えた大分聯隊区司令部が担当していた（歩兵聯隊現役兵徴集聯隊区区分〈明治二九年四月一六日陸達六五号〉）。

(50) 明治三三年六月改定北海部郡役所庶務細則、レファレンスコード199601313（大分県公文書館）。

(51) 郡役所処務規程及細則、レファレンスコード199601034l（大分県公文書館）。

(52) 富谷益蔵『大分県官民肖像録』（博進社、一九一六年）二九三頁。佐賀関町史編集委員会『佐賀関町史』（一九六二年）三九四頁。

(53) 郡役所廃止に伴う徴集事務執行に関する特例（一九二六年六月二八日陸軍省令九）。

(54) 改正兵役法施行規則（陸軍省令四五）。

(55) 金沢師団軍医部「昭和一九年度徴兵官同医官副医官会同席上師管徴兵医官口演要旨」。

(56) 福島聯隊区司令部『徴兵検査心得』(一九四五年)。
(57) 昭和二〇年ニ於ケル徴兵事務等ノ特例ニ関スル件(陸軍省令五一号)。
(58) 税務管理局官制(明治二九年一〇月二一日勅令三三七号)により、税務管理局長の指揮下で税務署長として税務を監督する職であり、司税官補特別任用令(明治二九年一〇月二〇日勅令三四三号)による特別任用と推定される。
(59) 改正税務管理局官制(明治三一年一〇月二二日勅令二七二号)により、司税官補は司税官と改められ、あわせて司税官特別任用令(同日勅令三二二号)によって、施行日に一一月一日に「辞令ヲ用ヒズ同官等ノ司税官ニ任セラレタモノ」とみなされた。
(60) 経歴は、辞令と『官報』から整理した。
(61) 司税官は、改正高等文官官等俸給令(明治三一年一〇月二二日勅令三〇九号)の、高等文官年俸第三号表が適用された。
(62) 経歴は、『官報』から整理した。

日清戦争における「捕虜取扱い」の受容
——愛知県の場合——

松下佐知子

はじめに

日清戦争はメディア史や社会史など、新しい分野での研究が盛んに行われている。(1) また、軍隊と地域の関係では、シリーズ「地域のなかの軍隊」などがあり、近年成果が上がっている。(2)

しかし、日清戦争の捕虜の扱いについて地域的視点から分析したものは、管見の限り森雄司の論文だけである。(3) 森論文では、名古屋捕虜収容所を題材とし、日清・日露・第一次世界大戦の捕虜取扱いの差について分析している。そのなかで、日清戦争期の捕虜取扱いについては、日本にとって国際法遵守が死活問題であったため片務的義務を負って捕虜を取り扱い、訪日した捕虜には人道的に配慮したが、清は非文明国であり侮蔑の対象であったと述べる。

だが、そのような見方が日本社会において一般的であったのか、すべての日本人が同じような感情で捉えていたかについては分析されていない。また、なにが原因で清を蔑視をしていたのかは、日本で与えられた情報によって異なると思われる。

今回は、日本の官僚から憲法・国際法学者となり日清戦争に従軍し、その成果をヨーロッパに向け発信した有賀長雄の立場、いわゆる政府の立場と、雑誌の読者層である比較的裕福な層、そして新聞の購読者としての庶民の思想をそれぞれ分析し、この三者が日本社会でどのような構造で存在していたかを明らかにする。特に民衆の思想については、愛知県内で捕虜が収容された名古屋・豊橋を中心として分析する。なぜなら、住む町に捕虜がきた人々の印象は他と比べ深く、かつ捕虜が身近な存在だからである。

なお、実際の史料内でも「捕虜」と「俘虜」は、混在して利用されているため、今回は捕虜で統一するが、史料内の文字については変更しなかった。

一　ヨーロッパに見せたかった捕虜取扱い

明治二七年（一八九四）八月二三日に「俘虜取扱規程」、九月二〇日「俘虜分配表」を定め、その後実際の捕虜受け入れ地を決めた(4)。

こうして捕虜に対する政府方針が定まるなか、まず国際法学者として日清戦争に従軍していた有賀長雄の捕虜への対応をみていく。この従軍の際、どのような国際法解釈をしたかを『日清戦役国際法論』(5)という著書として、有賀は陸軍大学校から出版している(6)。これについては前掲森論文も参照されたい。

有賀にとって捕虜とはなんであったか。「捕虜ハ罪人ニ非ス、又復讐ノ目的ト為スヘキ人物ニ非ス、唯タ敵ノ戦闘力ヲ殺滅スル為ニ一時其ノ自由ヲ奪フ所ノ人物タルニ過キス」（法論一四一頁）と、有賀にとって捕虜は罪人ではなく一時的に自由を奪われた人という認識である。当然、ここには清への蔑視は含まれていない。よって、「罪人集治ノ場所ニ近キ処ニ置クコトヲ避ケ、東京ニ在リテハ本願寺ト称スル市中ノ最大寺院ニ拘留シ、地方ニ在リテハ多ク留守師団ノ兵営内ニ拘置シタリ」と、罪人の留置場などではなく、寺院・兵営を利用したと述べる。

しかし、捕虜が日本に来れば国民の清への蔑視が問題になることは明らかである。「彼等（清の捕虜―筆者）ヲシテ自由外出セシムルトキハ或ハ軍隊以外ノ文盲民衆ノ為ニ侮辱セラルルコトアランヲ慮リ、其ノ寺院又ハ兵営ノ外ニ出ツルコトヲ許ササリキ」（法論一四二頁）と述べ、多くの日本国民から侮蔑されないよう、捕虜への配慮をみせている。その一方では、「文盲民衆」という言葉で、日本において明らかな民衆蔑視をしていた。

有賀の引用する第一師団の管理を委任された訓令は以下の通りである。

一、俘虜ノ被服ハ在庫古品ノ絨、又ハ小倉織ノ内ヲ以テ適宜支給スヘシ

二、頭髪ハ本国風辮髪ニ為シオク

三、暖炉又ハ火鉢等居室ノ結構ニ応シ、適宜支給シテ可ナリ、但火災ノ予防等一層ノ注意ヲ要スルハ論ヲ竢タツ

四、暖炉又ハ火鉢等給与ノ程度ハ一般軍隊ノ例ニ依ル儀ト心得ヘシ

五、食事ノ調理、炊□、室内ノ掃除（浴室厠共）総ヘテノ水汲ミ、衣服ノ洗濯修理等ハ、俘虜ノ内ニテ為シ得ラルル限リ致サセテ差支ナシ（後略、法論一四三頁）

まず、洋服は在庫のもの（中古品あり）、辮髪についてはそのままにするという指示が出ている。また、気温が低ければ火鉢などを使用することも可能であった。炊事、洗濯などについては捕虜自身で行うとしたが、労働については規定がない。

衛生管理にも厳しく、また、日本に不利でない限り書簡のやりとりも許可した。(7)

病気の捕虜はどうするのか。有賀は、「元来敵ノ負傷者ヲ救護スルハ人類ノ自然ニ基ク道徳上ノ義務ナルニ因リ、彼レ清国ノ軍隊ハ我軍ノ兵士ニ対シ如何ナル待遇ヲ為スニ拘ラス、我レハ我軍ノ及フ限リ十分ニ支那兵ノ負傷ヲ救護セント決心シタリ」（法論一五一頁）と、負傷者の救護は道徳上の義務であるため、清の行動によらず救護にあたることを決定した。なぜなら、「我カ朝鮮ノ地ニ於テ清国軍隊ト戦フヤ、朝鮮国民ヲシテ文明国民ノ為セルモノナリヤヲ知ラシメント欲スル理由モアリタリ、因テ敵ノ負傷者ヲ救護スル事ニ殊サラ注意ヲ加ヘタリ」（法論一五一〜一五二頁）と、朝鮮国民を文明の民にするための戦いが日清戦争であるので、日本が文明的な行為を行うことが必要であったからである。

だが、実際の戦場である金州城、旅順口、威海衛の戦いで病院に入った清兵は六六名のみに止まった。なぜなら、有賀曰く「戦場ニ於テ負傷者ヲ救護スルニ当リテ、敵ト味方トヲ区別セサルノ典則ハ今日ニ於テ未タ日本軍隊ノ間ニ在リテ確固タル一ノ習慣タルニ至ラスト断定スヘキニ似タリ」（法論一五七頁）と、敵味方区別なく看病するということは習慣になってはいなかったからである。実際にはすべてにおいて「文明」戦争であったわけではない、ということであろう。

最終的な統計では、清の捕虜抑留地収容数は一六八一名、収容後死亡一一六名、逃走二〇名、送還されたものは一五四五名である。(8)

実際に従軍していた有賀長雄にとっては、捕虜は戦闘力を奪う意味で自由でないという存在であった。そのため、日本の民衆による侮蔑に対する対処も考え、大寺院や留守師団兵営などで生活をさせた。食事や暖房などは管理されており、病気も治すことができた。ただし、それはあくまでも理想であって、実際は敵味方のない負傷兵の看護が実践されないものもあり、まだ国際法が浸透していない日本の現実もあった。そして、有賀は清の捕虜を侮蔑する「文盲」の日本国民から捕虜を隠すことが、「文明」的な対応であると考えた。

二　雑誌にみる捕虜

戦場の捕虜について、海を越えて伝えられる記事としてどのように描かれているのか。特に、ここでは雑誌という媒体で伝えられている内容を分析したい。新聞『新愛知』の場合、月極め一五銭であるが、雑誌『日清戦争実記』の場合、月三冊発行で一冊八銭であり、内職一日分が六～一三銭であった当時の民衆にとっては、雑誌はすぐに手の届く媒体ではなかった。よって読者層は、金銭に余裕のある層ということになる。[9][10][11]

1　『日清戦争実記』

国民に対して日清戦争の動向を伝える雑誌である『日清戦争実記』は、明治二七年（一八九四）九月二九日の段階で捕虜についての記述がでてくる。実際清の捕虜が日本にやってくることが想定されてくるのは、一〇月一九日の段階である。「蛮行は、天地の共に容れざる所とす」と捕虜への蛮行を批判し、「我が軍は最も俘虜を優遇し、曩きに操江号の俘虜は、佐世保に回送し、後広島に移し、今は松山の寺院に置き、日夕の飲食は殆ど我士卒と大差なしといふ」と伝え、捕虜は日本へ回送され、飲食のレベルも士卒と変わらないことを述べる。そして、平壌の戦いでの六〇〇余名の「囚虜を載せたる運送船は一旦広島に帰航して之れを同地の当該官に引渡し当該官は更に之れを全国の各師団所在地に分送」する、すなわち広島から各師団へ移送することとなった。[12][13]

明治二八年二月一七日には「清国俘虜状況一斑」として、名古屋市建中寺の様子が詳しく書かれている。「当廠舎[14]

の俘虜は、計百名、細別すれば歩隊五十七名、馬隊五名、砲隊四名、水雷営一名、残余は雑卒即人夫」で、「就中我姓名を記するに足るもの僅に数名」と、捕虜となった兵が十分な教育を受けていないことを述べる。

当初捕虜からは、「一種異様の臭気は、鼻を撲ち」と、異臭がした。しかし、

東洋（日本を喚ふに東洋と云ふ）は、何にても清潔にせざるべからずとの観念を抱くに至れり。然れども清人元来不潔を好むに非ず、聞く彼地井水混濁にして衣袂の如き洗浄するも、到底清白を望むべきにあらず。為に不得已不潔に流るるなりと。

と述べ、清潔でないのは水質のせいであり、清は不潔を好むわけではないことを解説する。後述する新聞にでてくるような「不潔な清国捕虜」は、清で意図的に行われているわけではないと説明した。

来日当時は「顔色憔悴」していたが、「爾来適当の滋養分を得、適度の運動をなさしむる為め昨今は容貌色づき、身躰肥満」となり、健康状態は回復していた。雑誌には比較的侮辱表現が少ないようだが、『実記』に侮蔑表現がないということではない。「大食無芸の豚尾漢」などという表現を探すのに苦労することはない。

日本軍は戦況を捕虜より探っていたが、それについても「平壌の戦況を語らしむるに諄々として其醜態を説き括として恥る所なし」と、捕虜が率先して話していることを伝える。また、「清兵の気慨なきは今更に言ふを要せず、然れども其無邪気なる又可憐なり」と清の捕虜が無邪気であることを強調している。

実際の生活では、なににどれくらいの費用がかかっていたのか。明治二八年五月九日の時点で(15)、配属地域によって物価の差が若干あるが、だいたい「一人一日精米六合の割にて、菜料は七銭、炭料は十銭五厘なり」と、おかずの料金は七銭であるから前述の一日の内職代金の最低水準ぐらいであった。

日々の捕虜の生活のなかにおいて、有賀が語らなかった事例がある。それは名古屋市内の捕虜は仕事をしていたと

いうことである。「小人閑居為不善、無為に過さしめなは、彼等の大毒薬、已を得ず、燐寸の製造と防寒足袋の制作（固より軍隊よりは命せす、商人の依頼品）に従事せしめ、得る所の賃銀、以て日用需要に充てしむ」[16]と、マッチや防寒足袋などの作成し賃金を得ていたのである。

中国大陸にいる清の捕虜は、どのような生活を送ったのであろうか。海城に収容していた清の捕虜「総計五百六十八名にて多くは湖南地方」出身者であった。しかし、そこには「例の不規律にして不潔なるは驚くの外なし、追々暑気の加はるに連れ、中には虎列刺病を発するもの赤痢に罹るものありて遂に監視の衛兵に伝染し、随て海城市中に蔓延せんとするの兆候あり」と、規律もなく不衛生な清の捕虜のため、日本兵まで病気にかかっている。しかし、「清潔法を行ひ尚ほ一層衛生上に注意せし」と、清潔に努めて病気の伝播を防いだ。[17]

明治二八年七月一九日に捕虜交換の話が出てくる。ここで、清の日本人捕虜の対応はどうかというと、「北京の総理衙門は満洲地方に駐屯する諸将軍に訓令して各所管の日本俘虜を精査報告」するよう命じたが、

清国総理衙門にて取調べたる報告に依れば、日本人の捕虜重傷のもの二名遼陽方面に在り、日本国より清国の捕虜を請取りたるとき当該官吏は該方面に於て之を引渡す可し宋、魏両軍将軍の下には日本兵の捕虜一名もなし、裕禄、長順、依克唐阿等の各将軍よりは未だ報告なきに委細分からず。

と、詳細がすべてわかっていないうえに、二人しか捕虜がないという。これに対し、「日本兵士の行方不明なるもの五、六〇名もありて、是等は皆な清軍の為に俘虜と為たるものならん」と、行方不明者が五、六〇名もいるのに捕虜が二人とは「意外の少数なるは実に不可思議」と意外であることを述べている。[18]だが、後日「我が捕虜の口供」という記事では、一一人の捕虜の事情について掲載がある。[19]この資料を基に作成した表によれば、すべての捕虜が所持金を奪われていることがわかる。全額ではなく、返還の際割にはあわないが銀塊四両ずつを返却してもらっている。また

表　日本人捕虜の実態

名　前	身分	捕まった状況	待　遇
郷田愛吉	一等卒	1人で歩いて移動する途中．	捕まった時，杖でぶたれたが，その後手当も無．遼陽では手足に鎖をつながれた．
尾上順吉	軍夫		130日つながれていた．凍傷のため，手の指などを落とす．手当なし，所持品を奪われる．
三方順次	軍夫	尾上と一緒に捕らえられる．	金14円奪われる．足に凍傷．
大谷秀吉	軍夫	海城へ8里の場所で凍傷のため，田中，広津とともに拿捕．	所持金を奪われる．治療はなし．
田中新兵衛	軍夫	大谷，広津とともに拿捕．	所持金を奪われる．樫の棒で殴打．コレラ罹患の際，一度投薬．
広津弥吉	軍夫	大谷などと拿捕．	所持金を奪われる．
永田市太郎	軍夫	凍傷で身動き取れないなかで拿捕．	所持金を略奪される．
米田虎八	軍夫	凍傷のため歩行困難となり，村民に捕らえられる．	所持金を盗まれる．
小野九蔵	軍夫	凍傷および疝気のため歩行不自由となり拿捕．加藤，高野らとともに．	拿捕の際，負傷．所持金を奪われる．治療は受ける．所持金を奪われる．軍隊手帳を持っていたため，兵と間違われるかと偽名を使用．
小川宇太郎	軍夫	凍傷および疝気のため隊に遅れ3日間絶食状態のため．	拿捕の際，頭部に大けが．1週間清の治療を受ける．所持金を奪われる．
高野音吉	軍夫	小野とともに捕らえられる．	所持金を奪われる．

（出典）『実記』40号，明治28年9月27日，「我が捕虜の口実」より作成．

コレラ罹患の際に治療も受けている。日本人捕虜に対して、ある程度の「文明」的扱いを清も行っていたのである。しかし、日本と比べれば、「何れも頭髪を剃られて、真中に唯だ一握りの髪を存し、身には黒木綿の支那服を着け」させた。この行為の理由について、日本兵の髪型は「清国人貴国人（日本人—筆者）を見ば恐怖すること甚し、故に不得止貴国俘虜を剃髪せしめたり」と、現地住民を刺激しないためだと語っている。(20)

食事などは、「日々高粱や粟粥のみを食し居り、僅に朔日とか十五日とか二十八日とか云ふ折に、うどん又は饅頭を給与せられ、又、入浴は月に一度のものもあれば前後僅に二回の入浴に止まる者もあり」と、前述した日本の清国人捕虜の扱いと比較すれば、格段の差があったのも事実である。

その後の講和交渉が進むにつれ、捕虜の交換が現実の問題となり、その一方で別の捕虜が問題となる。台湾からの捕虜である。官舎は「司令部第一門内にして」、「彼等の食事する様は、茶碗と箸とを持て、立ちたり居たり歩みたりなどして、一時間余を費す」と食事の仕方が問題となっている。捕虜は基隆砲台の投降兵であり、「将校以下三十名、内我大尉相当官一名、下士三名あり。年齢は十七、八なるあれば四十位なるものあり」と三〇名の捕虜であった。捕虜には、「日給を与えて便所等の掃除に使役せり、而して将校相当のものは日給六十銭、下士以下は三十銭を給せり」と掃除を仕事として与えていたこともわかる。台湾については、『実記』ではこの記事のみなので実態についてはよくわからないが、基隆の投降兵を捕虜として扱ったということは確認できる。(21)

明治二八年九月一三日に清の捕虜が、帰国の途に就く。その際、『実記』では大阪毎日新聞の「報による」記事を掲載する。(22)船中は「自分さへ満腹となれば他人はどうでも善しといふ乞食根性を有するより」や「余等食物のまづき為め之を余すが常なりしより、渠れ清人等は其残飯を集めて喜んで食せり」と食事に関して侮蔑的な感情をあらわにする。

しかし、母国についた捕虜は「今夜帰宅せんと欲する者あれば直に帰れ、金なければ明日まで待て、然らば李鴻章来たりて金を与ふ可し」といわれたという。しかし、翌日まで待っても下士以下には五〇銭しか与えられなかった。捕虜は帰国しても、貧しい者たちは帰郷の途に就けるとは限らなかったのである。

捕虜返還の前には、「五百六十八名の捕虜中武官九名、文官十九名の将校待遇者には蝙蝠傘一本其他一同へは被笠一個を与へ牛数頭、山羊数十頭、野菜、高粱酒を贈りて支那料理を饗応し」と祝いの宴を設け、清の捕虜より「深く我政府の厚意を謝し」喜ばれている。「清軍の手筈整はず」と清の軍とのやりとりの結果、日にちはずれ込んだものの、九月一日ようやく捕虜が俘虜環送委員会の立会いのもと、手続きを終えた。日本人捕虜も帰国の際には前述の通り銀塊四両と衣服靴を受け取っている。(23)

戦地で捕虜となった兵士は、清の場合中国大陸内の兵営で、日本に移送された者は広島から各師団設置場所で生活を送ることとなった。雑誌を読む日本人にとっては、敵国清の捕虜の日常の取り扱いを「豚尾」などと軽蔑しつつも、事実に則った報道がされている。よって、台湾の占領までの道程で捕虜が出始めたこともわかる。軽蔑されたのは、食事の仕方、不潔、怠惰といったことであるが、不潔に対しては清の事情を説明している。また捕虜の立場を考えず「無邪気」などと形容しており、現場で国際法を解釈していた有賀より、侮蔑の色が強い。与えられた食事の内容は、士卒と同様と米六合、副食費七銭など、日本国内の民衆からすれば、厚遇にみえる。しかし、実際には仕事として、防寒足袋などをつくり賃金を得ていた。

日本は「文明」国としての体面を保つため、厚遇していたともいえる。だが、清においても不十分ながら病気の治療などがなされていた。しかし、対応には雲泥の差があったことも事実である。

2　その他の雑誌

『日清戦争実記』は日清戦争の報道雑誌であったが、その他の雑誌はどのように報道したか。総合雑誌のなかにも捕虜についての記事がある。

一つ目は、『反省雑誌』である。これは後に『中央公論』となるが、それ以前の『反省雑誌』は西本願寺の反省会が出版したもので、仏教色の強い雑誌であった。「捕虜に対する仏教者」(24)というタイトルで、読者層も仏教の指導的立場の人たちに向けてのものである。

書き手はまず、「捕虜殆んと六百余名に上り、已に松山に東京に大阪に大津に豊橋に之れを分置したりと聞けり」と、六〇〇余名捕虜が各地に移送されていったことを伝えた。その捕虜について「父母に於ける素より膝下の好児孫たる可き也。妻子に対し児女に附し素より仁慈篤愛の人たらざるを知らんや」と、捕虜は仁愛に満ちた人々であると述べる。そのような存在に対して、日本人は「須らく軍律の許す限りあらゆる方法によりて彼等を慰藉せんことを之れ務むべきなり。若し夫れ誠に吾党の欲する処のものを云はんか、能ふ可くんば請ふ先づ彼等に書籍経典を贈らん」とし、彼らを慰めるために経典を贈るよう呼びかける。また「請ふ説教演説者を送らん」と、説教者を送るよう促した。そして、捕虜を慰める運動が「博愛的運動の由なく拒非さるるの恐あるを知らさる也。真に是れ天下の大道なればなり、仏陀の殊に指示し給へる吾党直前の一大方路なればなり」と、その行動が途中で途切れることがないよう願い、それが仏陀の示す道であると述べる。この運動こそが「教徒か国家に尽し、宗教に尽す最大任務の一なり」と、国家への尽力であるとの認識もあった。

そのほか、総合雑誌である『国民之友』では、平壌の戦いでの日本の行方不明者を「生死未詳の下士卒四十名あり」と四〇名とし、「捕虜支那人百五十三名、朝鮮人十四名、其他我手に落ちし傷者支那人八十二名、朝鮮人二名」と日本の捕虜であった可能性のある者を四〇名と述べるのに対し、清の捕虜は三倍以上の一五三名とする。そのなかで、もっと目を引くのは朝鮮人の捕虜がいたということがわかる点である。(25)

また、「(明治二八年—筆者)三月八日、第五師団の軍夫二人、道を誤て清兵に生撮擒せらる。流石に残忍兇悪の清兵も、仁義の道を我に習ひけん、之を放て我に帰らしむ」と、捕虜に対する清の扱い方に変化が表れていることを示す。(26)

そして、四月二三日の発売時点での日本国内の捕虜は、

広島　三十八人　松山九十六人

大坂　二百二十七人　大津九十八人

名古屋　百人　豊橋百人

東京　百七十九人　佐倉百人

高知　四十二人　総数九百八十八人(27)

とあり、名古屋・豊橋共に常時一〇〇人位の捕虜を抱えていたということができる。前出の『明治二十七八年戦役統計』では、高崎が収容地としてあがっているが、ここでは記載はない。また前述の統計では、高知の記載がない。

以上のように、双方の雑誌共に清への侮蔑感は表れていない。雑誌を購読する層では、侮蔑感がなかったということはできないが、極めて頻繁にでてくるわけではなかった。

三　新聞報道での捕虜の報道

愛知県の新聞については、『新修名古屋市史』(28)に詳しいが、ここでは『新愛知』(29)と『扶桑新聞』(30)を扱う。また、名古屋市の捕虜受け入れから帰国までの概略については、前掲森論文が記す通りである。ちなみに、『新愛知』は自由党系の新聞であった。

愛知県では、名古屋市と豊橋町に捕虜がやってくることになる。捕虜などに関する訓令がだされると、「豊橋に於ては予め俘虜の充満に備ふるが為め、庁舎の準備に取掛りたり。又、寺院を借受けて二百人以上を入れるべき工事に着手」した。そして、「平壌の大勝軍に豊橋歩兵第十八聯隊の手に捕へたる支那兵俘虜は、当市（「なごやし」とルビ—筆者(31)）内に檻を設けて拘置するにつき、新出来町の徳源寺、筒井町の建中寺其他の寺院を取調中との風説」ありとし、平壌の戦いででた捕虜が名古屋市内にもくるといううわさが立っていた（ふ九四・九・二三）。

また、有賀の記している捕虜の待遇についても「其人数は凡三百名なり。該俘虜は万事我兵士同様の取扱ひにして、食事の如きは一日一人六合野菜代金五銭八厘の賄ひ随分丁寧と云ふべし」とあり、費用だけみれば日本国内でも十分な暮らしができたのである。それで、「随分丁寧」と皮肉交じりな記述となっている（ふ九四・九・二八）。

豊橋では、受け入れについて「同町大字吉屋の西光寺と龍沾寺の末寺」に柵をして入れ、「別に囚徒の如く監房するにあらざるやに聞く」と罪人のようには扱わないと聞いたと伝えている。有賀の説明では、なぜ罪人でないかという説明がなされていたが、ここでは来るといううわさの指摘に止まる（ふ九四・九・二八）。

『扶桑新聞』では「評論」として、「捕虜に就いて」と題した文章がのせられている。まず、捕虜について、生擒したる捕虜三百名は遠からずして当市に来たらんとすと云ふ。我国民は敵と聞くからに幾千か嫌悪の念起るなるべし。これ自然の情なり。然れども、素と敵兵を生擒するは博愛主義の行為なれば我国民の之に投するも亦博愛を以てせざる可らざるなり。

と、捕虜への対処の仕方は博愛主義に由来するとし、そのため日本国民も博愛をもって接しなければならないと述べる。しかし、清国人は、「平素蔑視し軽侮したる敵に降り敵の捕虜となりて世界の笑ひ物となるを顧みざるなり。彼れ若し国を思ふ忠肝義胆あるならば、潔く戦場の露と消へなんものを、嗚呼清人は愛国心を有せざるなり。不忠不義は彼等の性質なり」と、博愛主義を唱えながら清の兵には戦場で死ぬことを清兵に強要している（ふ九四・一〇・四）。

捕虜となりたる清兵は止むを得ずして捕獲されたるに非らずして、生命惜しさに降を請ひたるものなれば、仮令本国に対しては不忠不義の奴なりと雖も我に抵抗して戦ひたるは本国のために栄誉ある義務を尽すものなれは、我れより之を視るに犯罪者を以てす可きにあらざるなり。

と、清の兵が命欲しさに捕虜になったと軽蔑をしつつ、清の名誉ある義務のために働いたのだから犯罪者ではないとしている。捕虜が移送される前から、「生命」欲しさの投降兵という意識があったのである。そして、国民からすれば十分すぎる保護が与えられており、経費も馬鹿にはならない。そこで、

我政府には是等の捕虜に相当の労役を課するの権利あり。但し其労役は軍事に関するものに限る。故に我政府は徒らに彼等に居食ひの安逸を貪らしるんよりは、寧ろ何か方法を設けて彼等を労役に服せしめて可なり。而して其賃金は以て彼等を養ひ、若し余裕のあるなれば之を貯蓄して幸に彼等を放還する時を得ば之を各本人に給与すべし。これ又我経済の一助なり。

と、捕虜を労働力として賃金で捕虜の生活費を賄おうとした。以上のように、捕虜到着前から、日本では博愛主義を

唱え「文明」を前面に出しながら、「生命惜しさ」と清の捕虜への侮蔑の感情を持った民衆が多かったのであろう。よって、その現状は博愛主義からは程遠く、捕虜たちに異国での労働を求めた（ふ九四・一〇・六）。

そして、ついに名古屋と豊橋に捕虜が移送される。明治二七年一〇月一五日「午後四時四十三分笹島着の汽車にて当名古屋へ来着し」、「筒井町建中寺及新出来町徳源寺の留置場へ護送する」手筈になっていた。この時、東京へ二〇〇名、名古屋・豊橋へ一〇〇名ずつの予定であった（し九四・一〇・一六）。同日の新聞記事には、到着する捕虜を見物しようと「集る者雲霞の如く一時は非常の雑沓なりしが、彼れ清兵は命よりも金銭よりも尚大切になしつつありし辮髪を断れ、悄々として衛士に引かれ行く其様は真に屠所の羊に異ならず、可笑しくも亦憐れなりき」と、有賀が決定した辮髪はそのままにするということは、厳守されているわけではない（し九四・一〇・一六）。また、明らかな侮蔑感情と、興味本位なまなざしとで捕虜は「悄々」とするしかなかった。

名古屋と豊橋に到着した清の捕虜は、「尉官一名軍曹四名兵士五十余名人夫四十余名の由」で軍夫より兵士の数が多く、「近日より境内に風呂場を設け入浴を許し食料は一日一人に付金十六銭」である。内職の一日の報酬が多くて一三銭であり、これを超えている。『扶桑新聞』によれば、「其員数は百名にして負傷者は一名も混合し居らず、又二三名の下痢患者ある由」と、一〇〇名の内、重傷者はいない。「此等俘虜を護衛するには建中寺の学問所に番兵を配置しあり」と、捕虜は建中寺学問所を宿舎とし衛兵がついていたことがわかる。一日一六銭の賄いや、「布団を与え入浴所も四箇所設けあり、至極結構の扱いには俘虜一同大喜悦の体に見受けられる」と捕虜の待遇のよさを伝える。しかし、「此百名中の三四名は辮髪の儘にて居るも其他は悉く散髪にされ居る」と、実際の現場では辮髪は切られていた。また俘虜の特徴として「何分此俘虜どもの不潔なると賤しき挙動あるは驚くべき程にて、或ひは道行く時に放尿し或ひは弁当を手摑みにて食し、一昨日汽車中にて晩飯せし残りをば持ち来りて道中ムシャムシャ喰いながら歩くなど、実に不品行極まる者なりとか尚聞く」と、不潔であること不品行であることを伝えた（し九四・一〇・一七）。特に、食事のマナーについては、以後何度も繰り返し書かれていた。

このような捕虜を一目見ようと地元住民が殺到する。「去る十五日当市へ送越されし清国捕虜の留置場たる筒井町建中寺は、其翌日より非常の見物人ある由、殊に一昨日の如きは雨後の好天気とて近村市中等よりの来館者殆ど山をなし、門前には果物菓子類を売鬻ぐ数多の店列し、なかなかの雑沓なりき」と、捕虜が見世物のような対象となっていたことがわかる（ふ二七・一〇・一九）。前節で述べた有賀が避けたかったこと、「文盲民衆」が大挙して押しかけたのである。

捕虜の一日は、「俘虜には別段是と定まりし職業を執らしめず。朝餉を畢りて後ち午前八時より同十時までは適宜運動を為さしめ、夫より該教校内の□掃其他屋内の造作修繕等を手伝はしむに過ず」と食事と宿舎の修繕などのほかは、作業がないと記す。よって「此等の豚尾漢多くは遠慮会釈なく安逸を貪り得ると生計の困難なきとの二点より孰れも喜色満面に溢れ莞爾ものにてヒュー（即ち豚の吼る声）と云ひ居れるものの」と、仕事もなく食事も出ていい気なものであるというニュアンスや、「豚尾漢」という侮蔑的表現を繰り返し使用している。

建中寺教校内なる捕虜兵を門外より縦覧するに於ては、何人と雖ども番兵誰何を受る事なく恰かも東京上野公園内の動物園に臨むで熊や猿を見物するの感あり。這は畢竟豚尾漢も亦分捕人の事なれば、「是れは何国の産」とか或ひは「物品に手を触る可からす」とかの札こそ附け得され、其縦覧を寛にするは分捕品を汎く国民に観せしめむると殆んど同一の意に出でしものならんと思う（し九四・一一・五）。

と、捕虜は地域住人にとって、完全に見世物であった。それは、前掲森論文でも指摘されている通り、捕虜は「分捕品」の一部だと考えられたからである。その人数は、「毎日の見物人を聞くに平均五千人内外（然し追々減少の傾きはあれど）にて、最も多き日は一万五千人の群衆を見たり。根が乾物や土細工物と異り見るは一時談話は末代までと云へば誰しも一回見て置ねは人間の義務に適はぬと云ふ」と、一日五〇〇〇人を超える人が「人間の義務」と感じて訪れている。有賀が避けたかった事態になっていたのである。見に行ったのは住民だけではなかった。「清兵捕虜を撮影すべしとのことにて県会議員一同は陪覧の為め出張したるが、都合により撮影は中止となりたり。其際議員一同よりは巻煙草二百包を俘虜に恵与したり」と、県会議員も見に行っている。その際、巻煙草が寄付された。このような清の捕虜に対する寄付は、数例を除きほとんどなかった（し九四・一一・五）。

そのうえ、仕事は前節でみたマッチ・防寒足袋製造だけでなく、「三河国豊橋龍拈寺の清兵俘虜は、此頃籠製造の業に就き」と、籠製造の仕事も行っていた（ふ九五・二・二）。

あまりに多く「身形不体整なる者ありてチャンチャン豚尾など軽視するもの却て我が風俗の野卑なるを軽さるるに至らん」と、豊橋では見物客のために「慰問俘虜心得」を作成した。

（一）慰問者は必ず（豊橋衛戍）補充大隊長佐藤政股の准許を要す
（二）軍人は必ず服装を正しくし、姿勢を厳にし、大日本帝国軍人の威厳を失はざるを要す
（三）当人は必ず羽織袴帽子足袋を着するを要す。但し婦人は勉めて清潔なる服装をなすべし
（四）慰問者は如何なる事情あるも俘虜に対し筆談又は言語を交ふることを禁ず
（五）言語動作等にて俘虜を侮慢し又誹謗する如きことは之を禁ず
（六）慰問者は一回拾名に限る
（七）慰問の許可を受けし者たりとも俘虜の食堂浴室及厠間の近傍に立寄ることを禁す（ふ九四・一〇・三一）

特に、（五）の捕虜に対する侮蔑は、新聞などでは頻繁に使用されている。侮蔑表現が地域住民にも浸透しており、

広く使用されていたことがわかる。

しかし、このような国民ばかりではなかった。前節で述べた『反省雑誌』のような行動をとる僧侶がでてくる。

同使（真言宗俘虜撫恤使―筆者）は一昨日名古屋に来り同地の同宗僧侶付添ひ午後三時建中寺内の俘虜を訪ひ、事務員清水少尉等列座の上、通訳官丹治某氏の通訳にて、俘虜に説教し垂示俘虜法話を俘虜劉宝左をして朗読せしむ。俘虜我皇陛下の聖恩を会得して感泣せり。畢て山県氏は手拭を一筋づつ、又同宗派よりは半紙一帖づつを各俘虜に恵与せり（ふ九四・一一・二三）。

と、通訳を通して法話をし、また手拭・半紙の寄付を行った。

寄付や法話は、真言宗に限った行動ではなかった。「天台宗総本山江州比叡山より第二師団付の清国捕虜撫恤教誨」として三名の僧侶が派遣され、法話などが行われ本山の印が入ったハンカチを一枚づつ寄付されている（ふ九五・二・一九）。

時には捕虜は散歩にも出たようで、「一昨日名古屋建中寺の捕虜は愛知郡八幡山あたりへ散歩し、帰路大に牡丹亭に飲みたりと云ふ。何人の饗応かは知らねど、捕虜の身分昨今なかなか呑気に見ゆ」と、帰りに牡丹亭で飲食した様子がわかる。「なかなか呑気」という嫌味も、捕虜の身分でありながら、自分たちより楽しんでいることが気に入らないという意味を含むと思われる。

その後、「平和条約の結果として幾千の捕虜将に送還されんとす。或人試みに彼等に聞いて曰く、若し近日にも帰国を許さるることあれば如何に汝等は嬉しかるべしと問ひしに、捕虜は訝しげに否とす。我本国は不人情なれば帰るを欲せず、若し帰らねばならぬ事とならば余等は航海の途に於て死す」と、捕虜は清が「不人情」なので帰国したくない、帰国させるなら帰路の途中で死ぬとまでいった（ふ九五・五・一七）。

しかし、「名古屋建中寺に繋がれ居る捕虜は、始の程は本国政府の残忍なるを恐れ帰国を欲せず。殊に劉宝泰と呼びなす男は日本に帰化するなど云ひ居しが、此度の平和条約に捕虜は刑罰せずとの事あるより、彼等の喜び大方ならず、今日か明日かと慈姑頭を叩きて鹹首して待ち居る」とあるように（ふ九五・五・二九）、自分が生きて帰国できるのであれば、すぐにでも帰国したいというのが本音であろう。

また、この頃「澎湖島の清国捕虜風西陳、去る九日奈良丸にて拘致されたるが、同人は左眉に銃創を受け居たりしを以て直ちに予備病院に送院さる」と、捕虜が連れて来られる地域が台湾に移ってくる（ふ九五・六・一三）。

一方、日本人の捕虜はどのように報道されていたのか。「大平山の役に於て」「終に捕虜となりしもの二名は目下錦州宋慶の許にある趣きなるが、頃日知友に送越したる書面に依れば、清軍の捕虜を遇する、初めは厳酷苛虐甚だしきに至りては斬戮する等実に云ふに忍びざるものありしが、愈々平和となりし以来は、欧州諸外国公使等の注意もありしと見え、待遇頓に寛大となり飲食居住凡て同国将士に異なる処なきに至り、又故国への書信文通も自由に往復を認諾し居る」と、和平交渉の頃にやっと捕虜の扱いが清の将士と同じレベルとなったと述べる。ここに「欧州諸国公使」などの眼があるとも指摘する。日本にしても、清にしても、捕虜の優遇策はいかに「文明」国家にみせるかということが重要なのであった。日本の捕虜の数は、

開戦以来我兵の清国兵の為めに捕虜と為り居る者、果して幾人あるや未だ其消息を得ざれども、昨今陸軍戦地死亡者の数取調表中各地に於ける生死不明の者の総計は六十余人ありとあり。此六十名の内は或は死体を失ひて行衛不明の者あるべけれど、多分は正しく彼れの捕虜と為り居る者なるべく兼て金州地方に於て噂ありし賽馬集付近に二ヶ処拘留しある我国の俘虜六十余名と云ふも其数能く之れに合し居るを見れば必ず我兵の捕虜は五十名内外にして之れを清国の捕虜一千十二人に比する時は実に三十分の一なりと（ふ九五・六・二五）

とあるように、行方不明者六〇名で、捕虜の数は五〇名前後というのが日本の目測であった。確かに日本側にいる清国の捕虜数とは三〇分の一ぐらいであるが、戦争が終わる頃には、清も他国の眼を気にして「文明」的な扱いをしていることがわかる。

そして、清の捕虜も帰国が近くなった。

名古屋市筒井町建中寺に監守さるる捕虜は、近日故国に送還さるる由を聞き喜ぶこと一方ならず、監守官へ自分の所書を致して清国へ渡来の節は是非立寄りたまへ、自分も帰国の上は再び日本へ来るべしなどと語り居る由、又同捕虜愈〻出発の際は髱を入れて辮髪を編して服は新調の浅黄の猶太服(看護婦服様のもの)を着せしめ支那靴の代りに足袋と草履とを与ふるよし(ふ九五・八・一一)

と、帰国にのぞみ捕虜の喜ぶさまと、その際の衣服などを軍から支給されていることがわかる。

帰国当日は、

本日(明治二八年〈一八九五〉八月一三日―筆者)午前五時四十分名古屋建中寺に在りし清国捕虜百余名笹島を出発し、神戸に向ひ出発せり。捕虜は浅黄服を着し、慈姑頭を振嬉色満面に顕し得々然たり。見物人山の如し。豊橋の捕虜百名は同九時三十五分名古屋停留場を通過せり(ふ九五・八・一三)。

と来た時と同じような人だかりのなか、鉄道で移動した。

しかし、帰国後も新聞紙面には「名古屋に監守されたる捕虜百人の一ヶ月の食料は四百八十円にして、殆ど十ヶ月居りたれば、都合四千八百円なり。依て今日本より来り居たる捕虜を千人とすれば、彼等が今回送還さるまでの食料は大約四万八千円なりと計算」しているなど、経費に関するわだかまりは根強く残った。

名古屋と豊橋に一〇〇名ずつやってきた捕虜は、当時の民衆からすればかなり「良い」生活をしていた。そして、官舎となった寺も、留置場のようなものではなかった。人々は、「博愛主義」をもって接しなければならないことを知ってはいたが、「命欲しさ」に捕虜となったという捉え方は根強く残った。そのうえ、実際は仕事を行っていたにもかかわらず、仕事もしないというふうに認識され、よい感情を持たなかったのはいうまでもない。

また、捕虜は「分捕品」であるという認識でもあり、一目見ようと大挙して押しかけている。これが、有賀の避けたかった「文盲民衆」のふるまいであった。

このようなふるまいに歯止めをかけようとした軍が、「慰問俘虜心得」を出す。その要因として、押しかけた人々の服装の乱れや、捕虜に対する侮蔑的な発言が根底にある。

衛生面にも気を配り、病気の治療や入浴の配慮もなされた。しかし、それでも命さえ保障されれば、帰国したいというのが捕虜の本音であった。

和平交渉の頃、台湾征服戦争に伴う捕虜の取扱いも始まり、日本人捕虜との交換も具体化された。その頃には、清における日本人捕虜の取扱いは少しずつではあったが、「文明」的に扱われ始めていることもわかる。

おわりに

以上のように、社会における階層により捕虜に対する見方が変化する。国際法学者有賀は、捕虜は罪人ではない、自由でない人という立場で書かれていたが、日本社会では貧困層になるほど、民衆のなかに入ると蔑視の感情が表現として溢れてくる。そのことは、「博愛主義」をもって捕虜に接すべきであるという認識はあるが、捕虜自身が「命欲しさ」に投降したという言葉が同時に投げられていることからわかる。

そして、有賀が目指した国際法に則った戦争であるほど、捕虜に対する費用はかさむ。この点も、民衆が心善しとしない原因であった。特に、仕事をしていないという誤解により、なにもしていないのに優雅に暮しているととられたのだろう。

特に、民衆から侮蔑されたのは、不衛生で食事のマナーが守れないという点であった。これは、雑誌を読む層では国の違いや水質の問題として語られているが、そういった配慮は新聞の場合みられない。また、雑誌読者層では、具体的に捕虜への講話や寄付が行われたことも事実である。

そんな捕虜を民衆は大挙してみにいった。「分捕品」をみにいったのであり、文字通りの見世物である。有賀の恐れていた「文盲」の輩が大挙して押しよせるという、「文明」国らしからぬ行動に出たのである。当然、軍では見物客の質を改善しようと「慰問俘虜心得」を出し、少しでも「文明」国へ近づけようとしていた。それでも、捕虜の帰国まで民衆には「文明」の戦争は根付いていなかったといえよう。

注

(1) たとえば、大谷正・福井純子編『描かれた日清戦争』(創元社、二〇一五年)など。

(2) 河西英通編『地域のなかの軍隊三 列島中央の軍事拠点』(吉川弘文館、二〇一四年)。

(3) 森雄司「近代日本における捕虜―日清、日露戦争と第一次世界大戦における捕虜取扱いの比較研究―」(『中京大学大学院法学研究論集』二五、二〇〇五年)。新修名古屋市史編纂委員会編『新修名古屋市史』五(二〇〇〇年)、豊橋市史編集委員会編『豊橋市史』(一九八三年)にも記述はない。

(4) 明治二十七八年戦役統計編纂委員会編『明治二十七八戦役統計』下(一九〇二年)一〇七一頁。

(5) 有賀長雄『日清戦役国際法論』(陸軍大学校、一八九六年)。以後本章において本書から引用した史料に関しては、「法論」と略し頁数を打っていく。なお、句読点と仮名は読みやすいよう変更した。

（6）拙稿「憲法学者としての有賀長雄―曽田三郎『立憲国家中国への始動』の書評を発端として―」（『東アジア近代史』一三、二〇一〇年）を参照。
（7）同右、一〇七一～一〇七二頁。
（8）同右、一〇七四頁。ただし、このなかには台湾征服戦争の人数は入っていない。
（9）前掲注（3）『新修名古屋市史』五、八六〇頁。
（10）以下『日清戦争実記』は『実記』と略す。『実記』六、明治二七年一〇月一九日。
（11）岩崎爾郎『物価の世相一〇〇年』（読売新聞社、一九八二年）三一頁。
（12）「俘虜の処分」（『実記』六、明治二七年一〇月一九日）。
（13）「平壌役の捕虜」（同右）。
（14）「清国俘虜状況一斑」（『実記』一七、明治二八年二月七日）。
（15）「捕虜の費用」（『実記』二六、明治二八年五月七日）。
（16）前掲注（14）「清国俘虜状況一斑」。
（17）「清国捕虜引渡の顚末」（『実記』四二、明治二八年一〇月一七日）。
（18）「日本捕虜の消息」（『実記』三七、明治二八年八月二七日）。
（19）「我が捕虜の口供」（『実記』四〇、明治二八年九月二七日）。
（20）「捕虜交換始末」（前掲注（17）『実記』四二）。
（21）「台湾雑俎」（『実記』三八、明治二八年九月七日）。
（22）「捕虜送還記」（『実記』三九、明治二八年九月一七日）。
（23）「捕虜交換始末」（『実記』四二、明治二八年一〇月一七日）。
（24）「捕虜に対する仏教者」（『反省雑誌』明治二七年一〇月）。
（25）「日清両軍の死傷」（『国民之友』二三六、明治二七年九月二三日）。
（26）「清将の無智」（『国民之友』二五一、明治二八年四月二三日）。
（27）「清国の捕虜」（同右）。

(28) 前掲注(3)『新修名古屋市史』五、八四九〜八六七頁。
(29) 以後『新愛知』は、「し」と略した後、年月日を入れていく。年については、西暦の下二桁を示す。
(30) 以後『扶桑新聞』は、「ふ」と略した後、年月日を入れていく。年については、西暦の下二桁を示す。
(31) 『扶桑新聞』は、「当市」と書いて「なごやし」と読ませている。以後記さないが、史料はそのままとした。

大正期陸軍における在郷軍人の把握と教育

――長野県上伊那郡南向村分会における簡閲点呼を事例に――

安　裕太郎

はじめに

明治四三年（一九一〇）、帝国在郷軍人会が創立する。帝国在郷軍人会は、末端組織として分会を全国の町村に設置し、大正期を経て昭和期の戦時下に至るまで地域の銃後の中核を担う存在となっていく。本稿では、長野県上伊那郡南向村の帝国在郷軍人会南向村分会（以下南向村分会と略す）における大正期の簡閲点呼を事例に、陸軍における大正期の在郷軍人（分会）および地域の把握・教育の実態を考察する。

大正期における軍人（在郷軍人）・軍隊を取り巻く環境としては、第一次大戦やロシア革命、軍縮などを背景として軍人（在郷軍人）・軍隊に対する社会の悪感情や批判にさらされた時期である(1)。一方で、在郷軍人としては、日露戦後の後備役の延長や二年現役兵制の導入により人員が増加する。戦時の大動員は在郷軍人の動員を意味し、在郷軍人が戦時における兵員の主力となり、また、地域にあって軍隊と地域住民をつなぐ存在とされた。陸軍側としては、軍隊と地域住民をつなぐ存在として期待した在郷軍人が、地域住民からどのように捉えられ、在郷軍人自体が、社会主義や自由主義といった陸軍にとっての「悪思想」[2]に「感染」していないかを把握し、戦時において在郷軍人が軍人として機能するよう教育を施す必要があった。地域において行われた在郷軍人の把握・教育とは、町村役場における兵事行政[3]の内、召集業務がこれを担っていた。

兵事行政と在郷軍人および帝国在郷軍人会の先行研究では、明治期の簡閲点呼における在郷軍人・在郷将校の所在確認権が聯隊区司令官から市町村長へ移行し市町村の兵事行政事務範囲が拡大したことを指摘する研究[4]や大正期の簡閲点呼における軍服着用状況、[5]分会誌上における簡閲点呼予習教育についてなどが明らかにされている。[6]召集業務のなかでも研究の対象とされているのは、簡閲点呼であった。

簡閲点呼は、明治二二年の徴兵令制定から終戦まで実施された在郷軍人を把握・教育するための兵事行政における召集業務である。在郷軍人の軍人精神・軍事教育（軍事知識）保持の程度、服役上の義務履行の確否などを年に一度査定する在郷軍人の質保持の点で重要な業務であった。また簡閲点呼執行のために、陸軍は町村役場を介し在郷軍人（分会）のおかれている状況の調査を行い、陸軍における在郷軍人（分会）の把握が行われる機会でもあった。

兵事行政の先行研究における召集業務（簡閲点呼）に関する研究としては、明治期における兵事事務執行の行政ルートの確立[7]や召集業務としての簡閲点呼執行に府県・警察の監督・監視としての関与、[8]昭和期の簡閲点呼執行業務における聯隊区司令部・警察・村役場のやりとり（壮丁名簿・報告書の作成、情報の伝達）[9]などが明らかにされている。主に制度面や村役場における業務上の処理についての研究がなされている。一方で、簡閲点呼の目的や意義、在郷軍人（分会）における簡閲点呼の果たした役割や陸軍における在郷軍人（分会）の把握・教育などといった点は未だに研究は少ないと思われる。[10]よって本稿では、簡閲点呼を事例に陸軍において大正期の在郷軍人（分会）がどのように把握されていたかを考察する。大正期は、明治末期の帝国在郷軍人会の創立から地域において分会が定着していく時期にあり、昭和期戦時下において在郷軍人が銃後の中核として機能する下地が形成された重要な時期であると考える。

第一節では、前提として大正期の南向村分会の構造と運営形態を明らかにする。第二節では、簡閲点呼の制度面の変遷と陸軍軍人および帝国在郷軍人会における簡閲点呼の位置づけをもとに考察する。第三節では、大正期の簡閲点呼の実態を、南向村役場における兵事行政の執行過程と簡閲点呼に関わる調査をもとに考察する。

長野県上伊那郡南向村は、現在は上伊那郡中川村として長野県南部に位置し、明治二二年、大草・葛島・四徳の三ヵ村が合併し南向村として発足する。農業、養蚕業が盛んな農村であった。昭和三三年（一九五八）に隣接する片桐村と合併し、中川村として再編される。(11)

南向村分会は、明治三三年、南向村在郷軍人会が成立し、明治四三年の帝国在郷軍人会創立を契機に南向村分会と改称する。(12)日清・日露戦争間に発足した民間の銃後組織が帝国在郷軍人会に組み込まれ、分会として再編成された。大正期の南向村分会の組織としての指揮系統は、飯田支部（飯田聯隊区司令部）―上伊那郡連合分会（上伊那郡役所）―南向村分会である。

一　大正期の帝国在郷軍人会南向村分会の構造と運営形態

1　南向村分会の組織構造

在郷軍人および帝国在郷軍人会の先行研究としては、①帝国在郷軍人会は軍隊にとっての社会的基盤であったこと、(13)②各地域の支部・分会レベルにおける成立と展開、(14)③分会活動（徴兵事務、陸軍大演習への参加、慰霊・慰問などの銃後の活動など）、④分会誌を取り上げた研究[15]がなされてきた。近年では、特に末端としての分会活動や分会誌研究を通じた帝国在郷軍人会の地域での動きについて考察されている。本稿でも、右記の研究動向を踏まえ、末端組織である分会に着目しつつ、兵事行政を担う村役場とのやりとりと関連させ考察していきたい。

南向村分会の組織構造を明らかにするうえで、分会の人員（分会員）の大正期における推移をみていきたい。明治末期から大正八年（一九一九）までの分会員数を表1に示す。明治四三年（一九一〇）の分会員数は、一一二名であり、大正三年には二〇八名を、大正七年には三六一名と南向村分会では、分会員数が上昇傾向にあった。在郷軍人の増加は、彼らを把握・教育する必要性を生じさせ、簡閲点呼によってそれが担われることとなる。

南向村分会は、組織構造として役員とその他の分会員によって構成された。明治四三年の分会成立当初における役員構成は、分会長を頂点とし、その下に副分会長、理事、幹事、評議員が設けられた。分会長は分会の統括を、副分会長は分会長の補佐を、理事・幹事は分会の諸事務を担っていた。評議員は、分会長・副分会長と共に役員会（評議員会）を構成する。大正元年の役員会では、前年および本年度予算の認定・編成、事業計画の策定、役員の改選、分会員の訓練・分会活動の内容について議論されている[16]。役員会（評議員会）は、分会運営および分会における活動内容の審議・決定機関であり、評議員は分会長・副分会長と共に、分会運営の審議に関わる立場にあった。

また、大正初期の評議員は、役員会において分会運営を

表1　南向村在郷軍人人員数

	将校	下士	兵卒	合計
明治43年	1	12	99	112
明治44年	0	13	137	150
明治45年（大正元年）	1	12	304	317
大正2年	2	9	152	163
大正3年	2	10	196	208
大正4年	2	14	192	208
大正5年	2	8	193	203
大正6年	3	10	400	413
大正7年	4	8	349	361
大正8年	5	9	341	355

（出典）「報告簿」（中川村歴史民俗資料館所蔵）各年報告書等を参考にし作成.

他役職（大正 9 年以降）
消防組頭（大正 13 年～），農会総代・評議員（大正 12 年～），村会議員（昭和 4 年当選），助役（昭和 15 年），村長（昭和 15～21，27～33 年）
消防組頭（昭和 9 年～），消防部長（昭和 5 年～），消防小頭（大正 9 年～），警防団長（昭和 14 年～），農会総代（大正 12 年～）
農会総代（大正 12 年～），村会議員（昭和 4 年当選）
消防部長（大正 10 年～），農会総代（大正 12 年～） 村会議員（大正 10 年当選），消防組頭（大正 10 年～），郡会議員（大正 10 年），製糸組合長（大正 12 年時），農会総代（大正 12 年～），助役（昭和 2～6 年），村長（昭和 7～15 年） 消防部長（大正 15 年～），村会議員（大正 14 年当選）
消防部長（大正 15 年～），村会議員（大正 14 年当選） 同上 同上
役場書記（大正 9 年），農会副会長（大正 12 年～），消防部長（大正 15 年～），村会議員（昭和 4 年当選），消防組頭（昭和 5 年～），助役（昭和 7～15 年），村長（昭和 15 年）
巡査（大正 12 年時）
農会役員（大正 12 年）
消防小頭（大正 10 年～）

正 12 年度「一，在郷軍人中官公吏就職及社会的有力者ノ職業兵種階級氏名」（中川村歴史民俗資料館所

表2　大正9年度南向村分会役員表

職　名			役別	兵種・階級	氏　名	他役職（大正9年以前）
分会長			後備役	歩兵少尉	米山盈	学務委員，消防部長（大正8年〜）
分会副長			予備役	輜重兵曹長	宮崎友江	
理事			後備役	工兵軍曹	湯沢又二郎	学務委員
監事			後備役	騎兵伍長	宮下重雄	
			後備役	歩兵伍長	仁科一郎	消防部長（大正8年〜）
			後備役	歩兵上等兵	寺平滝十郎	
			後備役	歩兵上等兵	柄山一雄	
評議員			予備役	歩兵伍長	北村清一	
			国民兵役	騎兵伍長	鈴木静雄	学務委員，郵便局長，村会議員（大正6年当選），消防部長（大正8年〜）
			後備役	工兵軍曹	湯沢又二(次)郎	同上
			後備役	歩兵伍長	仁科一郎	同上
			後備役	歩兵上等兵	柄山一雄	
			後備役	歩兵上等兵	寺平瀧十郎	
			後備役	歩兵一等兵	玉沢藤次郎	
			後備役	歩兵上等兵	宮崎春夫	
			後備役	騎兵伍長	宮下重雄	
			後備役	歩兵一等兵	湯沢幸二郎	
			予備役	歩兵上等兵	宮下西夫	
			予備役	歩兵一等兵	金倉義一	
			後備役	看護上等兵	片桐金一	
班長	第1班		後備役	歩兵上等兵	寺平瀧十郎	
	第2班		後備役	歩兵一等兵	玉沢藤次郎	
	第3班		後備役	砲兵少尉	下平勇	
	第4班		後備役	歩兵一等兵	遠山義夫	
	第5班		後備役	騎兵伍長	宮下重雄	学務委員，郵便局長，村会議員（大正6年当選），消防部長（大正8年〜）
	第6班		後備役	砲兵上等兵	片桐精十郎	
組長	第一班	第1組	――	――	米沢弥三郎	
		第2組	後備役	歩兵上等兵	宮下一郎	
	第二班	第1組	後備役	歩兵一等兵	湯沢幸次(二)郎	
		第2組	後備役	歩兵一等兵	玉沢藤次郎	
		第3組	帰休兵	歩兵一等兵	小松文市	
	第三班	第1組	予備役	歩兵上等兵	北島荘輔	
		第2組	予備役	歩兵一等兵	河崎義雄	
		第3組	後備役	歩兵一等兵	池上三郎	
		第4組	後備役	砲兵上等兵	萩原藤造	
		第5組	後備役	歩兵上等兵	水原彦太郎	学務委員
	第四班	第1組	予備役	歩兵一等兵	大原三次	
		第2組	後備役	歩兵上等兵	鈴木好男	
		第3組	後備役	輜重軍曹	真島義枝	
		第4組	後備役	歩兵上等兵	大沢実恵	学務委員，消防小頭
		第5組	後備役	歩兵一等兵	遠山義男	
	第五班	第1組	――	――	宮原藤吉	
		第2組	――	――	小沢常雄	
		第3組	後備役	看護上等兵	近江沢利善松	
	第六班	第1組	予備役	歩兵上等兵	永原一造	
		第2組	後備役	看護上等兵	片桐金一	
		第3組	後備役	片桐精十郎		
		第4組	――	――	富永鉄男	

（出典）『役員名簿』，各年『会議録』，〔南向村消防組沿革誌〕，〔南向村警防団沿革誌〕，『簡閲点呼綴』大蔵），『南向村誌』，『長野県市町村提要』より作成．
（注）「―」は不明箇所をさす．

審議するに留まらず、別の役割も担っていた。大正初期の南向村には、大小二二の「部落」が存在しており、「部落」ごとに分会員が管理されていた。分会長から分会員への情報の伝達（指揮・命令）は、基本的に「部落」ごとに行われた。大正三年三月一日、南向村分会長米山盈から各評議員に対し、一〇日に総会を開催する旨が通知された。この時「部落会員へ洩ナク通知」することが評議員に対して求められている。[17] 分会長―評議員―分会員という情報の伝達（指揮・命令）がなされており、評議員による各「部落」の統括がなされていることがわかる。大正初期の評議員は、役員会（評議員会）の構成員であり、一方で各「部落」ごとの分会員の統括も担っていた。一方で、大正九年以降の組織構造においては、役員構成に変化がみられる。分会長の下に六人の班長が、その下に各「部落」ごとに組長が設けられ、分会員の指揮系統は、分会長―班長―組長―分会員の順に改められた。分会運営の審議機関と分会員の指揮は区別された。大正初期に比べ、大正九年以降の組織構造は細分化し、役員の役割も区別され、分会組織としての整備が進められた。

分会役員の大正九年段階の役員構成と村内における立場を表2に示す。大正九年段階の村内における立場・役職としては、学務委員、消防部長（小頭）、郵便局長、村会議員などに分会役員が就任している。大正九年以後、村政に関わる立場としては、村長、助役、役場書記、村会議員、学務委員が、村内の各種団体としては、農会副会長（総代）、消防組頭（小頭、部長）、警防団長、製糸組合長に分会員（元分会員）が就任していく。大正一〇年以降には、分会員（元分会員）が各種団体、昭和期には村役場、村会など村内における運営・意思決定に携わる立場へと進出していることが見受けられる。

2　大正期の南向村分会の運営

本項では大正期における南向村分会の運営状況を分会の年間活動と分会資金の運用をもとに考察する。左記は大正元年と大正二年度の分会事業計画および実施した事業内容である。

帝国在郷軍人会南向村分会事業予定表

三月十日　勅諭捧読式及軍事講話会
八月卅一日　遥拝式及勅諭捧読式
九月二十四日　戦役死者墓参
九月卅日ヨリ　一週間壮丁予習教育
　　　箇閲点呼前日箇閲点呼予習
十二月五日　帰郷兵入会式

帝国在郷軍人会南向村分会事業実施表

一月一日　遥拝式及勅諭捧読式ヲ行フ
二月十一日　同上
三月十日　　祝典ヲ行フ
八月十日　会員死亡シタル為吊（弔）詞及吊（弔）慰金送ル
九月十三日　遥拝式及勅諭捧読式行フ
九月廿六日　戦役死亡者墓参行フ
九月卅日ヨリ一週間壮丁入営前ニ於ケル予習教育行フ
十月六日　簡閲点呼ノ予習行フ

十二月五日　帰郷兵入会式ヲ行フ

四月十三及七月廿日　会員死亡ニ付遺族ニ弔詞及弔慰金ヲ贈リ会葬ス(18)

大正元年と大正二年の南向村分会の事業を整理すると、一～三月に遥拝式・勅諭奉読式（紀元節）・総会（軍事講話）、一〇月に装丁予習教育・簡閲点呼予習教育、一一～一二月に遥拝式・勅諭奉読式（天長節）・入営・帰郷兵の壮行式および入会式が実施されている。平時における分会の年間活動の大まかな流れであると考えられる。(19)

次いで、分会運営における資金運用の実態をみていきたい。分会における運営資金は、主に分会員から徴収される会費と補助金によって賄われた。補助金は、南向村分会の場合、大正元年～昭和五年（一九三〇）は南向村尚武会から、昭和六～一〇年は南向村から、そして、昭和三年および昭和五～一〇年は上伊那郡連合分会から交付されていた。(20)大正期の運営資金は、会費と南向村尚武会の補助金によって賄われており、会費と補助金の各年における金額は表3に示す通りである。会費と補助金の割合は、大正元年度は、収入額三六円一五銭に対し、会費六円一五銭（一七％）、補助金三〇円（八二％）となっている。大正九年度では、収入額一七一円六四銭に対し、会費三〇円九〇銭（一八％）、補助金一四〇円（八一％）である。そして大正一三年度は、収入額三一〇円四三銭に対し、会費一二一円六〇銭（三九％）、補助金一七〇円（五四％）の割合であった。大正一三年に至るまで補助金は収入額の約八〇％を占め、会費は二〇％に満たない。大正一三年以降は、会費の割合は増加したが、その段階においても補助金の割合を超えることはなかった。大正期を通じ、分会資金における補助金の比重は大きく、大正期の南向村分会は資金面において、尚武会などの補助金に頼らざるをえない組織であったことが指摘できる。

次に運営資金の用途を大正九年度および大正一三年度の資金運用をもとに考察する。大正九年度および大正一三年度は史料上から確認できる範囲で、会費の増額に伴い収入額が前年度に比して大きく増額している年度である。南向

表3　南向村分会収支・支出決算額表

年　代	収入額	補助金額	補助金交付組織	会　費	支出額	備　考
大正元年	36円15銭	30円	南向村尚武会	6円15銭	36円15銭	大正元～5年まで会費は1人5銭宛
大正2年	47円5銭	38円	南向村尚武会	6円5銭	46円51銭	
大正3年	43円19銭5厘	38円	南向村尚武会	4円	43円19銭	
大正4年	52円23銭5厘	38円	南向村尚武会	6円35銭／7円15	52円23銭5厘	会費は大正3, 4年分
大正5年	42円80銭	35円	南向村尚武会	7円80銭	42円80銭	
大正9年	171円64銭	140円	南向村尚武会	30円90銭	171円45銭	大正9～11年まで会費は1人10銭宛
大正10年	152円60銭	120円	南向村尚武会	32円60銭	152円60銭	
大正11年	169円10銭	140円	南向村尚武会	29円10銭	169円10銭	
大正12年	—	—	—	—	—	
大正13年	310円43銭	170円	南向村尚武会	121円60銭	279円94銭	大正13年～昭和5年まで会費は1人40銭宛
大正14年	633円59銭	170円	南向村尚武会	121円60銭	552円44銭	村役場請負工事給付金として300円の特別収入
大正15年昭和元年	390円35銭	170円	南向村尚武会	129円20銭	338円44銭	

（出典）大正元～12年までは『報告簿』（中川村歴史民俗資料館所蔵）より，大正13～15年までは『予算決算書綴』（同資料館所蔵）内の分会決算をもとに作成.
（注）大正6～8年間は，該当する史料が発見できず詳細は不明である.

村分会の運用資金の用途としては、大きく事務所費、会議費、負担金、基本金、雑費、予備費、事業費に分けられる。(21)主要な資金運用の用途としては、大正九年度は事務所費（「事務員給与」、「通信費」、「消耗品費」、「備品費」、「旅費」）、大正一三年度は会議費および事業費である。大正一三年度では、特に事業費（「講演会費」、「練武費」、「運動会費」）に多額の分会資金が振り分けられている。資金運用の主要な用途が大正九年度と大正一三年度において変化していることがわかる。

大正一三年度において事業費に主に資金があてられた理由は、前年に関東大震災が発生したこと、大正一三年七月に帝国在郷軍人会の事業奨励のための内帑金が下賜されたことが考えられる。大正一三年の帝国在郷軍人会飯田支部分会長会議において、支部長歩兵中佐前川米太郎は、

殊ニ先般大震災ノアリシ時分会員ハ蹶然起チテ救護救済事業ニ犠牲的ノ奉仕ヲ為シ管下在郷軍人分会ノ真価ヲ発揚シ国民ノ信頼ヲ増大シタリ（中略）会員カ翕然奮発シテ我皇室ノ神聖ト国体ノ尊厳トヲ□護シテ頽爛ヲ既倒ニ回ラシムヘキノ秋ナリ　故ニ将来倍々精神ノ修養ト団結ノ鞏固トヲ図リ以テ分会ノ実力ト内容ノ充実トヲ期センコトヲ期セントス(22)

と講演している。震災時における分会員の活動が「在郷軍人分会ノ真価ヲ発揚シ」たものと捉え、「将来倍々精神ノ修養ト団結ノ鞏固トヲ図リ以テ分会ノ実力ト内容ノ充実」を図るとしている。そのうえで「分会ノ実力ト内容ノ充実」のための「決議事項」において、分会（分会員）の意識の向上（軍人精神の普及と徹底、「武術ノ奨励」など）、分会員の団結（「集会ノ励行」、未教育補充兵教育、壮丁予習教育、簡閲点呼予習教育など）、分会による「勤勉節約」（貯金・消費節約の奨励・徹底）を各分会長に求めた。(23)特に、集会や事業を通じた分会（分会員）の意識の向上と団結が示唆され、大正一三年の南向村分会における分会資金の会議費や事業費への資金の振り分け額の上昇はこれに起因したものと考

えられる。

南向村分会における運用資金の比重は、大正九年段階では事務所費にあてられていた。これは、当時の南向村分会における主眼が、分会自体をいかに運営するかにあり、事業を展開することよりも、事務的な事項をいかに処理していくかが主な目的であったものと考えられる。一方で、大正一三年段階では、分会長会議における支部長の講演において示された通り、集会や事業を通じ分会（分会員）の意識の向上や団結が示唆され、集会や事業にあてる分会資金も増額し、本格的に事業を実施していくことになった。

第一節では、南向村においては大正期を通して在郷軍人は増加傾向にあり、大正一三年からは分会における事業が本格的に実施されることが明らかとなった。在郷軍人の増加と事業の本格化は、陸軍において、地域の在郷軍人（分会）がどのような状態にあるかを把握し、在郷軍人（分会）を統制し、また教育していく必要性を生じさせることとなる。第二節では、在郷軍人と分会の把握・教育の機能を果たした簡閲点呼が、制度上どのように規定され、陸軍軍人や帝国在郷軍人会においてどのように位置づけられていたのかを明らかにしていきたい。

二　在郷軍人と地方における兵事行政

1　制度上の簡閲点呼の諸規程

簡閲点呼は、明治二二年（一八八九）の徴兵令制定から終戦まで実施された在郷軍人を把握・教育する兵事行政における召集業務の一つである。主な目的として、在郷軍人の軍人精神・軍事教育保持の程度、服役上の義務履行の確否などを年に一度在郷軍人を召集し、点検査閲する。本項では、簡閲点呼が制度上どのように規定されていたかを整理する。

明治期から大正期に至る簡閲点呼の諸規程の推移としては、まず明治二九年の陸軍召集条例の制定により陸軍における召集事務・伝達のルートが規定された。この時、簡閲点呼は各師団長が管轄・執行することが定められている。次いで明治三二年の同条例の全改正、明治四〇年の一部改正を経て、大正二年（一九一三）に改めて陸軍召集令が制定された。

簡閲点呼の対象と目的としては、明治三二年陸軍召集条例では「予備役後備役下士兵卒帰休兵及第一補充兵ヲ集合シテ之ヲ点検査閲」(24)するとし、大正二年陸軍召集令には「予備役後備役ノ下士兵卒、帰休兵及補充兵ヲ参会セシメテ之ヲ点検査閲」(25)するとされている。文言の微細な違いはあるにせよ、大枠として召集対象である在郷軍人（予備役・後備役・帰休兵・補充兵）を集合・参会させ、これを「点検査閲」することが目的とされた。集合・参会は原則として本籍地で行われたが、本籍地に現住していない在郷軍人は、現住地（「寄留地」）において簡閲点呼に参加することが可能であった。

簡閲点呼の対象者までの伝達ルートは、師団長―聯隊区司令官（帝国在郷軍人会支部長）―郡長・市長（帝国在郷軍人会連合分会長）―町村長―対象者と規定された。伝達内容は、令状の交付、簡閲点呼の会場と日程、当日の注意事項などである。また、対象者への伝達にあわせて、不参会者への対応のために憲兵隊・警察署へも情報は伝達された。

簡閲点呼は、在郷軍人を集め「点検査閲」することが目的であったが、明治三二年陸軍召集条例の段階では、詳細な「点検査閲」の内容は規定されていなかった。そのため、監督する師団長（師団）ごとで、「点検査閲」の様式・内容が統一されておらず、査閲内容に相違が生じていた。しかし、日露戦後における在郷軍人の質保持の重要性（戦時の大規模動員＝在郷軍人の動員）が向上したことから、簡閲点呼の様式・内容を詳細に規定する必要性が高まった。

そのため、明治四三年の簡閲点呼執行規則の制定において、簡閲点呼の様式と「点検査閲」の内容が規定されることとなる。

簡閲点呼執行規則では、簡閲点呼を実施する範囲について、聯隊区を数区に分け実施し、一回の参会者は「概ネ三百人ヲ標準」(26)とされた。簡閲点呼を取り計らう簡閲点呼執行官の役割も明確化され、簡閲点呼執行官(27)は簡閲点呼実施までと当日の諸事務・計画を担当することとなる。また、師団長は、簡閲点呼執行官を介し点呼執行を利用し、簡閲点呼にとって「必要ノ調査」(28)を実施することが可能となった。この点は後述する。簡閲点呼当日の執行順序としては、①点呼場の整理、提出書類の点検、②令状の受領、不参会者などの有無の確認と記録、③執行官による点呼、点呼対象者の観察・訓戒矯正、④勅諭奉読、⑤試問・訓示、⑥解散という流れとなっている。

簡閲点呼執行規則の制定により、簡閲点呼の様式と簡閲点呼執行官の役割・権限が明確化された。簡閲点呼執行規則は、大正期に幾度も改正され、その都度、規定の範囲の拡大や義務化が図られた。大正二年の改正では、参会者の軍服の着用が義務化され、大正八年の改正では、未教育補充兵に対する簡閲点呼の実施が定められる。大正一〇年の改正では、「点検査閲」の方法の簡略化が図られ、「訓示講演等」へ重点を置くことが求められた。そして大正一五年の改正では、点呼場の準備・設備の協議に警察署長の参加などが求められることとなった。

簡閲点呼執行規則の改正において重要と考えられるのは、大正一〇年の改正による簡閲点呼の重点の変化である。大正一〇年の簡閲点呼執行規則の改正の理由は左記の通りである。

改正理由

簡閲点呼主要ノ目的ハ在郷軍人ヲシテ其ノ本分ヲ完フセシムル如ク之ヲ指導スルニ在リ従ッテ点呼執行ニ際シテハ精神上ニ関シ充分ニ之ヲ指導スルヲ要ス然ルニ現行規則ハ点検査閲ノ規定多キカ為其ノ実施ノ状況ハ点呼執行

時間ノ大部分ヲ点検査閲ニ費シ訓示等ハ単ニ形式的ニ之ヲ行フニ過キサルモノ少ナカラスシテ之カ改善ノ余地多シ又社会ノ状態ハ在郷軍人ヲシテ思索ノ選ヲ誤ラシメサル如ク之ヲ善導スルノ必要大ナルヲ以テ簡閲点呼ノ如キ好機会ニ於テ訓示講演等ニ力ヲ用ヒ思想ヲ善導スルヲ可トスルニ由ル

改正ノ要点次ノ如シ

一、点検査閲ノ方法ヲ単簡ニシ既教育者ノ査閲ヲ現行規則ノ未教育者ノ査閲ト同一ト為ス

二、学科ハ服役召集ニ関スルモノ及未教育者ノ軍事思想ニ関スルモノヲ施行シ他ハ復習教育ノ時ニ譲ルコトト為ス

三、（一）（二）ニ依リ節約シタル時間ヲ以テ講演ヲ行フコトト為ス

四、思想ノ帰嚮ヲ洞察シ之ヲ善導スヘキコトヲ新ニ加フ

五、参会者中特殊ノ事由ニ依リ速ニ帰還セシムルヲ可トスルカ如キ者ノ取扱ニ関シ新ニ規定ス[29]

改正理由としては、簡閲点呼の目的は「在郷軍人ヲシテ其ノ本分ヲ完フセシムル如ク之ヲ指導スル」ことにあり、「精神上ニ関シ充分ニ之ヲ指導スルヲ要ス」るとする。しかし、現行規則においては、「点検査閲ノ規定」が多いため、「点検査閲」に多大な時間を要し、「訓示等ハ単ニ形式的ニ之ヲ行フニ過キ」ず、「又社会ノ状態ハ在郷軍人ヲシテ思索ノ選ヲ誤ラシメサル如ク之ヲ善導スルノ必要大」である。そのため、「簡閲点呼ノ如キ好機会ニ於テ訓示講演等ニ力ヲ用ヒ思想ヲ善導スルヲ可トスル」ことが必要であるとされた。簡閲点呼の重点が、在郷軍人の「点検査閲」から、「訓示講演等ニ力ヲ用ヒ思想ヲ善導」することに変化している。

大正期を通じて簡閲点呼執行規則の改正がなされ、制度面が整備され重点に変化がみられた簡閲点呼は、陸軍軍人および帝国在郷軍人会においてどのように位置づけられていたのか。次項では、当該期の陸軍軍人の言説と帝国在郷

軍人会における簡閲点呼の注意・希望事項をもとに簡閲点呼の位置づけについて明らかにしていきたい。

2　陸軍軍人における簡閲点呼の位置づけ

本項では、大正期の陸軍軍人と帝国在郷軍人会における簡閲点呼の位置づけを、分会に購読が求められた帝国在郷軍人会の機関紙『戦友』および支部報における簡閲点呼に関する言説や支部長の注意・希望事項をもとに考察する。『戦友』は、帝国在郷軍人会の機関紙として、明治四三年より発刊され、主に、軍人などが寄稿している。簡閲点呼に関していえば、目的や意義、注意・希望事項に関する論文が掲載されていた。

大正初期の簡閲点呼に関する言説として、依田述（陸軍省軍務局所属歩兵中尉）の「簡閲点呼参会者の心得」を事例にみていきたい。依田は、簡閲点呼の目的・意義について、規則の遵守を説き、参会者の動作や簡閲点呼執行官との応答における軍人精神程度の確認が重要であるとした。また、勅諭奉読式や軍隊的動作の確認により「軍隊に居た時分の感じを呼起し、職業や地方の風俗のために自然に緩んだ気を引きなを」すことが必要であるとする(30)。参会者への注意・希望事項としては、軍服の着用、勲章や徽章の佩用を求めている。軍服の着用や勲章などの佩用を求める理由について、依田は、「自分は在郷軍人である、重い責任を持つたものであると確信して居るなら、喜んで軍服を着、勲章をつけ、また其の徽章をつけて来る筈ではないか」と説き、在郷軍人＝軍人としての意識の浸透が指摘されている。また、在郷軍人に対する地域住民の視線についても言及している。簡閲点呼には、町村長をはじめ、地域の有力者の参会が求められており、依田は、簡閲点呼は地域住民による在郷軍人の評価の場であるとした。簡閲点呼は、軍人としての動作や軍人精神の程度の確認が目的であると同時に、在郷軍人に軍人としての自覚の再確認の場として位置づけられた。その際に重要となるのが、軍服の着用や勲章などの佩用であり、簡閲点呼は在郷軍人が地域住民に対し、軍人として認識され、評価される場でもあった。

次に、大正一〇年の簡閲点呼執行規則の改正に関し、『戦友』寄稿論文においてどのように説明、位置づけられていたかを、関谷連三（陸軍省軍務局歩兵課長）の「簡閲点呼執行規則改正に就て」からみていきたい。関谷は、大正一〇年の改正により、簡閲点呼における「点検査閲」の方法が簡略化され、「執行官も一層有益な話をすることが出来ること」となったと言及している。そして、現状として、「殊に近来思想上に関して、色々人を迷はしむるやうな説を唱ふものが多くなり（中略）自分の進むべき道に迷ふ様な人も尠くない様であるから、之を正しき道に導き、確固たる軍人精神を維持せしむることが、極めて緊要である」とした。簡閲点呼の重点が、「点検査閲」から訓示や講演により、在郷軍人を「正しき道に導き、確固たる軍人精神を維持せしむること」に変化していることを説明している(31)。

大正一〇年の簡閲点呼執行規則の改正を経て、簡閲点呼が在郷軍人にどのように説明されていたのかを、南向村分会を指揮監督していた飯田聯隊区司令官（帝国在郷軍人会飯田支部長）前川米太郎の大正一三年度の簡閲点呼における注意・希望事項からみていく。前川は、簡閲点呼の注意・希望事項について、大きく四つの点をあげている。第一に「軍人精神の保持」について、「諸士か平素如何なる心掛を以て聖□ニ従ひ軍人精神を涵養し保持するや」が重要であるとし、「国軍建設の本旨及兵役の国家に対する崇高なる責務名誉等」を自覚することを求めている。第二に「軍事思想の普及」について、未教育補充兵は「戦争末期に於て戦場の主催者」であり、「精神を緞へ体力を練り尚ほ軍事智識を増進して有事の日に備」えることを説いている。第三に「健康状態」について、「平素体力を多鍛錬して強健を期」すことが求められた。第四に「服役上の義務履行」について、「身上異動を確実に届出る等服役上の義務を確実に履行するは軍銜の命令を迅速確実ニ受領する所以にして出戦に対する第一の準備てある」として簡閲点呼における服役上の義務履行の重要性を説いている。そして簡閲点呼の意義は「平素修養鍛練して蘊蓄したる軍人の実力を発露し分会員結束の程度を表現立証する好機会」であるとした。[32]第一節で言及した大正一三年の分会長会議において、前川は事業を通じた分会（分会員）の団結を求めており、簡閲点呼は「分会員結束の程度を表現立証する好機会」の事業であると位置づけられた。

最後に、帝国在郷軍人会の支部会報において、簡閲点呼にどのような注意が求められていたかを大正一四年の『松本支部報』の「簡閲点呼参会者に与える注意[33]」からみていきたい。[34]簡閲点呼の目的は「在郷軍人一般の状態、特に軍人精神保持の程度軍事思想普及の程度、健康状態並に服役上の義務履行の確否を査閲し、これに所要の教訓を与へ以て在郷軍人をしてその本分を完うせしむるにある」とする。簡閲点呼の成績は「内は国民信頼の度に影響し、外は列国をして我国に対し鼎の軽重を問はれる」ものである。また「近年動もすれば社会思潮の影響を蒙り、軍事を軽視せんとする兆しがある」とし、既教育者・未教育者は「共に倶に誠心誠意旺盛なる元気を以て点呼査閲に応じ以て君国のため十分軍務に従ひうることを実現」することを求めている。そして「点呼の成績は分会の発展と比例してゐる事は争ふべからざる事実である」とされた。簡閲点呼の成績が、国内外（「国民信頼の度」、「列国をして我国に対し鼎の軽重を問はれる」こと）に影響するとされ、在郷軍人に対し「社会思潮の影響を蒙り、軍事を軽視せんとする兆しがある」ことを自覚させ、「君国のため十分軍務に従ひうることを実現」させることに結びつけられている。そして、簡閲点呼の成績が「分会の発展」へ比例することが意識づけられている。

大正期の簡閲点呼は、制度面において「簡閲点呼執行規則」の制定により様式が明確化した。また、簡閲点呼の位置づけとしては、大正初期の簡閲点呼は在郷軍人の規則の遵守や、「軍人精神」の程度の確認と軍服の着用、勲章の佩用による軍人としての意識の浸透が求められ、在郷軍人としての自覚を喚起するものであった。また、簡閲点呼には、地域の有力者の参会が求められており、在郷軍人にとって地域からの評価の場とされた。大正一〇年の簡閲点呼執行規則の改正により、簡閲点呼の重点が、訓示や講演による在郷軍人（地域住民も含むか）の思想の善導に変化する。関東大震災以後には、分会に対し事業の拡大による分会の団結などが示唆されるなかで、簡閲点呼は「平素修養鍛練して蘊蓄したる軍人の実力を発露し分会員結束の程度を表現立証する好機会」として位置づけられた。そして、参会者に対する注意として、簡閲点呼の成績は国内外に影響し、在郷軍人に対し「軍事を軽視せんとする兆」があることを自覚させつつ、簡閲点呼の成績が「分会の発展」へと比例するものとされた。簡閲点呼の意義は、大正一〇年の簡閲点呼執行規則の改正前後において、重点が在郷軍人の「点検査閲」や軍人としての自覚の浸透から在郷軍人の思想の善導へと変化がみられる。簡閲点呼の重点が、在郷軍人の思想の善導へと変化した理由は、第一次大戦やロシア革命以降に流入した社会主義や自由主義が在郷軍人へと影響していることを陸軍が危惧した結果である。陸軍は、簡閲点呼を機会とし在郷軍人の思想の善導を行うことで、「悪思想」への「感染」を防止しようとした。一方で、簡閲点呼が在郷軍人に対する地域住民の評価の場であり、また、簡閲点呼の成績が国内外へと影響することなど簡閲点呼が在郷軍人だけで完結するものではないとした。

第二節で明らかにした簡閲点呼の意義が、実際の簡閲点呼の執行において、どのように反映していたのか。第三節では、簡閲点呼執行の過程を整理し、簡閲点呼に関わる「必要ノ調査」においてどのような点が調査・把握され、在郷軍人の教育にいかされるものとされたかを明らかにしていきたい。

三　大正期の簡閲点呼――南向村分会を事例に――

1　大正期の簡閲点呼執行の経過

第一項では、大正期の簡閲点呼執行までの流れを大正一二年度の簡閲点呼執行までの流れを事例に整理する。大正一二年（一九二三）二月二二日、上伊那郡役所から南向村長に対し、寄留地における在郷軍人の簡閲点呼参会の許可が通達される[35]。これより先に、南向村より上伊那郡に寄留地に在住する在郷軍人の簡閲点呼参会についての打診があったものと推測される。そして、四月までには南向村役場より寄留地在住の在郷軍人への簡閲点呼参会許可が交付された。五月二八日、上伊那郡役所から南向村長に対し簡閲点呼に関わる調査が指令された[36]。本調査については、第二項において詳細を考察する。

六月一日、南向村長から上伊那郡長に対し、前記の調査の報告がなされた[37]。二日、飯田聯隊区司令官から南向村長に対し、簡閲点呼該当者中「賞詞訓戒ヲ要スルモノ調査」が指令された[38]。七日、上伊那郡長から南向村長に対し、簡閲点呼日割の通知があり[39]、本年度の実施日は、七月二〇日に定められた。八日、上伊那郡長から南向村役場に簡閲点呼令状の送付および令状送付とあわせた在郷軍人への注意事項の伝達が依頼され、点呼場設備に関する通知もあわせてなされた[40]。一二日、南向村役場から在郷軍人に簡閲点呼の召集令状が交付される[41]。一九日、南向村長から上伊那郡長に対し、「令状交付終了報告書」が送付された[42]。二五日、上伊那郡役所から郡下町村長に対し簡閲点呼執行官名が通知される[43]。

七月一四日、南向村分会長から南向村分会の各評議員・班長・組長に対し、簡閲点呼予習の実施が通知された[44]。一九日、点呼場の設営と簡閲点呼の予習が行われ、二〇日、南向村小学校において簡閲点呼が実施された。

簡閲点呼執行までの行政的な流れは、大きく二～四月には寄留地における在郷軍人の簡閲点呼参会者の許可通知、五〜六月には簡閲点呼に関わる調査依頼および報告、六〜七月には、令状の交付、日程・執行官の通知、簡閲点呼予習、本番の実施と整理できる。基本的には（飯田聯隊区司令部＝飯田支部―）上伊那郡役所（上伊那郡連合分会）―南向村役場―分会・在郷軍人の間で兵事行政上の手続きおよび情報の伝達がなされている。

2　簡閲点呼における分会および地域の調査

第二節で言及したように、簡閲点呼執行規則の制定により、師団長は簡閲点呼執行官を介し簡閲点呼に関わる「必要ノ調査」を行うことが可能となった。簡閲点呼執行規則における「必要ノ調査」の調査事項は「簡閲点呼本来ノ目的ヲ妨クルコトナク之カ為ニ使用シ得ル時間ヲ顧慮シテ之ヲ定ムヘシ(45)」とされ、明確な調査事項の指定はされていない。結論からいえば、調査事項には時期や状況下において内容に変化がみられた。本節では、簡閲点呼の意味合いが変化する大正一〇年以前と以後の簡閲点呼の「必要ノ調査」を事例に、時期や状況下において調査事項がどのように変化し、陸軍における在郷軍人および分会の把握の重点がどのような点におかれていたのかを明らかにする。対象とする事例は、史料の現存状況を踏まえ、大正四年（第一次大戦中）と大正一二年（大正一〇年の簡閲点呼執行規則改正後）をもとに考察する。

大正四年度の簡閲点呼における「必要ノ調査」は、六月二二日、上伊那郡役所第一課から上伊那郡下各町村長に対し「簡閲点呼執行上及軍隊教育上ノ参考ニ資」するための調査が指令された(46)。二八日、南向村長から上伊那郡長に対し「点呼執行上ノ参考調査報告」が提出された(47)。調査項目は一八条にわたっている。調査項目は大きく、①在郷軍人の状況（第一・二・四〜七・九条）、②銃後の活動および活動状況の把握（第三・一〇・一一・一三・一四・一七・一八条）、③帝国在郷軍人会との関係（第八・一二・一五条）、④「軍隊若ハ聯隊区司令部」と地域との関係（第一六条）の四つに分類できる。

①では、在郷軍人中における「帯勲者タルノ対面」の維持、受刑者および表彰・訓戒を有する者の有無、一般在郷軍人と帯勲者別の住民の信用度、「在郷軍人ト地方ニ於テ施設セラル、公共事務トノ関係」、帰郷後の就業状況などが調査された。在郷軍人における表彰・訓戒を有する者の有無の確認は、簡閲点呼において在郷軍人の表彰・訓戒に関わるものと考えられる。また、在郷軍人に対する住民の信用度としては、「一般在郷軍人　信用概シテ可ナリ　帯勲者　信用概シテ可ナリ」とされ、地域における在郷軍人の状況の把握は、住民の在郷軍人に対する信用度に至るまで調査されている。

②では、戦病死者の慰霊および遺族への慰問の状況、帰郷時の土産物配付や祝宴、現役兵に対する送金、軍隊訪問、「現役兵父兄会組織ノ有無若ハ計画」、入営時の送別会および見送りの状況などが調査されている。南向村分会における慰霊・慰問の活動としては、「追弔会ノ費用積立ヲナシ之ヲ以テ代表者ヲ発シテ戦病死者ノ墓詣及遺族ノ慰問ヲナス」とされた。

③では、分会の状況と分会に対する地域住民の感情、入会の状況、分会と青年会との関係などが調査された。

④では、「軍隊若ハ聯隊区司令部ト地方トノ連繫ニ付将来特ニ希望スベキ事項」が調査されている。当該期においては、右記の「希望スベキ事項」は「ナシ」とされている。

「簡閲点呼執行上及軍隊教育上ノ参考ニ資」すための調査が行われていた形跡は、南向村においては、明治四五年(一九一二)以前には見受けられない。同調査は、大正二年以降から実施されたものと考えられる。調査内容および報告内容に関しては、地域における在郷軍人および分会の状態がいかなるものであったかの把握に留まり、在郷軍人の軍隊教育(もしくは軍隊教育に関する事業)や思想的な点についての調査は行われていない。

大正一二年度の調査に関しては、五月二八日、上伊那郡役所から南向村長に対し、簡閲点呼に関わる調査が指令された。(48) 六月一日、南向村村長から上伊那郡長に対し、調査の報告がなされた。(49) 調査項目は大きく①「在郷軍人中官公吏就職及社会的有力者ノ職業兵種階級氏名」の調査、②在郷軍人の犯罪者調査、③在郷軍人分会の状況、④分会への未入会者の状況、⑤在郷軍人の状態、⑥青年会の状況の六つに分類できる。

①では、在郷軍人の村内における官公吏就職状況および「社会的有力者」としての職業の調査が行われ、官公吏職としては役場書記、巡査、「社会的有力者」の職業としては会社員、農会総代、製糸組合長などがあげられた。第一節で言及したように、南向村分会では、大正九年以降、分会役員の村内の各種役職への進出がみられた。本調査は、分会員の村内における立場を把握することが目的であると考えられる。

②では、在郷軍人中における犯罪者が調査された。本調査は、簡閲点呼における在郷軍人の賞罰に関わるものであると思われる。

③では、分会の状況を五項目に分け調査している。第一には、分会における事業実施の状況についてである。調査内容は、「軍人精神鍛錬ニ関スルモノ」(実施事項＝「教練」、「剣術」、「運動会」、「行軍演習」などの実施)、「軍事能力増進ニ関スルモノ」(実施事項＝「軍事関係雑誌」の購読、「軍事ニ関スル研究」の会合、軍事講話会の開催)、「体力増進ニ関スルモノ」(実施事項＝運動会その他各種運動競技の実施)である。第二項目の未教育補充兵の軍事思想の普及状況とその手段についてでは、南向村分会では、入営兵の予習、簡閲点呼前の学科教育が行われていた。第三は、青年会との連繫であり、南向村では分会員でありつつ青年会員である者は多く、そのなかには青年会役員を務める者も多くおり、「両者ノ連繫極メテ密接ニシテ共同シテ運動会ヲ催」す関係にあった。第四は、在隊間成績通報の効果と利用法であり、会員の指導に「効果大」と報告された。第五は、「精神的援助」(「村民一般ニ好感ヲ以テ迎ヘ」られている状況、尚

武会の援助）と「物質的援助」（「□資ノ補助等ハ更ニ吝ムコトナシ」）と分けたうえで、分会に対する地域の意識・感情が報告された。

④では、分会への未入会者の状況が調査されたが、本調査では南向村に「入寄留者」の予備役兵がいたが、「一時的寄留者ナルヲ以テ勧誘セス」としている。その他の在郷軍人に関しては、南向村分会への未入会者はなしと報告されている。

⑤では、在郷軍人の状態を七項目に分け調査している。第一は、服役および納税義務の履行状況として、「概ネ確実ナリ」と報告されている。第二は、地方公共事業への参加状況であり、南向村の在郷軍人は「自ラ進ンテ公共事業ニ尽力スル」ことはないが、「尽力ヲ要スル事件発生又ハ其ノ事業ヲ提供スル時ハ尽力ヲ吝シマス」と報告された。第三は、官給軍服の着用および保存の状況であり、「集合ノ時ハ必ス着用シ又其保存良好ナリ」と報告されている。第四は、身上異動に関する履行手段としては、「確実ナラズ」とされ「原因其手続ヲ了解シ居ラザルニヨル」とされた。第五は、地方一般の思想の状況であり、南向村では「一般ニ穏健着実ナリ」とされた。第六は、在郷軍人の「悪思想感染」の状況についてであり、南向村の在郷軍人としては「悪思想ニ感染スルガ如キ傾向更ニ余リ反テ悪思想ニ対シ反感ヲ有シ」ているとされた。第七は購読雑誌で、『戦友』、『吾が家』、「農業世界其他農業雑誌」が購読されていた。軍隊教育に関連する項目（軍隊教育の希望・注意事項、軍隊教育の訓練・教育の実施方法など）が設けられ、地方一般の思想の状況と在郷軍人への「悪思想」の感染に関する調査がなされている。

在郷軍人の「悪思想感染」については、どういったものが「悪思想」であるかについての説明はなされていない。しかし、陸軍において、たとえば栗林忠道は、大正八年に『偕行社記事』に「国民思潮ノ推移ト軍隊精神教育ニ就テ附吾人ノ覚悟」と題する論文を寄稿し、そのなかで「吾人ノ憂慮ニ堪ヘサルハ戦乱（第一次大戦―筆者）ノ終局ト共ニ険悪ナル社会自由主義ノ動モスレハ世界ノ人心ヲ風靡セントスル状アルコト（中略）恐ル不知不識ノ裡ニ社会ノ悪思潮ノ軍隊内ニモ浸蝕シ来ラン」とし、第一次大戦後の社会主義や自由主義の流入による「悪思潮ノ軍隊内ニモ浸蝕」することを危惧し(50)、「社会自由主義」を「悪思潮」として認識している。そして「現役兵ニ対シ在郷軍人タルノ覚悟ヲ十分注入スルト共ニ更ニ毎年夏秋ノ候入隊シ来ル予備後備兵ノ精神的指導ニハ一層重キヲ置カサルヘカラス動モスレハ予備後備兵ノ教育ハ現役兵ノ教育ノ繁忙ニ紛レテ之ヲ軽視シ又担任教官以外ノ将校ハ動モスレハ一向ニ顧ミサルノ風ナキニアラス宜シク現役兵ノ教育ハ一時犠牲ニ供シテモ予後備ノ教育ニ重キヲ置キ将校ハ又誰彼ノ別ナク彼等ノ精神的指導ニ従ヒ以テ之ヲ機トシ之ヲ媒介トシ国民思想ヲ矯正スルノ抱負ヲ有スヘシ」とし、在郷軍人に対し「精神的指導」をすることが「国民思想ヲ矯正」することへつながるものと説明している。当時の陸軍軍人にとっての危惧は、軍隊内への「悪思潮」（「悪思想」）の感染にあり、それは現役兵に限るものではなかった。在郷軍人に対する「精神的指導」により、在郷軍人だけに限らず「之ヲ媒介トシ国民思想ヲ矯正スル」ものとし、在郷軍人を介し国民の思想を「矯正スル」とした。おそらく、右記は栗林に限らず当該期における陸軍軍人の一般的な認識であったものと考えられ、実際に大正一〇年の簡閲点呼執行規則の改正により、簡閲点呼における訓示および講話によって在郷軍人の思想の善導という「精神的指導」が図られるようになっていくことになる。また、同年の上伊那郡連合分会長会議において飯田支部長村手彦増の講演においても、「此戦乱（第一次大戦―筆者）ノ影響ヲ受ケ全世界ヲ通シテ思想界ニ一大変調ヲ来シ此ノ悪思想今ヤ将ニ我帝国ヲ襲ハントスルノ状況ニアリ」とし、在郷軍人に「社会ノ悪流ニ逆航スルノ覚悟アランコトヲ望ム」とし、在郷軍人に「思想界」の「一大変調」に対し「逆航スルノ覚悟」を求めている(51)。帝国在郷軍人会支部長は現役の陸軍軍人であったことから、連合分会長会議という場において、陸軍の在郷軍人の「悪思想」への「感染」という危惧が各分会長に対し伝えられた。

そして、最後に⑥では、青年会の状況が調査された。

大正期の簡閲点呼における業務執行の流れは、（飯田聯隊区司令部＝飯田支部―）上伊那郡役所（上伊那郡連合分会）―南向村役場―分会・在郷軍人の間で情報の伝達などがとり行われた。基本的には、制度の規程内において処理されている。

また、簡閲点呼執行までの「必要ノ調査」については、大正四年段階では、主に在郷軍人および南向村分会の状況と地域における活動状況の把握が行われ、また、地域住民の在郷軍人に対する感情・意識についての調査が行われていた。一方で、大正一二年度段階では、在郷軍人および分会の状況の把握以外に、軍隊教育に関連する項目が増加し、在郷軍人の「悪思想」への感染に関する調査も行われた。陸軍において危惧されていた在郷軍人（地域住民も含むか）の「悪思想」への感染といった在郷軍人の思想的な側面に関しては、「必要ノ調査」において調査され、陸軍において把握されることとなる。大正一〇年の簡閲点呼執行規則の改正に伴う簡閲点呼の重点の変化（「点検査閲」から思想の善導）は、簡閲点呼の「必要ノ調査」における調査内容の重点、言い換えれば陸軍における在郷軍人および分会（地域を含む）の把握の重点の変化に反映していくこととなった。

おわりに

大正期の南向村の南向村分会においては、人員は大正期を通じて増加傾向にあり、分会役員（元分会役員）の村内の各種役職への進出がみられた。組織面では、大正九年（一九二〇）をさかいに組織体制が確立し、分会における事業としては大正一三年以降に事業が本格化していく。一方で、運営資金においては、尚武会などからの補助金が占める割合が高く、南向村分会は大正期を通じ資金面において尚武会や村に頼らざるをえない組織であった。人員の増加は、在郷軍人のおかれている状況を把握する必要性を生じさせた。また、分会が実施していく事業を通じ、在郷軍人（分会）の意識（軍人精神など）の向上、在郷軍人の団結が示唆されることとなり、分会のおかれている状況の把握も必要となる。在郷軍人（分会）の把握は、簡閲点呼を通じてなされることとなった。

大正期の簡閲点呼は、制度面において「簡閲点呼執行規則」の制定により様式が明確化した。簡閲点呼の意義は、大正一〇年の簡閲点呼執行規則の改正前後において、在郷軍人の「点検査閲」・軍人としての自覚の浸透から在郷軍人の思想の善導へと変化がみられる。一方で、簡閲点呼が在郷軍人に対する地域住民の評価の場であり、また、簡閲点呼の成績が国内外へと影響することなど簡閲点呼が在郷軍人だけで完結するものではないとされた。また、簡閲点呼には地域の有力者の参列が求められており、地域からの在郷軍人の評価の場でもあった。地域住民にみられることで、簡閲点呼における在郷軍人の行動や振る舞いの好評価は分会への理解につながったと思われる。

簡閲点呼の「必要ノ調査」は、第一次大戦前後において、調査の内容と意味合いに変化がみられた。大正四年度の調査では在郷軍人および南向村分会の状況の把握が行われていたことに対し、大正一二年度では在郷軍人の村内の位置や軍隊教育の程度、「悪思想感染」状況などが調査された。簡閲点呼を機とした陸軍における在郷軍人の状況の把握がなされ、在郷軍人の訓練・教育の参考材料に反映されたものと考えられる。

簡閲点呼は、陸軍においては在郷軍人の把握と在郷軍人（分会）と地域の関係や状況の把握がなされ、在郷軍人（分会）にとっては軍事思想普及の訓練・教育、地域からの理解が得られる機会として機能していた。簡閲点呼は、陸軍における大正期の在郷軍人および分会の把握の「好機会」と、分会運営のための地域理解が求められる機会とが相互に作用する場として機能していたものといえる。

最後に昭和期の戦時下における南向村分会の簡閲点呼について言及し、本稿のまとめとしたい。昭和一二年（一九三七）、日中戦争下の南向村では、簡閲点呼の予習と簡閲点呼の当日において大正期にはみえない、より軍事訓練の意味合いが強い行動がとられていた。九月二五日、南向村長と南向村分会長の連名で分会員に対し、簡閲点呼の予習実施についての通達がなされた。そのなかで「本年度ノ簡閲点呼ハ特ニ皇国ノ非常時局ニ処シ極メテ重要性ヲ挙グルモノ」であり、予習日に「未教育補充兵ニ対シテハ狭衆射撃及馬ノ取扱ヲ致サル旨」を該当者へ通達することが求められている。従来、簡閲点呼の予習教育では、簡閲点呼における学科の予習や当日の注意事項の確認が行われていたが、未教育補充兵に対し「狭衆射撃及馬ノ取扱」を教育するとされた(52)。また、同日には地域住民に対する簡閲点呼への参列依頼もなされており、「今回ノ簡閲点呼ハ特ニ現下非常時局ニ処シ極メテ重大性ヲ挙グルモノハ申ス迄モナク此ノ点呼ハ単ニ年事上計リデハ無之国民精神ノ作興国防思想ノ普及社会風教ノ振作ノ上ニモ深イ意義ヲ有スルモノニテ実ニ国家的重要行事」であるとし、「国家危急存亡ノ重大時局ニ鑑ミ多数御参列ノ上熱烈ナル御援助」を求めている。例年簡閲点呼には地域住民の参列が求められたが、日中戦争下という戦時下において、簡閲点呼は地域住民にとって「国民精神ノ作興国防思想ノ普及社会風教ノ振作ノ上ニモ深イ意義ヲ有スルモノニテ実ニ国家的重要行事」であると位置づけられた(53)。そして、九月二七日には、南向村分会長から各組長に対し、簡閲点呼の当日に「模擬動員召集」を実施することが伝えられる。簡閲点呼を機会とし、分会員の「模擬動員召集」が実施されることとなり、戦時下の簡閲点呼が軍事訓練の意味合いを強めていることが指摘できる(54)。

大正期の南向村分会における簡閲点呼は、あくまで在郷軍人および分会の状況の把握や思想を善導する機会であった。しかし、昭和期の戦時下においては、射撃訓練や馬の取扱い、「模擬動員召集」など、軍事訓練を実施する機会となっていくこととなる。昭和期の簡閲点呼における軍事訓練の意味合いの強化については、昭和期の在郷軍人や地域の軍事訓練などを含め、別稿で明らかにしていきたい。

注

（1）黒沢文貴「「軍部」の「大正デモクラシー」認識の一断面」（近代外交史研究会編『変動期の日本外交と軍事―史料と検討―』原書房、一九八七年）。
（2）同右。
（3）兵事行政とは、徴兵制を遂行していくための行政機構（①兵士の確保（徴兵・徴募業務）、②把握・教育（召集業務）、③戦時における動員（動員業務）、④徴兵制を維持するための諸策（軍事援護）を意味する。
（4）北泊謙太郎「日露戦後における帝国在郷軍人会の成立と展開―大阪聯隊区司令部管内を事例に―」（『ヒストリア』一六三、一九九九年）。
（5）猪巻恵「在郷軍人会の地域社会における確立過程について―若松支部資料を事例に―（『現代社会文化研究』三一、二〇〇四年）。
（6）竹村茂紀「在郷軍人会都城支部機関誌『高千穂』」（『軍事史学』四八―四、二〇一三年）。
（7）中村崇高「近代日本の兵役制度と地方行政―徴兵・召集事務体制の成立過程とその構造―」（『史学雑誌』一一八―七、二〇〇九年）。
（8）久保庭萌「昭和初期における兵事行政の構造」（『洛北史学』一四、二〇一二年）。
（9）小林啓治『総力戦体制の正体』（柏書房、二〇一六年）。
（10）昭和期に関しては、小林同右書において、京都府木津村の「陸軍在郷軍人状態調書」が簡閲点呼に関連して作成、提出されていることが明らかにされ、村役場に地域社会における在郷軍人の動向を監視する役割があったことを指摘している。
（11）南向村誌編纂員会『南向村誌』（中央印刷株式会社、一九六六年）。
（12）同右、五三九頁。
（13）境野健児「帝国主義形成期における在郷軍人会の教化機能」（『東京大学教育学部紀要』一六、一九七七年）、遠藤芳信「在郷軍人会成立の軍制史的考察」（『季刊現代史』九、一九七八年）、藤井忠俊『在郷軍人会―良民良兵から赤紙・玉砕へ―』（岩波書店、二〇〇九年）。

(14) 北迫前掲注(4)論文、高木明博「帝国在郷軍人会秋田支部について」(『秋田史学』五〇、二〇〇四年)。
(15) 君島和彦「在郷軍人会分会の成立と展開―一九一〇年前後の埼玉県松井村分会の事例―」(『東京学芸大学紀要』三部門・三九、一九八七年)、猪巻前掲注(5)論文、金炫我「国民精神総動員運動期における在郷軍人会の実態―帝国在郷軍人会村松村分会の『分会歴史』を中心に―」(『社会文化史学』五七、二〇一四年)、藤井忠俊「村発信の特異な在郷軍人分会誌―戦場と交信した『真友』の発見と分析―」(『国立歴史民俗博物館研究報告』一〇一、二〇〇三年)、竹村前掲注(6)論文
(16) 「大正元年八月役員会通知」(「発簡綴」中川村民俗資料館所蔵)。
(17) 「大正三年度総会開催通牒」(「発簡綴」「南分丙第二号」中川村歴史民俗資料館所蔵)。
(18) 「分会事業予定及ビ事業実施表ナド報告書」(「報告簿」中川村民俗資料館所蔵)。
(19) 金前掲注(15)論文。戦時は、年間分会事業+村内応召者家族(遺族)の扶助、慰霊・慰問活動。
(20) 南向村尚武会の詳細は以下の通り。創立年=「明治弐拾七八年戦役当時(但シ創立年月日詳細ハ不明)」、主導者=尚武会長・南向村長・南向村分会長・同副分会長・「其ノ他一般有力者」、会員=村内の戸主権所有者、目的=「凡テ兵役ニ服スル者ノ優待並ニ其ノ家族ノ保護」、活動=入退営者の送迎・入営兵の慰問・戦病死者の追悼会・遺族の遺籍・兵役者家族の保護(「尚武団体状況調」大正一一年二月調、「報告簿」中川村歴史民俗資料館所蔵)。
(21) 「帝国在郷軍人会南向村分会大正九年度収支決算書」(「報告簿」中川村歴史民俗資料館所蔵)、「大正十三年度南向村分会収支決算書」(「予算決算書綴」同資料館所蔵)。
(22) 「大正十三年三月分会長会議席上支部長公演要旨」(「分会長会議書類(大正十三年自二月二十七日至三月五日)帝国在郷軍人会飯田支部」『分会長会議書類』中川村民俗資料館所蔵)。
(23) 同右。
(24) 「陸軍召集条例」第六九条(明治三二年一〇月七日勅令第三九八号)。
(25) 「陸軍召集令」第六一条(大正二年一一月五日勅令第二九九号・第六一号)。
(26) 「簡閲点呼執行規則」第二条。
(27) 同右、第四条。簡閲点呼執行官は、基本的に聯隊区司令官もしくは歩兵聯隊の佐官級の将校があてられた。
(28) 同右、第六条。

(29)「簡閲点呼執行規則改正ノ件」JACAR（アジア歴史資料センター）Ref.C2030992900、永存書類甲輯第二類　大正十年（防衛省防衛研究所）。
(30)依田述「簡閲点呼参会者の心得」（『戦友』六一、大正四年）。
(31)関谷連三「簡閲点呼執行規則改正に就て」（『戦友』一三三、大正一〇年）。
(32)「希望注意事項」（「簡閲点呼綴」中川村歴史民俗資料館所蔵）。
(33)「簡閲点呼参会者に与ふる注意」（『松本支部報』七七、大正一四年）。
(34)南向村分会を管轄していた帝国在郷軍人会飯田支部は、大正一四年の陸軍管区表の改正に伴い飯田聯隊区が廃止されたことにより、管轄が松本聯隊区に変更された。
(35)「寄留地における簡閲点呼参会許可通知」（「簡閲点呼綴」中川村歴史民俗資料館所蔵）。
(36)「簡閲点呼執行に関わる調査指令」（同右）。
(37)「簡閲点呼前日十日前報告ノ件」（同右）。
(38)「賞詞、訓戒者調査方ノ件照会」（同右）。
(39)「大正十二年度簡閲点呼日割通知」（同右）。
(40)「令状交付並びに注意事項」（同右）。
(41)「簡閲点呼令状送付ノ件」（同右）。
(42)「令状交付終了報告書」（同右）。
(43)「簡閲点呼執行官通知」（同右）。
(44)「簡閲点呼予習の実施通知」（「発簡綴」中川村歴史民俗資料館）。
(45)前掲注(27)。
(46)「簡閲点呼執行に関わる調査方依頼」（「演習及教育召集点呼ニ関スル書類」中川村歴史民俗資料館所蔵）。
(47)「点呼執行上ノ参考調査報告ノ件」（同右）。
(48)前掲注(36)。
(49)前掲注(37)。

(50) 栗林忠道「国民思潮ノ推移ト軍隊精神教育ニ就テ附吾人ノ覚悟」(『偕行社記事』五三八、大正八年六月五日)。
(51) 「連合分会長会議席上ニ於ケル支部長講演要旨」(「来簡綴」中川村歴史民俗資料館所蔵)。
(52) 「簡閲点呼及同予習ニ関スル件」(「昭和十二年度発来翰」中川村歴史民俗資料館所蔵)。
(53) 「簡閲点呼参列方依頼ノ件」(同右)。
(54) 「簡閲点呼に於ける模擬動員召集実施ニ付」(同右)。

原田敬一先生略年譜・研究業績目録

原田敬一先生略年譜

一九四八年五月　岡山県岡山市にて出生
一九六一年三月　大阪府豊中市立大池小学校卒業
一九六四年三月　大阪府豊中市立第二中学校卒業
一九六四年四月　大阪府立豊中高等学校入学
一九六七年三月　同卒業
一九六七年四月　大阪大学文学部入学
一九七四年三月　同卒業
一九七四年四月　大阪大学大学院文学研究科修士課程　国史学専攻入学
一九七七年三月　同課程修了
一九七七年四月　大阪大学大学院文学研究科博士課程　国史学専攻進学
一九七七年一〇月　学校法人夕陽丘予備校講師（一九八二年まで）
一九八二年三月　大阪大学大学院文学研究科博士課程単位取得満期退学
一九八二年四月　学校法人駿台予備学校講師（一九九一年まで）
一九九一年四月　佛教大学助教授に着任（文学部史学科）

一九九六年一〇月　大阪大学より学位を授与　博士（文学）
論文題目「日本近代都市史研究」
一九九七年四月　佛教大学教授に昇任
二〇〇三年四月　佛教大学通信教育部長（二〇〇五年三月まで）
二〇〇五年四月　佛教大学文学部長に選出・任命（二〇〇七年三月まで）
二〇〇七年四月　佛教大学文学部長に再任（二〇〇九年三月まで）
二〇一〇年四月　改組により佛教大学歴史学部教授
二〇一五年四月　佛教大学入学機構長（二〇一八年三月まで）
二〇一九年三月　定年退職、佛教大学名誉教授

原田敬一先生研究業績目録

(1) 著書

(単著)

1 日本近代都市史研究　思文閣出版　一九九七年一一月

2 国民軍の神話――兵士になるということ――　吉川弘文館　二〇〇一年　九月

3 帝国議会誕生　文英堂　二〇〇六年　四月

4 日清・日露戦争（シリーズ日本近現代史③）　岩波書店　二〇〇七年　二月

5 日清戦争（戦争の日本史第19巻）　吉川弘文館　二〇〇八年　八月

6 「坂の上の雲」と日本近現代史　新日本出版社　二〇一一年一〇月

7 兵士はどこへ行った？――軍用墓地と国民国家――　有志舎　二〇一三年　一月

8 「戦争」の終わらせ方　新日本出版社　二〇一五年　七月

(報告書)

9 帝国における戦没者追悼の比較史的研究――イギリスと日本の軍用墓地を中心に――　二〇〇一～〇三年度科学研究費補助金（基盤研究（C））研究成果報告書　二〇〇四年　六月

（共編著）

10 歴史の道・再発見 全七巻（共編者：井ヶ田良治・塚田孝・細川涼一・藪田貫・吉田晶） フォーラム・A 一九九三～九五年

11 史料で読む日本近代（共編者：大谷正・石月静恵・三輪泰史・大森実） フォーラム・A 一九九四年 五月

12 日清戦争の社会史――「文明戦争」と民衆――（共編者：大谷正） フォーラム・A 一九九四年 九月

13 日本の歴史を解く一〇〇話（共編者：吉村武彦・池亨・吉田伸之） 文英堂 一九九四年 九月

14 日本の歴史を解く一〇〇人（共編者：吉村武彦・池亨・吉田伸之） 文英堂 一九九五年 九月

15 幕末・維新を考える（佛教大学鷹陵文化叢書2） 思文閣出版 二〇〇〇年 三月

16 歴史教科書の可能性――「つくる会」史観を超えて――（共編者：水野直樹） 青木書店 二〇〇二年 二月

17 講座明治維新5 立憲制と帝国への道（共編者：飯塚一幸） 有志舎 二〇一二年一一月

18 講座東アジアの知識人 全五巻（共編者：趙景達・村田雄二郎・安田常雄） 有志舎 二〇一三～一四年

19 週刊新発見日本の歴史 全五〇巻（編集委員：上原眞人・ 朝日新聞社 二〇一三～一四年

寺崎保広・加藤友康・保立道久・永村眞・村井章介・久留島典子・平川新・横田冬彦・成田龍一・原田敬一・テッサ＝モーリス＝スズキ）

20　地域のなかの軍隊4　近畿　古都・南都の軍隊　吉川弘文館　二〇一五年　三月

21　地域のなかの軍隊8　基礎知識編　日本の軍隊を知る（共編者：荒川章二・河西英通・坂根嘉弘・坂本悠一）　吉川弘文館　二〇一五年　五月

22　地域のなかの軍隊9　地域社会編　軍隊と地域社会を問う（共編者：林博史・山本和重）　吉川弘文館　二〇一五年　五月

(2)　論文（抄録）

1　一九一〇年代のブルジョアジーと日本興業銀行――『工業銀行』化をめぐって――　『待兼山論叢』一一・史学編　一九七八年　三月

2　製鉄事業奨励法成立過程における官僚とブルジョアジー――二つの調査会の機能を中心に――　『日本史研究』二二一　一九八一年　一月

3　日貨ボイコット運動と日支銀行――一九一〇年代大阪のブルジョアジーの立場――　『ヒストリア』九〇　一九八一年　三月

4　近代日本の軍部とブルジョアジー――第一次　『日本史研究』二三五　一九八二年　三月

大戦型総力戦政策の形成と展開――

5　都市支配の構造――地域秩序の担い手たち――　『歴史評論』三九三　一九八三年　一月

6　都市支配の再編成――日露戦後大阪市政改革運動をめぐって――　『ヒストリア』一〇一　一九八三年一二月

7　「三大事件建白運動」と大阪民党　梅溪昇教授退官記念論文集刊行会編『日本近代の成立と展開』（思文閣出版）　一九八四年　四月

8　治安・衛生・貧民――一八八六年大阪の「市区改正」――　『待兼山論叢』一九・史学編　一九八五年一二月

9　戦後大阪市政と大気汚染問題　『大阪の歴史』一五　一九八五年　三月

10　都市貧民論――その支配の構造――　『部落問題研究』八七　一九八六年　六月

11　米騒動研究の一視角――「生活難」をめぐって――　『部落問題研究』九九　一九八九年　五月

12　一九〇〇年代の都市下層社会――共同と競合をめぐって――　部落問題研究所編『近代日本の社会史的分析』（部落問題研究所）　一九八九年　九月

13　「憲政擁護運動は交詢社のストーブのまわりから起こった」のか　藤原彰・今井清一・宇野俊一・粟屋憲太郎編『日本近代史の虚像と実像』二（大月書店）　一九九〇年　二月

14 近代都市の消費構造——市場と地域社会—— 『市場史研究』六 一九九〇年 六月
15 青年論の系譜——近代日本の場合—— 秋葉英則ほか編『講座 青年』一（清風堂出版部） 一九九〇年 八月
16 近世都市から近代都市へ——連接と転回—— 『ヒストリア』一三〇 一九九〇年 三月
17 一九一〇年代における国際観光政策の位置をめぐって——第二次大隈内閣経済調査会を中心に—— 『花園史学』一二 一九九一年一一月
18 「名誉職」の法制史的検討——その予備的考察—— 『鷹陵史学』一八 一九九二年 三月
19 軍隊と日清戦争の風景——文学と歴史学の接点—— 『鷹陵史学』一九 一九九四年 三月
20 日清戦争の史料二、三について 『佛教大学総合研究所紀要』創刊号 一九九四年 三月
21 日本国民の参戦熱 大谷正・原田敬一編『日清戦争の社会史』（フォーラム・A） 一九九四年 九月
22 都市としての倉敷 井ヶ田良治ほか編『歴史の道・再発見 五 渡来文化から長州戦争まで』（フォーラム・A） 一九九四年 三月
23 近代都市の形成 井口和起編『近代日本の軌跡三 日 一九九四年一〇月

清・日露戦争』（吉川弘文館）
24　日本近代都市法制の形成――大阪市を事例に――　『歴史科学』一四〇・一四一合併号　一九九五年　六月
25　西郷軍の進路と民衆　井ヶ田良治ほか編『歴史の道・再発見七　吉野ヶ里から西郷隆盛まで』（フォーラム・A出版）　一九九五年　六月
26　（中文）日本国民眼中的甲午戦争　『甲午戦争与近代中国和世界』（中国・人民出版社）　一九九五年一二月
27　都市経営と市営事業について――一九〇二年大阪瓦斯会社問題――　『鷹陵史学』二二　一九九六年　九月
28　国権派の日清戦争――『九州日日新聞』を中心に――　『文学部論集』（佛教大学）八一　一九九七年　三月
29　軍夫の日清戦争　東アジア近代史学会編『日清戦争と東アジア世界の変容』下（ゆまに書房）　一九九七年一〇月
30　「万骨枯る」空間の形成――陸軍墓地の制度と実態を中心に――　『文学部論集』（佛教大学）八二　一九九八年　三月
31　一八八六年の都市プラン――コレラ・内務省・文明――　全国部落史研究交流会編『部落史研究二　近代の都市のあり方と部落問題』　一九九八年　八月

（解放出版社）

32 第一回総選挙後の政治情勢——月曜会と大阪苦楽府を中心に—— 『鷹陵史学』二四 一九九八年 九月

33 陸海軍埋葬地制度考 大阪大学文学部日本史研究室編『近世近代の地域と権力』（清文堂） 一九九八年一二月

34 憲政党から立憲政友会へ——大阪支部の成立について—— 『史学論集 佛教大学史学科創設三〇周年記念』（同刊行会） 一九九九年 三月

35 第一回総選挙前の名望家団体——「大阪月曜会」に関する新出史料と若干の考察—— 『鷹陵史学』二五 一九九九年 九月

36 日本のアジアへの道 井ヶ田良治ほか編『歴史の道・再発見 八 北方交易から王道楽土まで』（フォーラム・A） 一九九九年 四月

37 近代への描き方——錦絵の世界—— 原田敬一編『幕末・維新を考える』（思文閣出版） 二〇〇〇年 三月

38 戦争を伝えた人びと——日清戦争と錦絵をめぐって—— 『文学部論集』（佛教大学）八四 二〇〇〇年 三月

39 軍隊と戦争の記憶——日本における軍用基地を素材として—— 『佛教大学総合研究所紀要』七 二〇〇〇年 三月

40　公的追悼空間論―戦没者問題をめぐって―　『新しい歴史学のために』二三八　二〇〇〇年　六月

41　侠客の社会史―小林佐兵衛と大阪の近代―　佐々木克編『それぞれの明治維新―変革期の生き方―』（吉川弘文館）　二〇〇〇年　八月

42　名望家と政治―大阪府豊嶋郡豊中村奥野熊一郎の場合―　『鷹陵史学』二六　二〇〇〇年　九月

43　軍用墓地と日本の近代　『ヒストリア』一七一　二〇〇〇年　九月

44　（中文）戦争的追憶―関干戦場上的記念碑―　劉広学・関捷・中塚明・井口和起編『以史為鑑開創未来―一九九七年中日関係史―　大連学術検討会論文集』（大連出版社）　二〇〇〇年一〇月

45　初期議会貴族院の動向―第一議会の場合―　『文学部論集』（佛教大学）八五　二〇〇一年　三月

46　大英帝国の戦争―博物館・墓地・追悼碑―　『佛教大学総合研究所紀要』八　二〇〇一年　三月

47　一八九八年三月総選挙と名望家たち―大阪府豊能・三島郡の場合―　『鷹陵史学』二七　二〇〇一年　九月

48　教科書の中の戦争　原田敬一・水野直樹編『歴史教科書の可能性』（青木書店）　二〇〇二年　二月

49　軍用墓地の戦後史―変容と維持をめぐって―　『文学部論集』（佛教大学）八六　二〇〇二年　三月

50 誰が追悼できるのか――靖国神社と戦没者追悼―― 『季刊戦争責任研究』三六 二〇〇二年 六月

51 第一議会における「地租軽減」実現の可能性について――新史料「廿四年歳計ニ付閣臣内議」の意義―― 『鷹陵史学』二八 二〇〇二年 九月

52 戦後アジアの軍用墓地と追悼――台湾の場合―― 『文学部論集』（佛教大学）八七 二〇〇三年 三月

53 陸海軍墓地制度史 (History of The Army and Navy Cemetery System) 『国立歴史民俗博物館研究報告』一〇二 二〇〇三年 三月

54 「予選体制」と都市政策形成主体――日本近代都市史研究の一課題―― 『鷹陵史学』二九 二〇〇三年 九月

55 軍隊と医学・医療――『軍医団雑誌』の分析を通じて―― 『一五年戦争と日本の医学医療研究会誌』四―一 二〇〇三年一〇月

56 都市法史 石川一三夫・中尾敏充・矢野達雄編『日本近代法制史研究の現状と課題』（弘文堂） 二〇〇三年一二月

57 慰霊の政治学 小森陽一・成田龍一編著『日露戦争スタディーズ』（紀伊國屋書店） 二〇〇四年 二月

58 日本近代の戦争認識と戦没者祭祀――国家と民衆―― 大日方純夫・山田朗編『講座 戦争と現代3 近代日本の戦争をどう見るか』（大月書店） 二〇〇四年 二月

59 第一次世界大戦と大英帝国の戦争墓地――王家・国家・国民―― 『文学部論集』（佛教大学）八八 二〇〇四年 三月

60 広がりゆく大都市と郊外 季武嘉也編『日本の時代史24 大正社会と改造の潮流』（吉川弘文館） 二〇〇四年 五月

61 都市下層と「貧民窟」の形成――近代の京都・大阪・東京―― 中野隆生編『都市空間の社会史――日本とフランス――』（山川出版社） 二〇〇四年 五月

62 戦後アジアの軍用墓地と追悼――韓国の場合―― 『近代国家と民衆統合の研究――祭祀・儀礼・文化――』（佛教大学総合研究所紀要別冊） 二〇〇四年 八月

63 「戦争遺跡」研究の位置――戦争と平和の歴史―― 『歴史評論』六六七 二〇〇五年一〇月

64 追悼と慰霊――戦争記念日から終戦記念日へ―― 倉沢愛子・杉原達・成田龍一・テッサ＝モーリス＝スズキ・油井大三郎・吉田裕編『岩波講座 アジア・太平洋戦争2 戦争の政治学』（岩波書 二〇〇五年一二月

店）

65 アーリントン「国立墓地」の位置――国家的顕彰と国民的和解―― 『文学部論集』（佛教大学）九〇 二〇〇六年 三月

66 戦争の終わらせ方と戦争墓地――フランクフルト条約からサンフランシスコ平和条約まで―― 『文学部論集』（佛教大学）九一 二〇〇七年 三月

67 日本文学の近代 『歴史評論』六九四 二〇〇八年 二月

68 第一回府会議員選挙 丸山宏・伊従勉・高木博志編『みやこの近代』（思文閣出版） 二〇〇八年 三月

69 京都府会と都市名望家――『京都府会志』を中心に―― 丸山宏・伊従勉・高木博志編『近代京都研究』（思文閣出版） 二〇〇八年 九月

70 日清・日露戦争は日本の何を変えたのか 岩波新書編集部編『シリーズ日本近現代史⑩ 日本の近現代史をどう見るか』（岩波書店） 二〇一〇年 二月

71 地域史のなかの近代都市史研究――その方法と課題―― 『部落問題研究』一九三 二〇一〇年 六月

72 東アジアの近代と韓国併合 『前衛』八六一 二〇一〇年 九月

73 日本における戦争と宗教 第二一回国際仏教文化学術会議実行委 二〇一一年一二月

員会編『仏教と平和』（思文閣出版）

74 日清戦争の追悼碑建設をめぐって――島根県旧平田町の場合―― 『島根地方史研究』四九 二〇一二年 六月

75 総論 立憲制と帝国への道 明治維新史学会編『講座明治維新5 立憲制と帝国への道』（有志舎） 二〇一二年一一月

76 韓国併合前後の都市形成と民衆――港町群山の貿易・生産・生活―― 韓哲昊・原田敬一・金信在・太田修『植民地朝鮮の日常を問う 第二回佛教大学・東國大学校共同研究』（思文閣出版） 二〇一二年一二月

77 アジア太平洋戦争下の都市と農村――総力戦体制との関わりで―― 奥村哲編『変革期の基層社会――総力戦と中国・日本――』（創土社） 二〇一三年 二月

78 黒岩涙香 『講座 東アジアの知識人』2（有志舎） 二〇一三年一一月

79 「戦争」の終わらせ方――第一次世界大戦から考える―― 『季論21』二三（二〇一四年冬号） 二〇一四年 一月

80 軍用墓地研究の現状と課題 『歴史科学』二一八 二〇一四年一一月

81 混成第九旅団の日清戦争――新出史料の「従軍日誌」に基づいて―― 『歴史学部論集』一～五 二〇一一年三月～一五年三月

82 矢土勝之（錦山）と伊藤博文をめぐって 『鷹陵史学』四二 二〇一六年 九月
83 東アジア近代史の構想 『歴史学部論集』七 二〇一七年 三月
84 「武士道」はなぜ生き残ったのか——日本における近代軍隊の成立をめぐって—— 『早稲田大学高等研究所紀要』九 二〇一七年 三月
85 新検定基準と高校日本史教科書 『歴史学研究』九五六 二〇一七年 四月
86 「嘗胆臥薪」論と日清戦後社会 『鷹陵史学』四三 二〇一七年 九月
87 東学農民運動と日本メディア 『人文学報』（京大人文科学研究所）一一一 二〇一八年 三月
88 「明治」期の三つの戦争は何をもたらしたか 『経済』二七八 二〇一八年一〇月
89 「明治一五〇年」・〈明治の日〉・改憲 日本史研究会・歴史科学協議会・歴史学研究会・歴史教育者協議会編『創られた明治、創られる明治——「明治一五〇年」が問いかけるもの——』（岩波書店） 二〇一八年一二月
90 戦争を始めさせないために——「明治一五〇年」と日本の戦争—— 『歴史科学』二三五 二〇一九年 一月

(3) 研究動向など

1 都市問題論から近代社会論へ――都市史研究の成果と課題―― 『歴史評論』四七一 一九八九年 七月

2 住宅についての最近の研究――歴史学の立場から―― 『都市住宅学』五 一九九四年 三月

3 回顧と展望・近現代二 『史学雑誌』一〇四―五 一九九五年 五月

(4) 史料紹介

1 「日露役将兵手翰」上下――愛国婦人会宛軍事郵便――（共著：原田敬一・山本憲男） 『鷹陵史学』三一・三二 二〇〇五年九月～〇六年九月

2 第七師団兵士の日露戦争従軍日記（上） 『歴史学部論集』八 二〇一八年 三月

3 第七師団兵士の日露戦争従軍日記（下） 『歴史学部論集』九 二〇一九年 三月

(5) 書評

1 日本近代化と変革の課題（芝原拓自『明治維新の世界史的位置』） 『歴史科学』八九 一九八二年 六月

2 井出嘉憲『日本官僚制と行政文化』 『日本史研究』二四九 一九八三年 五月

3 大阪市史史料第11輯『北浜二丁目戸長役場文書』、同14輯『占領下の大阪―大阪連絡調整事務局「執務月報」』 『ヒストリア』一〇七 一九八五年一二月

4 伊藤孝夫「地方改良運動の側面」 『法制史研究』四〇 一九九〇年 三月

5 山下政三『明治期における脚気の歴史』(東大出版会) 『日本史研究』三三八 一九九〇年一〇月

6 『戦前社会事業調査資料集成』 『日本史研究』三八二 一九九四年 六月

7 山中永之佑編『日本近代法論』――日本近代の法文化をどう究明するのか―― 『ヒストリア』一五一 一九九六年 六月

8 歴史学研究会編『講座世界史』全12巻を読む 第四巻『資本主義は人をどう変えてきたか』 『歴史評論』五六六 一九九七年 六月

9 山中永之佑『日本近代地方自治制と国家』弘文堂 『法制史研究』五〇 二〇〇一年 四月

10 荒川章二『軍隊と地域』を読む 『図書新聞』二五五八 二〇〇一年一〇月

11 檜山幸夫編著『近代日本の形成と日清戦争―戦争の社会史―』(雄山閣出版) 『民衆史研究』六二(特集・軍隊と社会) 二〇〇一年一一月

12 本康宏史『軍都の慰霊空間―国民統合と戦死 『図書新聞』二五八六 二〇〇二年 六月

者たち―』

13 本康宏史『軍都の慰霊空間―国民統合と戦死者たち―』 『史学雑誌』一一二―一〇 二〇〇三年一〇月

14 大西比呂志・梅田定宏編著『「大東京」空間の政治史―一九二〇～三〇年代―』 『日本史研究』五〇八 二〇〇四年一二月

15 『軍港都市史研究』第1巻 『日本史研究』六〇四 二〇一二年一二月

16 宮地正人『幕末維新変革史』上下 『日本の科学者』五四五（四八―六） 二〇一三年 五月

17 三谷太一郎『日本近代とは何であったか―問題史的考察―』を読む 『歴史評論』八一七 二〇一八年 五月

(6) 自治体史

1 環境の近代化と下層社会 『新修大阪市史』五・近代（大阪市） 一九九一年 三月

2 近代都市神戸の発展 『新修神戸市史』歴史編 近代・現代（神戸市） 一九九四年 一月

3 都市社会問題の発生と米騒動・都市化の進展と農民運動・中小ブルジョアジー運動と大正デモクラシー 『新修大阪市史』六 一九九四年一二月

4 高度成長下の都市問題と社会運動の多様化 『新修大阪市史』九・現代（大阪市） 一九九五年 三月

5　第三章　第一次世界大戦前後の河内長野　『河内長野市史』三　二〇〇四年　九月
6　『八千代町史』史料編の内、「近現代」五三七～八四八頁の編集　八千代町　二〇〇五年　九月
7　『八千代町史』本文編の内、近代を担当　多可町　二〇〇七年　二月
8　『東近江市史　愛東の歴史』一・資料編の内、近代を担当　東近江市　二〇〇八年　三月
9　『東近江市史　愛東の歴史』三・本文編　東近江市　二〇一〇年二・三月
10　『新修豊中市史』二・通史二　豊中市　二〇一〇年　三月
11　『図説丹波八木の歴史』第四巻近代・現代編　南丹市　二〇一三年　三月

(7)　そ　の　他

1　〔解説〕「日本近現代史研究」学習の手引き（読・書・考――テキストを読む）　『鷹陵』（佛教大学通信教育部）一五二　一九九七年　六月
2　〔編集〕京都府愛宕郡野口村文書目録（京都市委託事業）　二〇〇三年　三月（製本一一月）
3　〔解説〕『日本近代都市史研究』『国民軍の神話――兵士になるということ』　『日本史文献事典』（弘文堂）　二〇〇三年一一月
4　〔解説〕書簡解説（後半）　佛教大学・近代書簡研究会編『元勲・　二〇〇四年　二月

近代諸家書簡集成――宮津市立前尾記念文庫所蔵――』（思文閣出版）

5 〈編集〉京都府愛宕郡野口村文書（京都市委託事業）　二〇〇四年　三月（製本一一月）

6 〈編集〉『「京都府愛宕郡野口村文書」の研究』　佛教大学「野口村文書」研究会　二〇〇六年　三月

7 〈解説〉「野口村文書」と野口村について＋年表　佛教大学「野口村文書」研究会編『「京都府愛宕郡野口村文書」の研究』（同研究会）　二〇〇六年　三月

あとがき

原田敬一先生が、二〇一八年五月に古稀を迎えられ、また二〇一九年三月に佛教大学を定年退職されるにあたって、その学恩に報いるため、記念論文集の刊行を目指そうと準備委員会を組織したのは二〇一六年三月のことであった。このとき集ったのは、奥田裕樹・藤田裕介・安裕太郎の諸氏と私であった。このメンバーが中心となって過去に刊行された記念論集の構成などを参考にしながら、いくつかの案を持ち寄り、定期的に会を重ねていった。また、いうまでもなく原田先生のご研究は日本近代史全般にわたっており、膨大な業績を残されているため、我々としては網羅的にこのようなご研究を把握しておく必要があると考え、一覧にまとめる作業も始めた。準備にあたってはこの他に浅井良亮・飯田健介の両氏にも手伝っていただき、おぼろげながら構成案や先生の業績一覧がかたちになっていった。委員それぞれの活動範囲から集まりやすい喫茶店をみつけ、いく度も委員会を催したが、最近気がつけばこの喫茶店が閉店しており、我々が長居しすぎたのが原因の一つではないかと、この店舗跡の前を通るたびにいささか気が引けている。

準備委員会開催当初より、記念論集編集委員会の委員長には笹部昌利先生に就いていただくことは、準備委員会メンバー一同の総意であった。笹部先生もご快諾くださり、二〇一六年四月から原田敬一先生古稀記念論集編集委員会を発足させた。副委員長という大役を私が務めつつ、引き続き準備委員会段階からそのまま委員を引き受けてくれた、奥田・藤田・安委員らと複数の企画・構成案を検討するなかで、最も頭を悩ませたのが、どなたに執筆をお願いするのかということであった。原田先生は歴史学会はもとより、研究者のみにとどまらず市民の方々とも積極的に交流を深めておられ、当然ながら広範な交友をお持ちである。広くお声がけすれば、書物としてのまとまりをいかに保つのか、非力・非才な委員の能力をはるかに超えるのではないかという恐れも抱いていた。そのため今回は極力、原田先生より直接にご指導をたまわった研究者に限って、論集の各論執筆を依頼し、原田先生のご研究の日本近代史に残された功績についての論考を飯塚一幸先生と大谷正先生にご寄稿願うこととした。

このような検討を重ね、構成案も絞り込んだ六月段階で、原田先生に案をお目通しいただいてご意見をたまわり、ようやく一つの構成案にたどりついた。これが本論集の原型となった。それと同時に委員のメンバーにとって重圧となったのは、当然ながら執筆者へ依頼を行う以上、委員らそれぞれ自身が何としてでも論文をかたちにしなければならないということだった。そこで、委員会としての打ち合わせの傍ら、並行して論集に向けての勉強会も逐次催していくこととなった。委員各人の研究も一つの論文にとどまらない広がりをもつ可能性を秘めており、思いのほか多くの回数を重ねながら段階的に検討を進めた。最終的には笹部委員長より委員の各論についてご指摘を受け、本書に掲載された論文へむすびついていった。今回の論集の副産物としてもう一本あるいは複数の論文が、いずれ各人によってまとめられるのではないか、と密かに期待している。

さて論集の構成が固まったことにより、二〇一六年九月に各執筆者の方々へ正式な依頼を行い、二〇一八年五月に各論のご提出をいただいた。さまざまな要因で、残念ながらご提出が叶わなかった方もいらっしゃったものの、多くの論考が集まったため、原田先生・笹部委員長ともご相談するなかで論集は二分冊することとなった。結局、原田先生のお手をさまざまに煩わせてしまったことは、不肖な弟子としての責めを免れないと反省するばかりであるが、他方で各委員の奮闘もあって何とか書物として世に問うことができたことで、いささか肩の荷がおりた思いがすることも確かである。また何より出版事情の厳しいなか、本書の刊行を引き受けてくださった吉川弘文館に深くお礼申し上げたい。

つい昨年も、たまたま京都市営地下鉄で原田先生とご一緒させていただく機会があり、論集の件も含めてお話をうかがいながら、京都駅へ到着した。先生はＪＲへ乗り換えられる時間が迫っていたようで、地下鉄の駅から猛然と階段を駆け上がられＪＲ京都駅へ向かわれた。気がつけば、私はそのお姿を見失っていた。今回の論集編集の過程で先生のご研究を改めて一覧として確認し、気の遠くなるほど多数の、そして学会に大きな影響をおよぼした成果を残されおり、また茫然とした。古稀をお迎えとは到底思えぬ体力によって、さらにこれからも旺盛に研究成果を発表し続けられるに相違ない。我々、弟子も一歩でも先生の業績に近づけるよう、精進しなければならない。原田先生の背中をこれからも見失わないよう、しっかりと追っていきたいと思う。

二〇一九年三月

原田敬一先生古稀記念論集編集委員会

髙　田　祐　介

執筆者紹介（生年／現職）――執筆順

原田敬一（はらだ　けいいち）→別掲
大谷正（おおたに　ただし）一九五〇年／専修大学文学部教授
淺井良亮（あさい　りょうすけ）一九八二年／国立公文書館アジア歴史資料センター研究員
河本信雄（かわもと　のぶお）一九五八年／佛教大学総合研究所特別研究員
奥田裕樹（おくだ　ゆうき）一九八〇年／京都産業大学大学史編纂事務室嘱託職員
山崎拓馬（やまさき　たくま）一九八二年／大願寺副住職
秋山博志（あきやま　ひろし）一九五七年／佐賀大学職員
松下佐知子（まつした　さちこ）一九七〇年／愛知・名古屋戦争に関する資料館学芸員
安裕太郎（やす　ゆうたろう）一九九〇年／佛教大学大学院博士後期課程

編者略歴
一九四八年　岡山県に生まれる
一九八二年　大阪大学大学院文学研究科博士課程満期退学
現在　佛教大学名誉教授、博士（文学）

〔主要編著書〕
『日本近代都市史研究』（思文閣出版、一九九七年）
『国民軍の神話』（吉川弘文館、二〇〇一年）
『日清・日露戦争』（岩波書店、二〇〇七年）
『日清戦争』（吉川弘文館、二〇〇八年）
『兵士はどこへ行った』（有志舎、二〇一三年）
『古都・商都の軍隊』〈編〉（吉川弘文館、二〇一五年）
『「戦争」の終わらせ方』（新日本出版社、二〇一五年）

近代日本の軍隊と社会

二〇一九年（令和元）六月二十日　第一刷発行

編　者　原《はら》田《だ》敬《けい》一《いち》

発行者　吉川道郎

発行所　株式会社　吉川弘文館
郵便番号一一三—〇〇三三
東京都文京区本郷七丁目二番八号
電話〇三—三八一三—九一五一（代）
振替口座〇〇一〇〇—五—二四四番
http://www.yoshikawa-k.co.jp/

印刷＝株式会社 精興社
製本＝株式会社 ブックアート
装幀＝山崎　登

ISBN978-4-642-03886-7

原田敬一編

近代日本の政治と地域

本体一〇〇〇〇円（税別）

〈本書の内容〉

吉川弘文館